今、行きたい！
世界の絶景大事典
1000

WORLD
Amazing Spot Dictionary

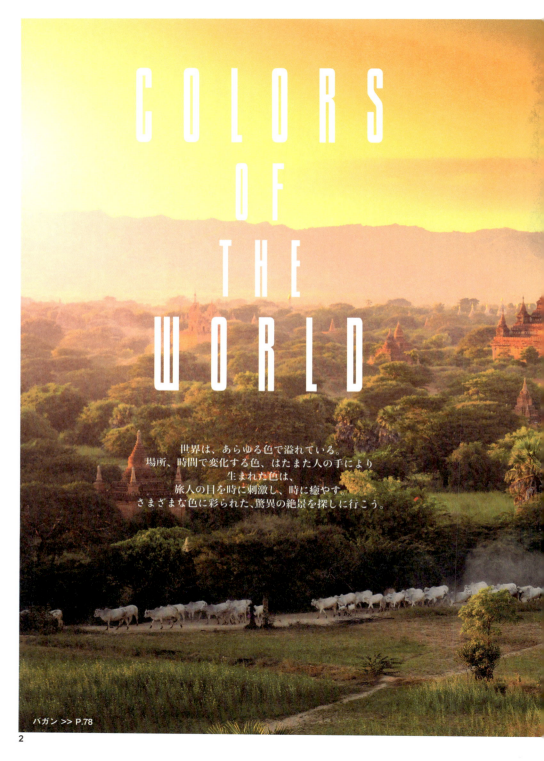

COLORS OF THE WORLD

世界は、あらゆる色で溢れている。
場所、時間で変化する色、はたまた人の手により
生まれた色は、
旅人の目を時に刺激し、時に癒やす。
さまざまな色に彩られた、驚異の絶景を探しに行こう。

バガン >> P.78

ORANGE

夜明けのオレンジ

夜明けの色と言えば、朝日のオレンジだ。夕焼けのように胸焦がすような赤ではなく、どこか優しく包み込むような温かみのある色。朝日に照らされた絶景が、闇夜から立体的に立ち上がる。じっと眺めていると、安心感と同時にほのかな高揚感がわき上がってくる。

BLUE

トロピカルな青

「青」とひと口に言っても、さまざまなバリエーションがある。なかでも南国らしさ満点のトロピカルな青には、心を落ち着かせる不思議な力があるようだ。エメラルドやサファイヤなど宝石の色にたとえられる海の色は、海底や海の深さにより変化する。

ロック・アイランド >> P.464

グラン・セノーテ >> P.370

神秘の青

透き通る水が太陽の光を浴びると、輝くような深いブルーになる。泉へ身を沈めると、差し込んだ光がまるでカーテンのように揺らめく。何万年も前に降り積もった雪が圧縮され形成された氷河は、つるんとして透明。光を通した氷はどこまでも青く、幻想的だ。

ヴァトナヨークトル氷河 >> P.170

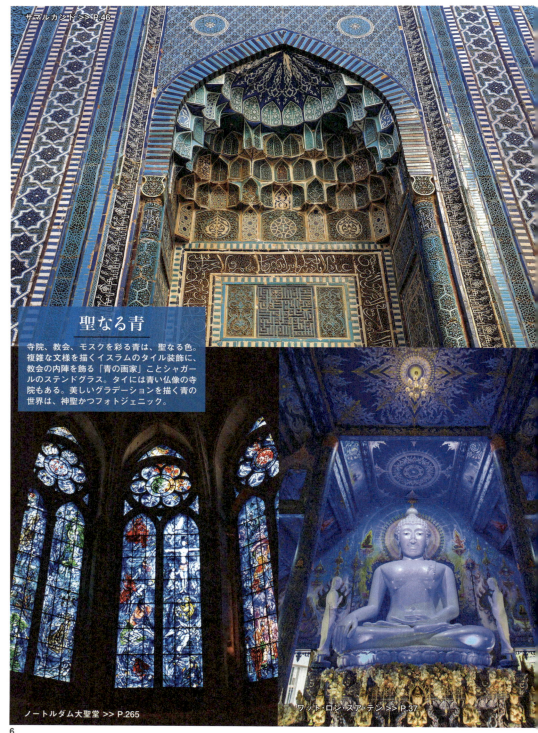

サマルカンド >> P.46

聖なる青

寺院、教会、モスクを彩る青は、聖なる色。複雑な文様を描くイスラムのタイル装飾に、教会の内陣を飾る「青の画家」ことシャガールのステンドグラス。タイには青い仏像の寺院もある。美しいグラデーションを描く青の世界は、神聖かつフォトジェニック。

ノートルダム大聖堂 >> P.265

ワット・ロン・スア・テン >> P.37

ジョードプル >> P.48

シャウエン >> P.324

色々な青

人工物にも自然界にも、まだまだたくさんの青がある。青い町として有名なのは、インドのジョードプルとモロッコのシャウエン。どちらも物語に出てきそうな幻想的な世界が広がっている。世にも不思議な青い炎を上げるのは、インドネシアのイジェン火山。

イジェン火山 >> P.71

RED

大地の赤

大地の色は、冒険心をくすぐる燃えるような赤だ。アメリカの国立公園で見られる、風雨の浸食によりできあがった砂岩の迷宮は、自然が造り上げた芸術品のよう。太陽に照らされた赤い大地を踏みしめて歩けば、誰もが地球を旅する冒険家に。

アンテロープキャニオン >> P.380

RED GRADATION

深紅

深紅は、自然界ではなかなかお目にかかれない色。しかし、生物は不思議だ。トリニダード・トバゴの森に生きるスカーレット・アイビーは目が覚めるほどの赤。夕方には空を埋め尽くす大群になる。

赤茶

中東やアフリカの砂漠の色は、茶色というよりは赤茶だ。かつて砂漠を旅した行商たちの都・ペトラは、こうした赤茶の崖に囲まれた大遺跡。夜、数千本のキャンドルに照らされる様子もまた圧倒的な美しさだ。

ペトラ >> P.138

カロニー・スワンプ・バード・サンクチュアリ >> P.369

プラハ >> P.216　　　ジャイプル >> P.49

橙

ヨーロッパには、橙色のかわいい屋根が広がる旧市街が多い。それは、おとぎの国を思わせるような元気な色合い。迷路のような石畳の道を歩けば、ファンタジーの世界に迷い込んだような気分に。

桃色

オレンジよりもさらに優しく、かわいいピンクの町。「ピンクタウン」ことインドのジャイプルにあるピンクパレスは、かつて大勢の女性が暮らした後宮。ピンクの壁と白い縁取りがなんともキュート。

ボドルム >> P.150

スヴァールバル諸島 >> P.170

WHITE

シェイク・ザイード・
グランド・モスク >> P.124

かわいい白

雪や氷の中で生きる動物に雪国の町、白亜の建造物。世界中から「かわいい」白を探してみた。白く塗られた町や建造物は、カラフルなアクセントカラーがいっそう映える。見ているだけで悩みなんて吹き飛びそうな、白の魔法にかかってみては？

マドレーヌ島 >> P.366

ヌルスルタン >> P.43

ウェッデル海 >> P.446

12

ウユニ塩湖 >> P.434

クールな白

白は、「色がない」ということではない。同じ白でも、景色により受ける印象はさまざま。神秘的だったり、寒々しかったり、かわいかったり。太陽の光により陰影が付くことで、さらにクールに美しくなる。天空の塩湖に、白い砂漠。地球上の奇跡の風景がここに。

ホワイトサンズ国定公園 >> P.345

PINK

バラの谷 >> P.245

生命のピンク

ピンクは、限りある命の色だ。見ているだけで元気になり、癒やされる。世界を旅して見つけたピンクの絶景は、ブルガリアのバラの谷とボリビアのラグナ・コロラダ。花と動物は「かわいい旅」のど真ん中。ただし、日本からの道のりは決してかわいくはない。

ラグナ・コロラダ >> P.435

MINT

ヴァトナヨークトル氷河 >> P.170

爽やかなミント

なんだかおいしそうなミントブルーの風景は、どこまでも爽快で開放的。氷河や石灰華段など、パステルカラーの絶景は実は世界各地で見られる。岩や森に囲まれた中に存在する、青い絵の具を溶かしたみたいなミントブルーは、とってもドラマチック。

黄龍 >> P.58

YELLOW

PURPLE

ミステリアスな紫

太陽が沈み、夜のとばりが世界を包み込むまでの数十分、マジックアワーと呼ばれる魔法の時間帯が訪れる。紫のベールが空を覆う風景は、息をのむほどにミステリアス。フランスを代表する観光名所では、鏡のような海までも紫一色に染まる。

アンダルシア >> P.244

喜びの黄色

太陽の色に最も近い黄色の絶景を見ると、なぜか心が浮き立つ。英語で「サンフラワー」というひまわりの畑は、スペイン、アンダルシア地方にて。ゆるやかに連なる丘を埋め尽くすひまわりが目に眩しい。

モン・サン・ミッシェル >> P.256

ラップランド >> P.166

優しい緑

緑は、平和と癒やしの象徴。北極圏の夜空を舞うオーロラにはさまざまな色があるが、最も目にするのがグリーン。凍っていない湖にオーロラが映り込む「ダブルオーロラ」は、本格的な冬が到来する前の数カ月だけ見られる。冬のオーロラよりも優しい色合いだ。

今、行きたい！世界の絶景大事典1000

CONTENTS

宗教が混在する「聖なるアジア」
001-210 アジア P.23

チベット仏教の聖地(中国・チベット)／シルクロードの青き都(ウズベキスタン)／熱気あふれるカラフル屋台(タイ)／美しき世界最高峰(ネパール、中国・チベット)／密林に潜む神々の遺跡(カンボジア)／世界最大、最長の建造物(中国)／山を覆う「万枚田」(中国)／神に捧げる伝統舞踊(インドネシア・バリ島)

美しきアラベスク模様にうっとり
211-290 中東 P.119

青タイルの聖なるモスク(トルコ)／3宗教の聖地が隣り合う町(イスラエル)／峡谷にある赤砂の大遺跡(ヨルダン)／青き温泉の石灰棚(トルコ)／世界最古の要塞都市(イエメン)／町を飾る巨大なフレーム(アラブ首長国連邦・ドバイ)

優美なデザインとオーロラの国々
291-390 ヨーロッパ 1 .... P.161

極地を彩る光のカーテン(フィンランド、スウェーデン、ノルウェー、ロシア)／青き氷の洞窟(アイスランド)／北欧デザインの殿堂(デンマーク)／世界最大級の露天風呂(アイスランド)／赤い服の兵隊が守る宮殿(イギリス)／英国の原風景を回る(イギリス)

旧市街と教会に圧倒される
391-570 ヨーロッパ 2 .... P.211

中世のままの旧市街(チェコ)／光降り注ぐ恋人たちのアーチ(ウクライナ)／かわいいメルヘンタウン(ドイツ)／ミケランジェロにラファエロ、ダ・ヴィンチ(バチカン)／丘に広がる紫の絨毯(フランス)／紺碧の海と城塞都市(クロアチア)／海に浮かぶ教会(フランス)／天才・ガウディの建築物(スペイン)／白と青の島(ギリシャ)

広大なサバンナで動物ウオッチ
571-660 アフリカ …… P.293

100万頭のヌーが大移動(タンザニア)／3基の大ピラミッド(エジプト)／大地の裂け目に流れる滝(ザンビア、ジンバブエ)／美しきサハラ(モロッコ)／大地を跳ねる少数民族(ケニア、タンザニア)／幻想的な青い町(モロッコ)

個性豊かな国立公園の絶景に感動
661-810 北中米 …… P.337

国立公園発祥の地(アメリカ)／海に開いた巨大な穴(ベリーズ)／輝く摩天楼都市(アメリカ)／野生のホッキョクグマに会う(カナダ)／渦巻くサンドストーン(アメリカ)／謎のマヤ遺跡(メキシコ)／映画『リメンバー・ミー』の町(メキシコ)／これぞアメリカ、マザーロード(アメリカ)

地球の反対に存在する驚愕の風景
811-920 南米・南極 …… P.407

インカの空中都市(ペルー)／世界一有名なサンバのパレード(ブラジル)／天と地が1つになる白い湖(ボリビア)／珍しい動物のすむ絶海の孤島(エクアドル)／インカの石組みとコロニアル建築(ペルー)／幻想的な図書館(ブラジル)

青い海で究極のリラックス
921-1000 太平洋・オセアニア …… P.459

世界最大のサンゴ礁(オーストラリア)／青い海に囲まれた小島(クック諸島)／島に伝わる古き踊り(ハワイ)／ジンベエザメと泳ぐ(オーストラリア)／聖なるウルル(オーストラリア)

今、行きたい！世界の絶景大事典1000
DATA BOOK

世界遺産 INDEX ……………………………………………………… P.496
世界を比べてみたら ……………………………………………… P.498
INDEX　50音順・国別 ……………………………………………… P.499

本書の使い方

物件をテーマ別に紹介。

物件の番号、001から1000まで。

物件名。正式名称ではなく、通称となっているものもあります。言語は日本語のほか英語、現地語など。

聖地
Sacred Place

001
ラサ
Lhasa
中国（チベット）

ダライ・ラマが住んだチベット仏教最高の聖地

各国の国旗と国名。国名はすべて通称。香港やハワイなど地域の旗の場合もある。

世界遺産に登録されていることを表す。

本書のデータは2019年11月現在のものです。
掲載した物件の中には、立ち入りができないところや治安が悪く外務省が渡航を勧めていないところもあります。
掲載された情報は状況により変化することがありますので、お出かけの場合は最新情報をご確認ください。
写真についてはあくまでもイメージです。同じ光景を見られるとは限りませんのでご注意ください。
また、修復や建て直し、自然災害などにより、見学できなくなることもあります。
掲載情報による損失、および個人的トラブルに関しましては、当社は一切の責任を負いかねますので、あらかじめご了承ください。

アジア
Asia

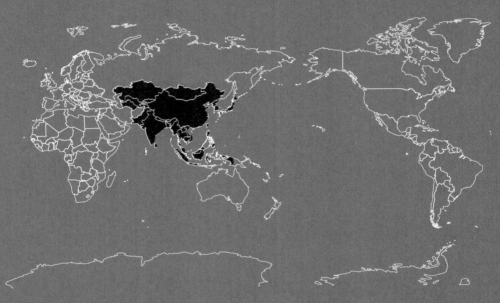

掲載している国々

中国	カンボジア	バングラデシュ
韓国	マレーシア	スリランカ
モンゴル	インドネシア	パキスタン
香港	シンガポール	モルディブ
マカオ	ブルネイ	カザフスタン
台湾	東ティモール	キルギス
タイ	ミャンマー	タジキスタン
ベトナム	インド	トルクメニスタン
ラオス	ネパール	ウズベキスタン
フィリピン	ブータン	

アジア
Asia

エリア別ダイジェストガイド

ユーラシア大陸の東西に広がる。さまざまな人種、宗教が混在し、歴史や文化も多様。中国とインドという超大国を擁し、アジア人の人口は世界最大となっている。

東アジア
East Asia

日本を含む東洋アジア
アジアの東部。ユーラシア大陸の東側に位置することから極東とも呼ばれる。黄河・長江の河川流域で中国文明が発達し、朝貢制度によって周辺諸国へ文化的、政治的にも強い影響を与えた。

●自然
山脈や高原に囲まれた内陸部は乾燥しやすく、中国とモンゴルとの国境には世界第3位の広さのゴビ砂漠もある。内陸部の南部は高原地帯で、ヒマラヤやカラコルムなど8000mを超える山を擁する山脈が横たわる。

中国を代表する景勝地として知られる桂林

●宗教
古くから仏教徒が多く、歴史ある寺院も無数にある。チベットやモンゴルではチベット仏教の信者が多い。ほかキリスト教、イスラム、道教など。韓国では儒教からの影響も受けている。

台湾の寺院では熱心に参拝する地元の人の姿も

崖をくりぬいた楽山大仏(中国)。高さ71mで世界最大

●東アジアの国々
🇨🇳 中国		🇰🇷 韓国	
🇰🇵 北朝鮮		🇲🇳 モンゴル	
🇭🇰 香港		マカオ	
🇹🇼 台湾		🇯🇵 日本	

東南アジア
Southeast Asia

赤道近くの灼熱の地
中国の南、インドの東に広がり、タイやベトナムなど大陸部とインドネシアなど赤道付近の島々で構成されている。多種多様な文化と物価の安さから、世界中から旅行者が訪れる。

●自然
内陸部は大部分が熱帯または熱帯雨林気候に属し、緑豊かなジャングルが広がっている。一方、海も透明度が高く、東南アジアの海域で世界の4分の1のサンゴが生息すると言われる。ビーチリゾートもたくさんある。

プーケットやバリ島、セブなど人気のリゾートも多数

●宗教
タイやカンボジアをはじめ、大陸にある国ではおもに仏教、マレーシアとインドネシアはイスラム教だが、バリ島など一部はヒンドゥー教が信仰されている。また、フィリピンはアジア唯一のキリスト教国となっている。

世界三大仏教遺跡の1つ、アンコール・ワット

バリ島にはヒンドゥー教の遺跡が多い

●東南アジアの国々
🇹🇭 タイ		🇻🇳 ベトナム	🇱🇦 ラオス
🇵🇭 フィリピン		🇰🇭 カンボジア	🇲🇾 マレーシア
🇮🇩 インドネシア		🇸🇬 シンガポール	🇧🇳 ブルネイ
🇹🇱 東ティモール		🇲🇲 ミャンマー	

国の名称及びエリアは、一部(中央アジアの国々)を除き外務省のウェブサイトに準ずる。また、物件掲載のある自治領や特別区は国として紹介。

平打ち麺、ラグマンは中央アジア圏で広く食される

小籠包の中からあふれる熱々の肉汁がたまらない！

具材たっぷりのビビンバは見た目も栄養も満点

チベット文化圏の蒸し餃子、モモ

女性を中心に人気の生春巻きこことゴイクン

インドの軽食、サモサ。香辛料が後を引く

インドといえばカレー。北と南でスタイルが違う

世界三大スープの1つトムヤムクン。辛味と酸味の調和が見事

南アジア
South Asia

山も海も楽しめる
中国とネパールの国境にあるヒマラヤ山脈より南の地域。かつてインダス文明が栄えたインドが中心となり、政治・文化が発展していたが、近世以降はほとんどの国がイギリスの支配下に置かれた。

●自然
世界最高峰のエベレストのあるネパールのサガルマータ国立公園では、登山のほかトレッキングが楽しめる。中部はガンジス川をはじめとする大河と高原、南部は半島の先にスリランカやモルディブの島々が浮かぶ。

●宗教
国家独立の際、宗教ごとに国を分けた背景からインドはヒンドゥー教、スリランカとミャンマーは仏教、パキスタンとバングラディシュではイスラム教というように、国により宗教が異なる。

さまざまな宗教の石窟寺院が掘られたエローラ（インド）

中央アジア
Central Asia

シルクロードの国々
カスピ海の東に広がる国々で、中国とヨーロッパを繋ぐ交易路、シルクロードの中継地として栄えた。近年は日本からの観光客も急増中。ちなみに、国名に付く「スタン」は「〜の土地」という意味。

●自然
ほとんどの地域で年間の降雨量が250mm以下と少なく、乾燥した砂漠地帯となっている。そのため、中央アジアの町はほとんどがオアシス都市か、または川や湖の近くに発展している。

●宗教
8世紀にアラブ人が侵攻しイスラム化が急速に進んで以来、一部のキリスト教徒やロシア正教徒を除いた5カ国すべてでイスラム教が信仰されている。見事なモザイクタイルのモスクが美しい。

青いモスクや廟が立ち並ぶサマルカンドは、通称「青の都」

●南アジアの国々
 インド　 ネパール　ブータン
バングラデシュ　スリランカ　パキスタン
モルディブ

●中央アジアの国々
カザフスタン　キルギス
タジキスタン　トルクメニスタン
ウズベキスタン

アジア 絶景リスト
[全210カ所]

INDEX 001-210

インド
- 003 ガンジス川
- 004 ブッダガヤ
- 014 カーパーレーシュワラ寺院
- 025 ロータス寺院
- 035 デリー
- 045 ジョードプル
- 047 ジャイプル
- 088 パンゴン・ツォ
- 108 インドの山岳鉄道群
- 114 エローラ
- 117 アジャンター
- 122 ハンピ
- 130 カジュラーホー
- 132 マイソール宮殿
- 133 アーグラ城塞
- 134 チャンド・バオリの階段井戸
- 138 タージ・マハル
- 140 タージ・レイク・パレス
- 144 ジャンタル・マンタル
- 150 ランタンボール国立公園
- 172 ホーリー祭
- 182 インド刺繍
- 187 リシュケーシュ
- 198 クリシュナのバターボール
- 203 チャンディーガル

スリランカ
- 008 スリー・パーダ
- 028 ダンブッラの黄金寺院
- 057 キャンディ
- 058 ゴール
- 084 ホートン・プレインズ国立公園
- 113 シーギリヤ
- 151 ヤーラ国立公園
- 173 ペラヘラ祭
- 183 ウェリガマ

ネパール
- 024 タンボチェ・ゴンパ
- 044 カトマンズ
- 098 エベレスト
- 106 ポカラ

モルディブ
- 163 水上コテージ群
- 201 水中レストラン

カザフスタン
- 034 ヌルスルタン
- 066 ウスチュルト台地
- 145 ホージャ・アフマド・ヤサヴィ廟

ウズベキスタン
- 043 サマルカンド
- 064 ヒヴァ
- 066 ウスチュルト台地
- 096 ウルグット
- 197 タシケントの地下鉄

トルクメニスタン
- 190 ダルヴァザ

タジキスタン
- 081 ワハーン回廊

キルギス
- 074 イシク・クル

パキスタン
- 099 ケーツー
- 107 フンザ
- 120 モヘンジョダロ
- 143 ロータス城塞
- 146 ラホール城塞
- 206 デコトラ

ブータン
- 011 タクツァン僧院

ミャンマー
- 017 シュエダゴン・パゴダ
- 026 チャイティーヨー・パゴダ
- 048 ミャウー
- 116 バガン
- 119 カックー

インドネシア
- 009 ウルン・ダヌ・ブラタン寺院
- 016 ティルタ・ウンプル寺院
- 023 ブサキ寺院
- 027 タナ・ロット寺院
- 102 イジェン火山
- 121 ボロブドゥール
- 128 プランバナン
- 153 コモド島
- 162 テガラランライステラス
- 180 ケチャ
- 181 バリ舞踊
- 185 タナ・トラジャ
- 191 バリ・スイング

シンガポール
- 030 ガーデンズ・バイ・ザ・ベイ
- 036 マリーナベイ・サンズ
- 157 シンガポール動物園
- 195 カトン
- 202 オールドヒル・ストリート・ポリス・ステーション
- 209 タン・テンニア邸

ブルネイ
- 137 スルタン・オマール・アリ・サイフディン・モスク

バングラデシュ
- 142 ピンクパレス

マレーシア
- 002 バトゥ洞窟
- 039 クアラルンプール
- 055 マラッカ
- 059 ペナン島
- 105 キナバル山
- 135 クリスタル・モスク
- 136 プトラ・モスク
- 149 ボルネオ島
- 154 セリンガン島
- 171 レダン島

香港
- 029 彌敦道(ネイザン・ロード)
- 031 ビクトリア・ピーク
- 061 大澳
- 147 文武廟
- 196 益發大厦
- 204 上環〜中環

マカオ
- 037 コタイ地区
- 054 マカオ歴史地区
- 205 グランド・リスボア(新葡京酒店)

台湾
- 022 龍山寺
- 032 台北
- 063 九份
- 079 高美湿地
- 082 野柳地質公園
- 094 饒河街夜市
- 179 平渓天燈祭
- 193 彩虹眷村
- 208 高雄地下鉄「美麗駅」

タイ
- 010 ワット・プラ・ケオ
- 012 ワット・パークナム
- 013 ワット・ロン・クン
- 015 ワット・ロン・スア・テン
- 020 ワット・アルン
- 038 バンコク
- 072 クンパワピー
- 073 サ・ナム・ブット
- 087 プラヤー・ナコーン洞窟
- 090 タラート・ロットファイ・ラチャダー
- 091 メークロン市場
- 092 ダムヌン・サドゥアック水上マーケット
- 118 アユタヤ
- 123 スコータイ
- 155 エレファントキャンプ
- 160 チェンマイ
- 166 ナン・ユアン島
- 170 ピピ島
- 175 ソンクラーン
- 176 ビーターコーン・フェスティバル
- 177 ボーサーン傘祭り
- 189 バン・ナイ・ソイ

ラオス
- 080 クアンシーの滝
- 186 ルアンパバーン

カンボジア
- 112 アンコール・ワット
- 124 プレア・ヴィヒア寺院
- 127 ベン・メリア
- 129 タ・プローム

中国
- 001 ラサ
- 005 天壇
- 006 泰山
- 019 龍門石窟
- 021 楽山大仏
- 041 北京
- 042 上海
- 049 ラルンガル・ゴンパ
- 051 鳳凰古城
- 052 麗江古城
- 053 西塘
- 062 西湖
- 065 九寨溝
- 067 黄龍
- 068 フルンボイル草原
- 070 桂林
- 071 蘆笛岩
- 078 紅海灘
- 089 藍月谷
- 098 エベレスト
- 099 ケーツー
- 100 武陵源
- 101 丹霞地質公園
- 103 亜丁自然保護区
- 104 天門山
- 109 石林
- 110 三清山国立公園
- 111 黄山
- 115 兵馬俑
- 125 麦積山石窟
- 126 莫高窟
- 131 万里の長城
- 139 永定
- 141 紫禁城
- 148 四川ジャイアントパンダ保護区群
- 152 長隆海洋王國
- 158 紅河ハニ棚田群
- 178 ハルピン氷祭り
- 184 中国雑技団
- 188 嵩山少林寺
- 199 三游洞の絶壁レストラン
- 210 月牙泉

韓国
- 007 宗廟
- 018 仏国寺
- 040 ソウル
- 069 済州島
- 097 広蔵市場
- 194 甘川文化村
- 200 ビョルマダン図書館
- 207 大学路

モンゴル
- 075 ゴビ砂漠
- 086 フブスグル湖

東ティモール
- 167 ジャコ島

フィリピン
- 060 ビガン
- 076 チョコレート・ヒルズ
- 083 プエルト・プリンセサ地下河川国立公園
- 156 ボホール島
- 159 コルディリェーラの棚田群
- 164 ボラカイ島
- 165 エル・ニド
- 168 オスロブ
- 174 マスカラ・フェスティバル

ベトナム
- 033 ホーチミン
- 046 ハノイ
- 050 ホイアン
- 056 フエ
- 077 ハロン湾
- 085 ニンビン
- 093 バックハー日曜市
- 095 カイラン水上マーケット
- 161 サパ
- 169 フーコック島
- 192 ゴールデン・ブリッジ

アジア

27

聖地
Sacred Place

001 ラサ
Lhasa

中国（チベット）

チベット語で「神の土地」を意味するラサは、ダライ・ラマを頂点とするチベット仏教の聖地だ。標高約3700m、チベット高原に位置し、中心には町の象徴であるポタラ宮がそびえる。ポタラ宮はチベット仏教の最高指導者であるダライ・ラマの宮殿で、高さ約117m、13階建ての堂々たる建物。内部には歴代ダライ・ラマの霊塔が納められており、黄金の塔をダイヤモンドや瑪瑙などの宝石が飾っている。
町にはほかにも、ダライ・ラマの離宮であるノルブリンカやチベット仏教の巡礼地として世界中から信者が集まるジョカン（トゥルナン寺）をはじめ、寺、僧院が集まり、赤い装束に身を包んだ僧がいたるところで見られる。
中国人民軍がラサを占拠し、ダライ・ラマ14世が亡命した1959年から半世紀以上たった今も、聖地として変わらぬ信仰を集めている。

アジア

ダライ・ラマが住んだ チベット仏教 最高の聖地

002 バトゥ洞窟
Batu Caves
マレーシア

マレーシア唯一のヒンドゥー教の聖地。レインボーカラーの階段の脇に立つ巨大な像は、軍神スカンダ。1〜2月には、ヒンドゥー最大の祭り「タイプーサム」が行われる。

003 ガンジス川
Ganges River
インド

「母なる川」ことガンガーは、ヒマラヤ山脈を水源とする全長約2525kmの大河。ヒンドゥーの聖地として有名なバラナシでは、敬虔なヒンドゥー教徒が沐浴する姿が見られる。

004 ブッダガヤ
Buddha Gaya
インド

釈迦が悟りを開きブッダとなった村。瞑想した大菩提寺の菩提樹には多くの信者が集まる。

006 泰山
Mount Taishan
中国

始皇帝から明・清にわたり、歴代の皇帝が天を祀る「封禅の儀」を執り行った神聖なる山。

007 宗廟
Jongmyo
韓国

朝鮮王国の祖、李成桂が建立した霊廟。今も王室伝統の祭礼儀式「宗廟祭礼」が行われる。

005 天壇
Tiantan
中国

歴代の中国皇帝が祈りを捧げた祭祀施設。三層の屋根を持つ祈年殿は、北京のシンボル。

008 スリー・パーダ
Sri Pada
スリランカ

スリランカ随一の聖山。山頂にある足跡を諸宗教が自らの教祖と見立て、宗派を超える信仰を集める。

アジア

31

寺院
Temple

009 ウルン・ダヌ・ブラタン寺院
Ulun Danu Beratan Temple
インドネシア（バリ島）

バリ中部の高原地帯にある、ブラタン湖に浮かぶ寺院。1634年に建立されたヒンドゥー寺院で、山をバックに佇む美しい姿から旧5万ルピア札の絵柄にも採用された。11層から成るメル（多重塔）に祀られているのは、湖の女神デウィ・ダヌ。本殿は湖畔に立っている。本堂のそばにはストゥーパ（仏塔）が立っているが、これはバリ島にヒンドゥー教が伝わったのとほぼ同時期に仏教も伝わっているためだ。
湖に浮かぶ美しい姿は、対岸から眺めるのがベスト。湖にはボートもあるので、のんびりと湖に漕ぎ出してみるのもおもしろい。

高地の湖に浮かぶ女神を祀るヒンドゥー寺院

011 タクツァン僧院
Paro Taktsang

ブータン（パロ）

標高約3000mの山肌にへばりつくように建てられた僧院。ブータンに仏教を伝えたとされるパドマサンバヴァにより建立。麓から寺までは、険しい山道を3時間ほど登る。

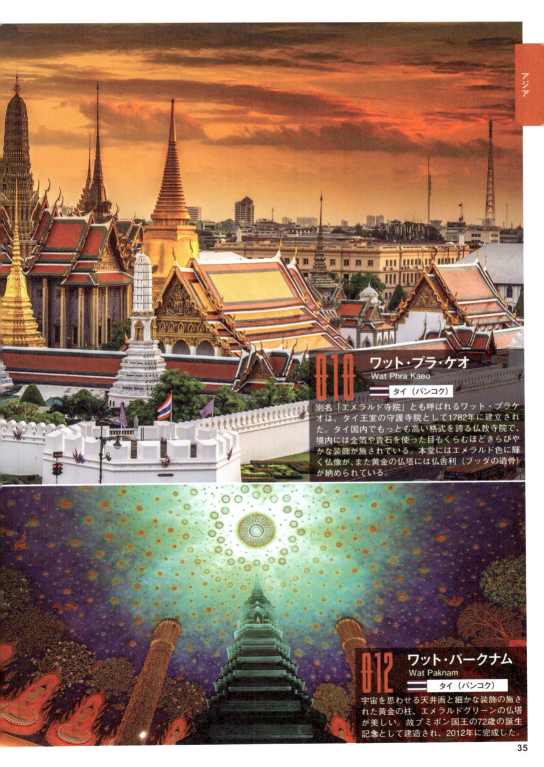

アジア

018 ワット・プラ・ケオ
Wat Phra Kaeo

タイ（バンコク）

別名「エメラルド寺院」とも呼ばれるワット・プラケオは、タイ王室の守護寺院として1782年に建立された。タイ国内でもっとも高い格式を誇る仏教寺院で、境内には金箔や貴石を使った目もくらむほどきらびやかな装飾が施されている。本堂にはエメラルド色に輝く仏像が、また黄金の仏塔には仏舎利（ブッダの遺骨）が納められている。

012 ワット・パークナム
Wat Paknam

タイ（バンコク）

宇宙を思わせる天井画と細かな装飾の施された黄金の柱、エメラルドグリーンの仏塔が美しい。故プミポン国王の72歳の誕生記念として建造され、2012年に完成した。

813 ワット・ロン・クン
Wat Rong Khun

タイ（チェンライ）

別名「ホワイトテンプル」と呼ばれる、白亜の仏教寺院。地元出身のアーティスト、チャルーンチャイ・コーシピパットが手がけ、神話に基づく独特の世界観が表現されている。

814 カーパーレーシュワラ寺院
Kapaleeswarar Temple

インド（チェンナイ）

ヒンドゥー教で最も位の高いシヴァ神を祀る。南インドの典型的な寺院建築であるドラヴィダ様式で、極彩色のゴープラム（楼門）にはヒンドゥーの神々などが描かれている。

015 ワット・ロン・スア・テン
Wat Rong Sua Ten

タイ（チェンライ）

ワット・ロン・クンを設計したコーシピパットの弟子の手によるもので、仏像から壁画まで深い青で統一され神秘的。本堂の前には、一対の巨大なナーガ(蛇)の像がそびえる。

016 ティルタ・ウンプル寺院
Tirta Empul Temple

インドネシア（バリ島）

バリ島中部にあるヒンドゥー寺院で、境内に湧く聖なる泉で有名。泉のすぐそばに沐浴場があり、万病に効くという泉の水を浴びながら祈りを捧げる様子が見られる。

017 シュエダゴン・パゴダ
Shwedagon Pagoda

ミャンマー（ヤンゴン）

50を超える仏像や仏塔が並ぶ、ミャンマー仏教の総本山。中心は高さ約100mの黄金の仏塔で、上部には76カラットのダイヤモンドや宝石がちりばめられている。

018 仏国寺
Bulguksa Temple
韓国

新羅時代を代表する仏教建築。敷地内に創建時の橋や塔が点在。奥にある石窟庵も見もの。

019 龍門石窟
Longmen Grottoes
中国

中国三大石窟の1つ。巨大な廬舎那仏を収める奉先寺洞などの石窟が点在する。

020 ワット・アルン
Wat Arun
タイ（バンコク）

チャオプラヤー川に面した仏教寺院。アユタヤ王朝時代に建立された。「アルン」とはタイ語で「暁」を意味し、三島由紀夫の小説『暁の寺』の舞台ともなった。

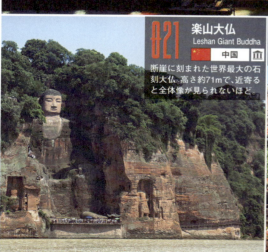

021 楽山大仏
Leshan Giant Buddha
中国

断崖に刻まれた世界最大の石刻大仏。高さ約71mで、近寄ると全体像が見られないほど。

022 龍山寺
Longshan Temple
台湾（台北）

1738年に建立された、台湾最古の仏教寺院。本尊の聖観世音菩薩のほか多様な神々が祀られる。

023 ブサキ寺院
Besakih Temple
インドネシア（バリ島）

バリ・ヒンドゥー教の総本山。大小30ほどの複合寺院で、ヒンドゥーの三大神を祀る。

026 チャイティーヨー・パゴダ
Kyaikhtiyo Pagoda
ミャンマー

山頂に鎮座する金色の大岩。ブッダの聖髪の力でバランスを保っているといわれる。

アジア

024 タンボチェ・ゴンパ
Tengboche Gompa
ネパール

タンボチェにあるゴンパ（寺院）。エベレスト街道内にあるゴンパの中では最大の規模。

027 タナ・ロット寺院
Tanah Lot Temple
インドネシア（バリ島）

16世紀建立のヒンドゥー教寺院。岩上に佇む姿が美しい。夕日の名所としても知られる。

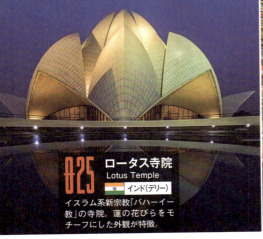

025 ロータス寺院
Lotus Temple
インド（デリー）

イスラム系新宗教「バハーイー教」の寺院。蓮の花びらをモチーフにした外観が特徴。

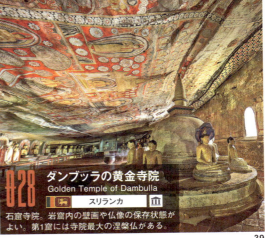

028 ダンブッラの黄金寺院
Golden Temple of Dambulla
スリランカ

石窟寺院。岩窟内の壁画や仏像の保存状態がよい。第1窟には寺院最大の涅槃仏がある。

39

都市・夜景
City · Night View

029 彌敦道（ネイザン・ロード）
Nathan Road

香港

九龍エリアを南北に貫くメインストリート。全長約500mの道の両脇にはレストランやショッピングセンターが連続し、ひときわにぎやか。夜には通りに張り出す看板がこぞってライトアップされ、ど派手な色の洪水に。香港映画にもよく登場する風景が見られる。頭上の看板すれすれを走るバスツアーは、香港観光のハイライトの1つでもある。

アジア

人造の
スーパーツリーが並ぶ
未来の植物園

030 ガーデンズ・バイ・ザ・ベイ
Gardens by the Bay

シンガポール

2012年にオープンした、未来型植物園。メインとなるのは、高さ約50mの人工の木、「スーパーツリー」で、マリーナ・ベイ・サンズをバックにそびえる風景は、まるでSF映画の世界。夜にはスーパーツリーによる光と音のショーも行われる。園内には熱帯の植物や花が植えられているほか、ドーム型の温室、フラワー・ドームとクラウド・フォレストもある。

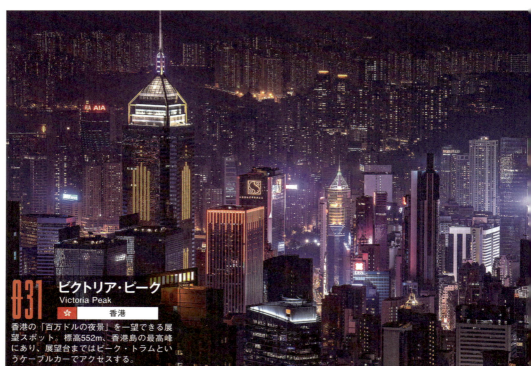

031 ビクトリア・ピーク
Victoria Peak
香港

香港の「百万ドルの夜景」を一望できる展望スポット。標高552m、香港島の最高峰にあり、展望台まではピーク・トラムというケーブルカーでアクセスする。

032 台北
Taipei
台湾

日本人観光客がこぞって訪れる、台湾の中心都市。小籠包をはじめとするグルメから寺院などパワスポ巡りまで楽しみいろいろ。親日家が多く、女性1人でも旅行しやすい。

033 ホーチミン
Ho Chi Minh
ベトナム

ベトナム南部の中心都市。19世紀半ばからフランス支配を受けた町には、今も当時の建物が残っている。無数のバイクが、東南アジアらしい混沌とした空気感を漂わせる。

アジア

034 ヌルスルタン
Nur-Sultan
カザフスタン

2019年3月にアスタナから改名。日本の建築家、黒川紀章が手がけた近未来都市で、「命の木」を意味するバイテレク・タワーなど個性的なデザインの建築物が点在する。

43

035 デリー
Delhi
🇮🇳 インド

インドの首都。政治、経済の中心ニューデリーとオールドデリーに分かれている。歴史的建造物やマーケットが混在するオールドデリーは、インドを体現する混沌の都。

036 マリーナベイ・サンズ
Marina Bay Sands
🇸🇬 シンガポール

シンガポールを代表するホテル。高層ビルの上に船を乗せたような独特の外観で、屋上には摩天楼を見下ろすインフィニティプールがある。プールから見る夜景も美しい。

037 コタイ地区
Cotai
🇲🇴 マカオ

シティリゾートとして開発が進むマカオの中心。マカオ最高峰のグランド・リスボアをはじめ高層ホテルが並び、カジノやショッピング、エンターテイメントまでさまざまに楽しめる。

44

038 バンコク
Bangkok

タイ

近年急成長を遂げるタイの首都。ビルの屋上にあるバーやレストランが最近の流行。

040 ソウル
Seoul

韓国

史跡が集中する韓国の首都。ポップカルチャーを始めとする流行発信地としての顔も。

アジア

039 クアラルンプール
Kuala Lumpur

マレーシア

マレーシアの首都。マレー、インド、中国なごさまざまな国の文化が融合する国際都市。

041 北京
Beijing

中国

中国の首都。郊外は万里の長城や天壇など世界遺産を多く有する国内きっての観光地。

042 上海
Shanghai

中国

東アジアを代表する国際都市。黄浦江を境に浦東と浦西に分けられ、浦東は1990年代からの新市街。浦西はかつての上海租界で、川沿いには当時の重厚な建築物が並ぶ。

古都
Old Town

043 サマルカンド
Samarkand

ウズベキスタン

かつてシルクロードの中心都市として栄えたサマルカンド。ソグド人の都市として紀元前に拓かれ、イスラムの複数王朝の支配を受けながら発展してきた。13世紀にモンゴル軍の襲撃を受け町の大半が破壊され住民のほとんどが虐殺されたが、その後ティムール朝のもと復興した。
町の中心であるレギスタン広場に立つメドレセ（神学校）やモスク、廟など青いタイルで装飾された建物が並ぶ町は、「青の都」と呼ばれている。ターコイズブルーのタイルを複雑に組み合わせて造ったモザイクが施された壁画やドーム、ミナレットが並ぶ様子は、実に壮観だ。

青タイルが描く
イスラムの建築美
シルクロードの青き都

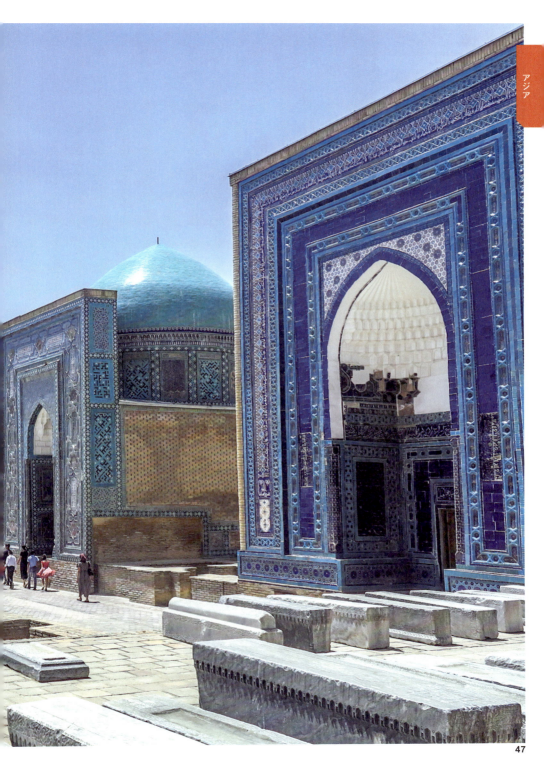

044 カトマンズ
Kathmandu

ネパール 🏛

ヒマラヤの山々に囲まれた盆地に拓けた、ネパールの首都。旧市街には50以上の寺院があり、仏教やヒンドゥーの建築様式が融合した類を見ない独特の美しさを誇る。

045 ジョードプル
Jodhpur

インド

周囲を10kmもの城壁に囲まれた町。町のほとんどの建物が青く塗られ、通称「ブルーシティ」と呼ばれる。青い町を見渡すなら、丘の上のメヘラーンガル砦がベストスポット。

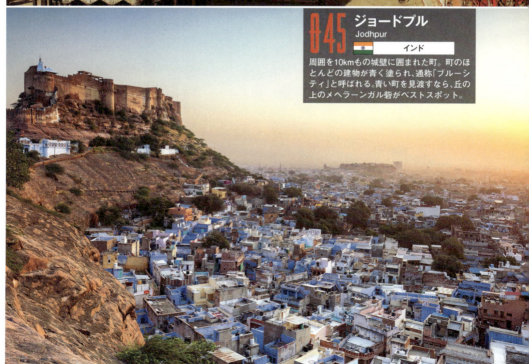

アジア

046 ハノイ
Hanoi

ベトナム

ベトナムの北部に位置する。11世紀以降は李朝の都として発展し、19世紀後半にはフランスの支配を受けた。旧市街には、中国やフランス風の建物が入り交じる。

047 ジャイプル
Jaipur

インド

町全体が赤茶けたピンク色で統一されていることから「ピンクシティ」の愛称で呼ばれる。シンボルは、かつて姿を見られることを禁じられた女性のために建てられた風の宮殿。

048 ミャウー
Mrauk U

ミャンマー

15〜18世紀まで、アラカン王国の都として栄えた。16世紀には宝石の交易が盛んに行われ、「黄金の都」と呼ばれた。緑の大地に無数の仏塔が並ぶ様子が美しい。

049 ラルンガル・ゴンパ
Larngar Gompa

中国（チベット）

チベット仏教の一大僧院。1980年頃から徐々に規模が大きくなり、最盛期には数万人規模の僧侶が集まっていたとされる。標高約4000mに位置し、丘の斜面を朱色の僧坊が埋め尽くす風景は圧巻。拠点となる町はセルタ。
2016年には中国政府の介入により建物の取り壊しおよび僧侶の強制退去が行われ、規模は縮小されたとされている。また2019年9月現在、ラルンガル・ゴンパへの外国人の立ち入りは許可されていない。

標高約4000m 斜面を覆う朱色の僧院群

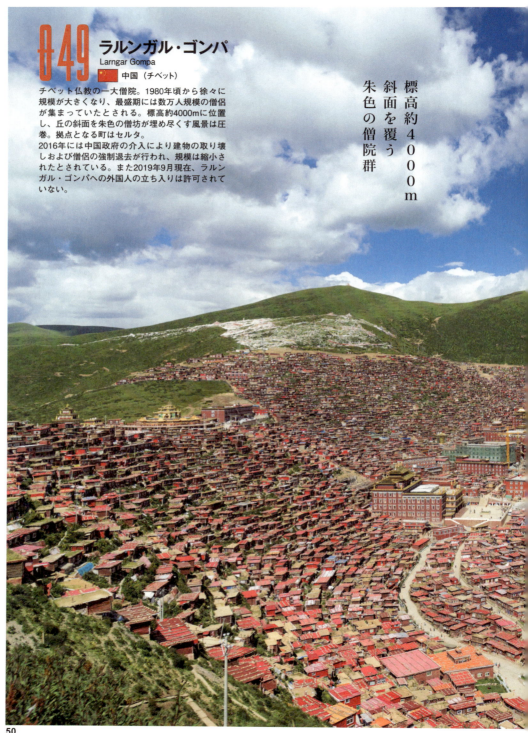

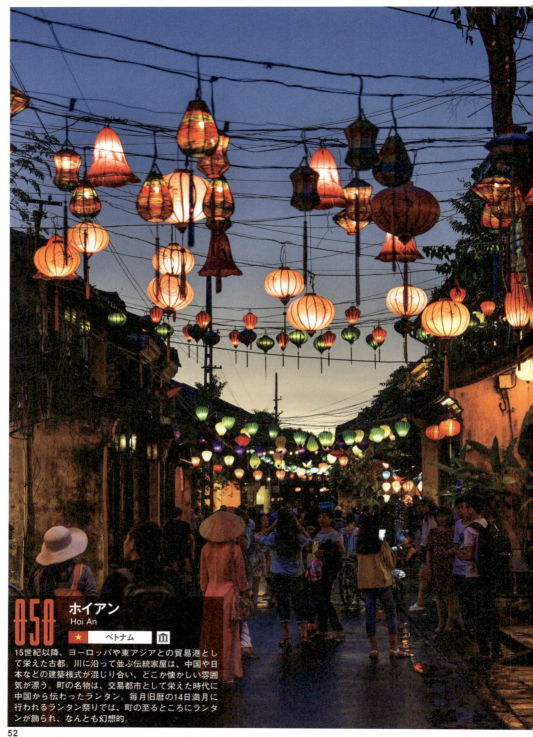

050 ホイアン
Hoi An

ベトナム 🏛

15世紀以降、ヨーロッパや東アジアとの貿易港として栄えた古都。川に沿って並ぶ伝統家屋は、中国や日本などの建築様式が混じり合い、どこか懐かしい雰囲気が漂う。町の名物は、交易都市として栄えた時代に中国から伝わったランタン。毎月旧暦の14日満月に行われるランタン祭りでは、町の至るところにランタンが飾られ、なんとも幻想的。

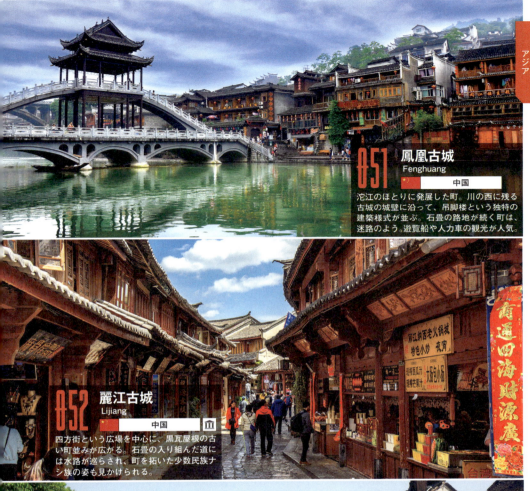

アジア

851 鳳凰古城
Fenghuang

中国

沱江のほとりに発展した町。川の西に残る古城の城壁に沿って、吊脚楼という独特の建築様式が並ぶ。石畳の路地が続く町は、迷路のよう。遊覧船や人力車の観光が人気。

852 麗江古城
Lijiang

中国

四方街という広場を中心に、黒瓦屋根の古い町並みが広がる。石畳の入り組んだ道には水路が巡らされ、町を拓いた少数民族ナシ族の姿も見かけられる。

853 西塘
Xitang

中国

ノスタルジックな雰囲気漂う水郷の町。映画『ミッション・インポッシブル3』のロケ地として登場し、一躍人気に。運河を巡る遊覧船に乗って、石造りの町を眺めたい。

53

054 マカオ歴史地区
Historic Centre of Macao
　マカオ　🏛

ポルトガル植民地時代の建物が残る地区。狭い範囲に、30もの世界遺産が密集する。

056 フエ
Hue
　ベトナム　🏛

ベトナム最後の王朝、グエン朝の都が置かれた町。王宮をはじめ、寺院、皇帝陵が点在。

055 マラッカ
Melaka
　マレーシア　🏛

マラッカ海峡に面した古い交易都市。鮮やかなピンク色の建物が立つオランダ広場が見どころ。

057 キャンディ
Kandy
　スリランカ　🏛

シンハラ朝最後の都。ブッダの犬歯を安置する仏歯寺がある、スリランカの聖なる町。

058 ゴール
Galle
　スリランカ　🏛

スリランカ南西部のコロニアル都市。半島を砦が囲み、ヨーロッパ様式の建築物が多く残る。

54

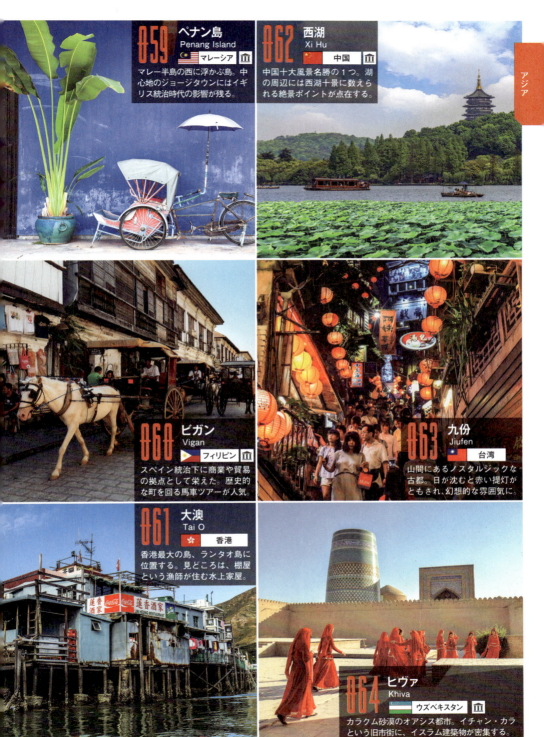

059 ペナン島
Penang Island
マレーシア

マレー半島の西に浮かぶ島。中心地のジョージタウンにはイギリス統治時代の影響が残る。

060 ビガン
Vigan
フィリピン

スペイン統治下に商業や貿易の拠点として栄えた。歴史的な町を回る馬車ツアーが人気。

061 大澳
Tai O
香港

香港最大の島、ランタオ島に位置する。見どころは、棚屋という漁師が住む水上家屋。

062 西湖
Xi Hu
中国

中国十大風景名勝の1つ。湖の周辺には西湖十景に数えられる絶景ポイントが点在する。

063 九份
Jiufen
台湾

山間にあるノスタルジックな古都。日が沈むと赤い提灯がともされ、幻想的な雰囲気に。

064 ヒヴァ
Khiva
ウズベキスタン

カラクム砂漠のオアシス都市。イチャン・カラという旧市街に、イスラム建築物が密集する。

アジア

自然
Nature

アジア

山と森に守られた
中国を代表する
自然景勝地

065 九寨溝
Jiuzhaigou Valley

中国

四川省、成都の北約300kmの山麓にある、自然景勝地。周囲を3000〜4000m級の山々に囲まれた峡谷に沿って100以上の湖が連なっている。面積は700k㎡以上と広大で、5つの観光エリアに分かれている。最大の見どころは日則景区にある五花海で、透き通るブルーの水は湖の底が透けて見えるほど。湖には石灰が沈殿しており、太陽の光を浴びるとさまざまな色に変化することから、この名になった。春の新緑、秋には紅葉風景も美しい。2017年にはM7.0の地震が襲い閉鎖されたが、湖の色は変わらぬ美しさを誇っている。2019年10月より観光客の受け入れを開始した。

57

066 ウスチュルト台地
Ustyurt Plateau

ウズベキスタン
カザフスタン

中央アジアの2カ国にまたがる、20万km²におよぶ砂漠地帯。真っ白な石灰岩の大地は、かつて海の底であった。浸食により形成された奇岩や断崖、塩湖など絶景の宝庫。

067 黄龍
Huanglong

中国

全長約7.5kmの峡谷で、石灰質を多く含む水が流れることでできた石灰華段が見られる。最大の見どころは五彩池。入口からは7kmあるが、近くまでロープウェーで行ける。

068 フルンボイル草原
Hulunbuir Grassland

中国（内モンゴル）

内モンゴルにある広大な草原。「モンゴル人の原風景」とも言われ、夏には羊を追いパオで暮らすモンゴルの伝統的な生活が見られる。冬はマイナス40℃にもなる極限の地。

072 クンパワピー
Red Lotus Sea
🇹🇭 タイ

正式名称はノーンハーン湖。12〜2月には、湖一面が睡蓮の花で埋め尽くされる。

アジア

069 済州島
Jeju Island
🇰🇷 韓国

火山活動により生まれた島。温暖な気候と自然環境から「韓国のハワイ」と称される。

070 桂林
Guilin
🇨🇳 中国

水墨画のような風景が「天下第一」と称された景勝地。クルーズで回るのが一般的。

073 サ・ナム・プット
Sa Nam Phut
🇹🇭 タイ

国立公園内にある天然温泉の源泉。青く透き通った水から「ブループール」と呼ばれる。

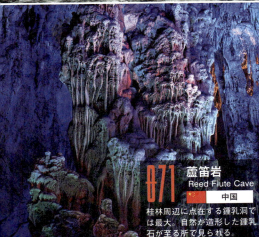

071 蘆笛岩
Reed Flute Cave
🇨🇳 中国

桂林周辺に点在する鍾乳洞では最大。自然が造形した鍾乳石が至る所で見られる。

074 イシク・クル
Issyk-kul Lake
🇰🇬 キルギス

10万年以上前に誕生したと言われる古代湖。氷河を頂く山々が湖を囲むように連なる。

075 ゴビ砂漠
The Gobi Desert
モンゴル

モンゴルの国土の約3分の1を占める乾燥地帯で、砂地のほか草原、山、森林なども含まれる。昼間のパノラマ風景も魅力だが、夜の星空観測ツアーも人気。

076 チョコレート・ヒルズ
Chocolate Hills
フィリピン

ボホール島にある、高さ30〜40mほどの丘が1200あまりも連なる不思議な景観。丘は石灰岩でできており、大昔には海の底だったと言われるが、その他は未だ不明。

アジア

077 ハロン湾
Ha Long Bay
ベトナム

ハノイの東約180kmにある多島域。海面から大小2000あまりの奇岩が突き出す独特の景観で知られ、ハノイ発のクルーズツアーはベトナム観光のハイライト。

078 紅海灘
Red Beach
中国

中国東北部、盤錦市にある渤海海岸。秋になると海岸の砂地を覆い尽くすマツナが深紅に染まる。周囲には遊歩道が巡らされている。ベストシーズンは9〜10月頃。

084 ホートン・プレインズ国立公園
Horton Plains National Park
スリランカ

標高2000mの高原地帯。1000mもの絶壁「ワールズ・エンド」がSNSで話題に。

087 プラヤー・ナコーン洞窟
Tham Phraya Nakhon
タイ

国立公園内にある洞窟。洞窟の天井に空いた穴から光が宮殿を照らす光景が神秘的。

085 ニンビン
Ninh Binh
ベトナム

「陸のハロン湾」と呼ばれる絶景スポット。手漕ぎのボートから、岩山を眺められる。

088 パンゴン・ツォ
Pangong Tso
インド

標高約4250m、インドと中国の国境にある湖。インド映画『きっと、うまくいく』のロケ地。

086 フブスグル湖
Hovsgol Lake
モンゴル

世界で二番目に透明度の高い湖。夏は避暑地として人気で、冬には氷祭りも行われる。

089 藍月谷
Blue Moon Valley
中国

石灰棚と4つの湖から成る。雪解け水を源流とする湖は、底まではっきり見えるほど透明。

アジア

市場
Market

ライトアップされた カラフル屋台が 闇夜に浮かぶ

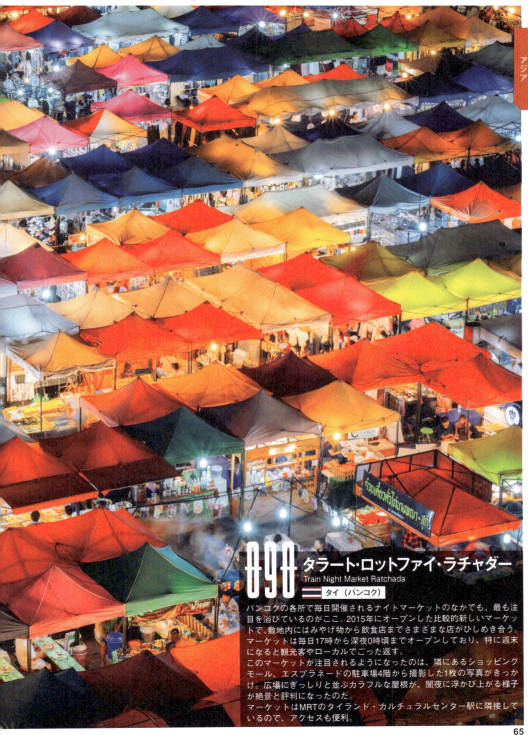

アジア

098 タラート・ロットファイ・ラチャダー
Train Night Market Ratchada

タイ（バンコク）

バンコクの各所で毎日開催されるナイトマーケットのなかでも、最も注目を浴びているのがここ。2015年にオープンした比較的新しいマーケットで、敷地内にはみやげ物から飲食店までさまざまな店がひしめき合う。マーケットは毎日17時から深夜0時頃までオープンしており、特に週末になると観光客やローカルでごった返す。

このマーケットが注目されるようになったのは、隣にあるショッピングモール、エスプラネードの駐車場4階から撮影した1枚の写真がきっかけ。広場にぎっしりと並ぶカラフルな屋根が、闇夜に浮かび上がる様子が絶景と評判になったのだ。

マーケットはMRTのタイランド・カルチュラルセンター駅に隣接しているので、アクセスも便利。

65

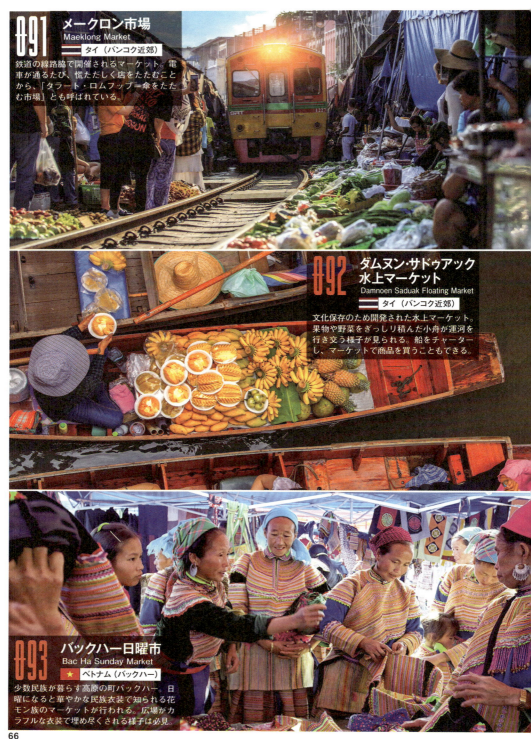

091 メークロン市場
Maeklong Market
🇹🇭 タイ（バンコク近郊）

鉄道の線路脇で開催されるマーケット。電車が通るたび、慌ただしく店をたたむことから、「タラート・ロムフップ＝傘をたたむ市場」とも呼ばれている。

092 ダムヌン・サドゥアック水上マーケット
Damnoen Saduak Floating Market
🇹🇭 タイ（バンコク近郊）

文化保存のため開発された水上マーケット。果物や野菜をぎっしり積んだ小舟が運河を行き交う様子が見られる。船をチャーターし、マーケットで商品を買うこともできる。

093 バックハー日曜市
Bac Ha Sunday Market
⭐ ベトナム（バックハー）

少数民族が暮らす高原の町バックハー。日曜になると華やかな民族衣装で知られる花モン族のマーケットが行われる。広場がカラフルな衣装で埋め尽くされる様子は必見。

アジア

094 饒河街夜市
Raohe Street Night Market
台湾（台北）

台北に数ある夜市のなかでも、最も「絵になる」夜市として有名。慈祐宮の門前、約600mの通りがライトアップされ、両側にさまざまな屋台が並ぶ。

095 カイラン水上マーケット
Cai Rang Floating Market
ベトナム（カントー近郊）

メコン川の流域、メコンデルタで行われる水上マーケットの1つ。規模の大きさとアクセスの便利さから観光客に人気。メコン川の支流をボートや小舟が埋め尽くす。

096 ウルグット
Urgut
ウズベキスタン

ウズベキスタンの伝統工芸であるスザニ（刺繍）のマーケットが行われる町。

097 広蔵市場
Kwangjang Market
韓国（ソウル）

ソウルの中心にある市場。「うまいもん通り」では、屋台グルメの食べ歩きが楽しめる。

67

山
Mountain

美しくも厳しい
自然景観
ここが世界の最高地点

098 エベレスト
Everest

ネパール
中国（チベット）

標高8848mのエベレストは、言わずと知れた世界で最も高い山だ。山は中国（チベット）とネパールの国境、ヒマラヤ山脈にあり、南側一帯のサガルマータ国立公園（ネパール）はユネスコの世界遺産に登録されている。エベレストとは英語読みで、現地での呼び名にはいくつかある。有名なチョモランマはチベット語、ネパールでは国立公園と同じサガルマータと呼ばれている。

初心者がエベレストに登頂するのは難しいが、周辺のトレッキングは観光客にも人気。トレッキングでは途中の村々にあるロッジに泊まりながら歩くのが一般的で、最短で4日くらいから歩けるさまざまなルートがある。周辺トレッキングとは言っても、歩くのは標高3000mやときには5000mを超える場合も。拠点となるのはカトマンズからの直行便が就航しているルクラやバスで行けるジリ。

099 ケーツー
K2

パキスタン
中国

世界で2番目に高い山で、標高は8611m。パキスタンと中国にまたがるカラコルム山脈にあり、K2の「K」とはKarakorumの略で、カラコルム山脈で2番目に測量されたという意味。

100 武陵源
Wulingyuan

中国

高さ300m以上の石柱が並ぶ景勝地区。3つのエリアに分かれ、総面積は約369㎢。観光客はロープウェーやエレベーター、徒歩で山の上に登り、展望台から絶景を見渡す。

アジア

101 丹霞地質公園
Zhangye Danxia Geopark
中国

カラフルな断層がむき出しになったユニークな山並みが見られるカルスト地形。公園の総面積は300㎢以上もあり、周遊バスに乗りながら園内の展望スポットを回る。

102 イジェン火山
Ijen Volcano
インドネシア

ジャワ島の東部にある、標高2799mの活火山。火口から青い炎が上がることで有名に。火口付近は有毒ガスが充満しているため、登山のときはガスマスクを装着する。

183 亜丁自然保護区
Yading Nature Reserve
中国（チベット）

「最後のシャングリラ」と呼ばれる、山岳地帯。トレッキングルートが整備されており、シンボルの三神山をはじめ5000～6000m級の山々や湖を眺めながら歩ける。

184 天門山
Tianmen Mountain
中国

標高1519mの山で、山腹に縦約131m、横約50mもの洞門がある。麓から洞門までは99のヘアピンカーブのある道路を通るか、全長7km以上のロープウェーを利用する。

185 キナバル山
Mount Kinabalu
マレーシア

豊かな自然が残るボルネオ島にある独立峰で、標高4095mは東南アジアの最高峰。山小屋に泊まり、山頂からのご来光を見て戻る1泊2日の登山ツアーが人気。

アジア

106 ポカラ
Pokhara

🇳🇵 ネパール

アンナプルナ連峰への拠点。パラグライダーや小型飛行機などアクティビティも多数。

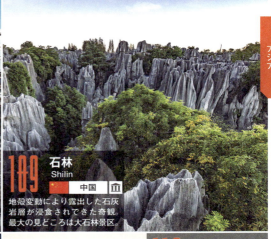

109 石林
Shilin

🇨🇳 中国

地殻変動により露出した石灰岩層が浸食されてきた奇観。最大の見どころは大石林景区。

107 フンザ
Hunza

🇵🇰 パキスタン

カラコルム山脈の山間地。春にはアンズの花が咲き、桃源郷と呼ぶにふさわしい美しさ。

110 三清山国立公園
Mount Sanqingshan National Park

🇨🇳 中国

3つの頂が道教の三神を思わせることからこの名に。石柱や山、湖など絶景の宝庫。

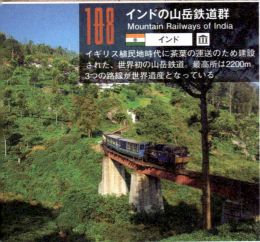

108 インドの山岳鉄道群
Mountain Railways of India

🇮🇳 インド

イギリス植民地時代に茶葉の運送のため建設された、世界初の山岳鉄道。最高所は2200m。3つの路線が世界遺産となっている。

111 黄山
Mount Huangshan

🇨🇳 中国

72の奇峰からなる山岳風景区。「黄山を見ずして、山を見たと言うなかれ」と讃えられる。

73

遺跡
Remain

クメールの王が
この世に作り出した
"小宇宙"がここに

112 アンコール・ワット
Angkor Wat

 カンボジア

カンボジア北西部の密林に潜むアンコール・ワットは、9〜15世紀まで東南アジア一帯を支配したクメール帝国が建造した一大宗教遺跡。シェムリアップ周辺に散らばる大小600ものアンコール遺跡群の中心であり、都でもあった。遺跡群は時代ごとの王たちが自らの神の世界をこの世に出現させるために造営したもので、なかでも最高傑作とも言えるものがこのアンコール・ワット。遺跡は南北約1.3km、東西約1.5kmにも及び、周囲に堀が巡らされている。中央に巨大な祠堂がそびえ、回廊には神々や神話をモチーフにしたレリーフが埋め尽くす。

アンコール遺跡群にはほかにも、周囲3kmと最も大きなアンコール・トムや『東洋のモナリザ』があるバンテアイ・スレイなど見逃せない遺跡が目白押し。すべてを見るには、1週間あっても足りないほど。

アジア

113 シーギリヤ
Sigiriya

スリランカ

高さ約200mの大岩の上にある王宮跡。父を殺し王位を継承したカーシャパ王が罪の意識から逃れるため建造した。中腹には美女の壁画「シーギリヤレディ」がある。

114 エローラ
Ellora

インド

アジア

34の石窟群から成る宗教遺跡。時代ごと異なる宗教により造られ、祀ってある神が違う。カイラーサナータ寺院(第16窟)は、高さ32m、幅45m、奥行き85mの大きさ。

115 兵馬俑
Bingmayong

中国

井戸を掘っていた地元の農民が偶然に発掘した兵馬俑は、始皇帝陵を守るために埋められた土器製の兵馬群。3つの坑が見つかっており、最大の第1坑は面積1万4200㎡、約2000体の兵馬が並べられている。3つの坑を合わせると8000体もの兵馬が見つかっているが、1つとして同じ顔形をしたものはない。また製造当初は顔料などで彩色されていたことがわかっている。

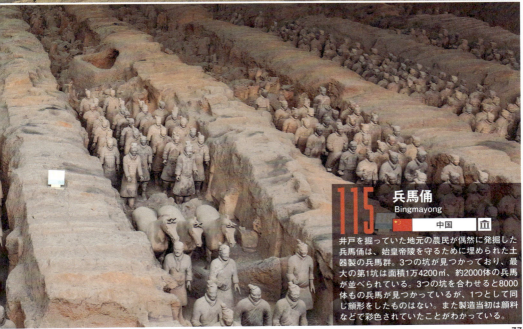

116 バガン
Bagan

ミャンマー

ミャンマー初のビルマ族による統一王朝、パガン朝の都。広大な平原に3000もの仏塔・寺院が点在するが、これは当時の王や権力者が自らの力を誇示するため競うように建造した結果。ほとんどが11〜13世紀に建てられたもので、大きさや様式もさまざま。現在でも巡礼地として観光客が集まる。車や馬車で寺院を回るツアーがあるほか、気球に乗って一望することもできる。

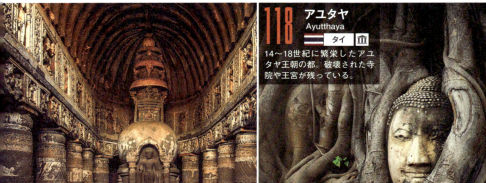

117 アジャンター
Ajanta
🇮🇳 インド 🏛

紀元前1世紀〜紀元後5世紀に造られたインド最古の仏教寺院群。大小約30の石窟から成る。

118 アユタヤ
Ayutthaya
🇹🇭 タイ 🏛

14〜18世紀に繁栄したアユタヤ王朝の都。破壊された寺院や王宮が残っている。

119 カックー
Kakku
🇲🇲 ミャンマー

200m四方ほどの範囲に、約2500もの仏塔がひしめく仏教遺跡。12世紀にこの地方を治めたアウランスィードゥー王が先住民族に命じ、仏塔を寄贈させたのがはじまり。

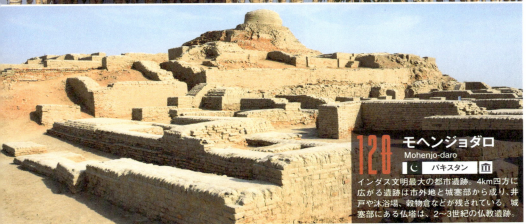

120 モヘンジョダロ
Mohenjo-daro
☪ パキスタン 🏛

インダス文明最大の都市遺跡。4km四方に広がる遺跡は市外地と城塞部から成り、井戸や沐浴場、穀物倉などが残されている。城塞部にある仏塔は、2〜3世紀の仏教遺跡。

アジア

121 ボロブドゥール
Borobudur

インドネシア

仏教遺跡。9層から成るピラミッド状の建造物で、回廊には5kmにも及ぶレリーフが彫られている。上部の円壇には頂上の大ストゥーパを含む72基の仏塔が並ぶ。

122 ハンピ
Hampi

インド

ヴィジャヤナガル王国の都。イスラムにより破壊され、現在40あまりの遺跡が残るのみ。

124 プレア・ヴィヒア寺院
Preah Vihear Temple

カンボジア

ダンレック山にある「天空の寺院」。9世紀末の建立で、南北800mに5つの楼門が続く。

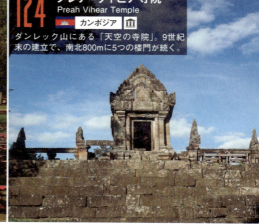

123 スコータイ
Sukhothai

タイ

スコータイ王朝の都が置かれた古都。旧市街を中心に寺院や200に及ぶ仏塔が林立する。

アジア

125 麦積山石窟
Maijishan Grottoes
中国

1500年以上にわたり造営された石窟寺院。絶壁に無数の摩崖仏や仏龕、壁画が残る。

128 プランバナン
Prambanan
インドネシア

ヒンドゥー遺跡。ロロ・ジョングランには、高さ47mのシヴァ神殿を含む3つの神殿が並ぶ。

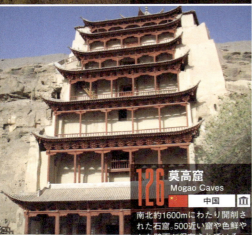

126 莫高窟
Mogao Caves
中国

南北約1600mにわたり開削された石窟。500近い窟や色鮮やかな壁画が保存されている。

129 タ・プローム
Ta Prohm
カンボジア

アンコール遺跡群。巨木が遺跡に絡みつく様子が美しい。映画『トゥームレイダー』にも登場。

127 ベン・メリア
Beng Mealea
カンボジア

アンコール・ワットのモデルとなったと言われる。崩壊が激しく、森と一体化している。

130 カジュラーホー
Khajuraho
インド

寺院群外壁に施されたエロチックな彫刻で有名。西群寺院は、規模が大きく見どころも多い。

建築物
Architecture

131 万里の長城
The Great Wall

中国 | アジア

河北省の山海関から甘粛省の嘉峪関まで、全長約2万1200kmにも及ぶ世界最大の建造物。山の稜線に沿って続く、波打つような造形が美しい。紀元前214年、北方民族からの侵略を恐れた始皇帝により建造が開始されたが、その後移築、修復が明の時代まで続けられた。現存する壁はほとんどが明の時代のもの。長城にはいくつかの関所も設けられている。最も有名なものは、北京防衛の最前線にして『呂氏春秋』において「天下九塞、居庸其一」と記された居庸関。2006年に修復を終え、現在は史跡として公開されている。また東の端にあたる山海関では、長城が海へと突き出た老龍頭が見られる。
万里の長城観光の拠点となるのは北京。特に保存状態のよい八達嶺長城へは高速道路も整備されていることから多くの観光客が訪れる。長城を滑り降りるスライダーも人気。

大地を這う大蛇のような
世界最大、最長の
建造物

132 マイソール宮殿
Mysore Palace
🇮🇳 インド

14世紀末から20世紀半ばにかけて、この地方を支配したマイソール王国（藩主国）の宮殿。現在の建物は19世紀に建てられたもので、イスラムとヒンドゥーの建築様式が融合したインド・サラセン様式。外観はもちろん、内部も贅を尽くした造り。特に歴代の王が祝事に使った八角形の大ホールの天井を埋めるステンドグラスは必見。毎週日曜の夜にはライトアップされる。

133 アーグラ城塞
Agra Fort
🇮🇳 インド 🏛

ムガル帝国の城塞で、赤砂岩でできた姿から「赤い城」と呼ばれる。周囲を囲む城壁内に宮殿や謁見の間などの建物が並ぶ。城壁からは、ヤムナー川沿いに佇むタージ・マハルが見られる。

アジア

134 チャンド・バオリの階段井戸
Chand Baori Step Well

インド

9世紀に建造された、階段式の井戸。深さ約30mを13層の段で下り、1層につき7段の階段が幾何学模様のように規則正しく並ぶ。階段の総数は約3500段もある。

135 クリスタル・モスク
Crystal Mosque
🇲🇾 マレーシア

2008年に完成したモスク。水晶やガラスを多用した外観が特徴で、ドーム屋根やミナレットにいたるまでシースルーになっている。夜にはモスク全体がライトアップされ、幻想的な雰囲気に。

136 プトラ・モスク
Putra Mosque
🇲🇾 マレーシア

世界一かわいいと評判の「ピンクモスク」。外観はもちろん、内部も壁から天井、床の絨毯まですべてピンク色。クアラルンプールの近郊のプトラジャヤにあり、地下鉄でアクセスできる。

137 スルタン・オマール・アリ・サイフディン・モスク
Sultan Omar Ali Saifuddien Mosque
🇧🇳 ブルネイ

大理石や貴金属、絨毯など、世界中から一級品を集めて造られた、豪華なモスク。前のラグーンには王室船のレプリカが浮かぶ。モスクの名前は、建造当時の国王の名から。

アジア

138 タージ・マハル
Taj Mahal

🇮🇳 インド 🏛

ムガル帝国の5代皇帝シャー・ジャハーンが、亡くなった后のために建てた霊廟。1632年から建造が始まり、22年の歳月をかけて完成した。総大理石、左右対称の建築物は「世界で最も美しい建造物」と言われる。外壁や内部に施された装飾には貴石が使われており、近づいて見るときらきらと輝いているのがわかる。正門はアーグラ城塞と同じ赤砂岩製の重厚な建築物。

139 永定 Yongding
中国

福建省の永定県には、土楼という円や方形の建造物が点在。これは中国古来の集合住宅で、中では客家という漢族の家族が暮らしている。現在、福建省全体で2万もの土楼がある。

140 タージ・レイク・パレス Taj Lake Palace
インド

インドにはマハラジャ（王）の宮殿を利用したホテルがいくつもあるが、なかでも人気なのがここ。1746年にジャガット・シン2世により建造された白亜の宮殿へは、湖を渡る船でアクセスする。

141 紫禁城 Forbidden City
中国

北京にある、明・清時代の王宮。総面積約72万5000㎡の世界最大の木造建築で、毛沢東による建国宣言など数々の歴史の舞台となった。現在は故宮と呼ばれ、博物館として利用されている。

アジア

142 ピンクパレス
Ahsan Manzil Museum

🇧🇩 バングラデシュ

ダッカ領主ナワブ邸宅だったが、国に修繕されたのち宮殿に。現在は博物館となっている。

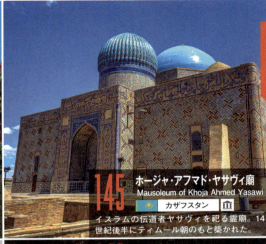

145 ホージャ・アフマド・ヤサヴィ廟
Mausoleum of Khoja Ahmed Yasawi

🇰🇿 カザフスタン

イスラムの伝道者ヤサヴィを祀る霊廟。14世紀後半にティムール朝のもと築かれた。

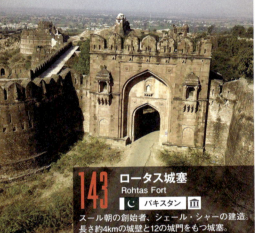

143 ロータス城塞
Rohtas Fort

🇵🇰 パキスタン

スール朝の創始者、シェール・シャーの建造。長さ約4kmの城壁と12の城門をもつ城塞。

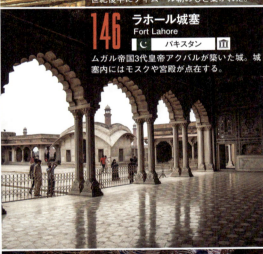

146 ラホール城塞
Fort Lahore

🇵🇰 パキスタン

ムガル帝国3代皇帝アクバルが築いた城。城塞内にはモスクや宮殿が点在する。

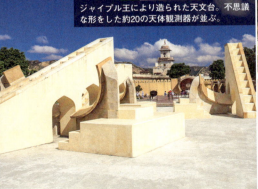

144 ジャンタル・マンタル
Jantar Mantar

🇮🇳 インド

ジャイプル王により造られた天文台。不思議な形をした約20の天体観測器が並ぶ。

147 文武廟
Man Mo Temple

🇭🇰 香港

文昌帝君と関聖帝君を祀る廟。1847年建造。天井から下がる渦巻き状の線香が有名。

動物
Animal

広大な山地を利用したパンダの楽園

148 四川ジャイアントパンダ保護区群
Sichuan Giant Panda Sanctuaries

中国

世界のジャイアントパンダの約30％が生息する、自然保護区。四川省の4つの市や自治州にまたがり、総面積は約9245km²。エリア内には7つの自然保護区と9カ所の風景区があり、ジャイアントパンダのほか、レッサーパンダやユキヒョウ、ウンピョウなどの希少動物も。周辺にはジャイアントパンダの保護・研究施設がいくつかあり、一部は見学も可能。

149 ボルネオ島
Borneo

マレーシア

マレー語で「森の人」を意味するオランウータンやテングザルなど、固有のサルをはじめ200種類あまりのほ乳類が暮らす島。保護センターでこれらサルを見られる。

アジア

158 ランタンボール国立公園
Ranthamobore National Park

インド

ベンガルトラの保護区になっている。面積392㎢の国立公園。ジープに乗って園内を回るタイガーサファリが人気で、野生のベンガルトラやヒョウを見られることも。

151 ヤーラ国立公園
Yala National Park
スリランカ

インド洋に面した国立公園。園内にはアジアゾウが群れを成し、ジープサファリでは高確率でさまざまな動物が見られる。運がよければ固有種のスリランカヒョウも現れる。

152 長隆海洋王國
Chimelong Ocean Kingdom
中国

広東省珠海にある世界最大の水族館。メインの大水槽は高さ8.3m、長さは39.6mと美ら海水族館のおよそ倍。水槽内ではジンベエザメをはじめ数千匹の魚が飼育されている。

153 コモド島
Pulau Komodo
インドネシア

体長3mを超える肉食のトカゲ、コモドオオトカゲが生息する島。周辺の島々を含めた約173k㎡が国立公園に指定されている。個体数減少のため、2020年から制限が入る予定。

154 セリンガン島
Selingan Island
🇲🇾 マレーシア

WWF（世界自然保護基金）が認めた世界一のウミガメの産卵地。徹底した保護の下、産卵の様子を見学できる。

156 ボホール島
Bohol Island
🇵🇭 フィリピン

世界最小のメガネザル、ターシャが生息する島。保護施設で見学できるが、繊細なので細心の注意が必要。

157 シンガポール動物園
Singapore Zoo
🇸🇬 シンガポール

自然環境を再現した敷地で、約300種類に及ぶ動物を飼育。夜のナイトサファリが人気。

155 エレファントキャンプ
Elephant Camp
🇹🇭 タイ

チェンマイでは、ゾウに乗り自然の中を散策するツアーが人気。エサやりなどの各種体験も。

アジア

棚田
Rice Terraces

少数民族が造った空前の万枚田に息をのむ

158 紅河ハニ棚田群
Honghe Hani Rice Terraces

中国

雲南省元陽県にある、広大な棚田群。覇達景区、老虎嘴景区、多依樹景区という大きく3つのエリアに分布している。丘の斜面に連綿と続く棚田は3000段以上、最も高いところだと3700段にも達する。日本の棚田が「千枚田」なら、ここは「万枚田」。スケールが違うのだ。麓から2000mまで、標高差の激しいこの地に棚田が造られたのは、今から1300年も前の隋や唐の時代。中国少数民族のハニ族が移動の末この地に定住し、長い年月をかけて開拓したと言われている。観光のベストシーズンは、棚田に水が張られる11～4月。アクセスがよくないので、個人で行くよりはツアーを利用するのがおすすめ。太陽の光を浴びて輝く昼間のほか、夕日の時間も非常に人気がある。また朝には雲海が出ることも多い。周辺にはハニ族の文化を紹介する民俗村もあるので、あわせて訪れてみるといい。

159 コルディリェーラの棚田群
Cordilleras Rice Terrace

フィリピン

ルソン島のコルディエラ山脈の中腹にある農村、バナウェ周辺にある。面積は約2万ヘクタールで、「天国への階段」と呼ばれる。周辺にはトレッキングルートが整備されている。

160 チェンマイ
Chiang Mai

タイ

チェンマイは、タイを代表する米どころ。周辺には、緩やかな丘の斜面を埋め尽くす田園風景が広がっている。最も有名なのが、メーチェムの棚田。タクシーで行くのが一般的。

アジア

161 サパ
Sa Pa

ベトナム

北部の山岳地帯にある。周辺の山々にはモン族やザオ族など少数民族の村があり、棚田で作物を育てながら暮らしている。そんな村々を訪ね歩くトレッキングツアーが人気。

162 テガララン・ライステラス
Tegallalang Rice Terrace

インドネシア（バリ島）

ウブドの北約8kmにあるテガララン村は、多くの観光客が訪れる人気スポット。眺めのいい場所にカフェがあり、棚田を見下ろしながらランチやスイーツが楽しめる。

97

リゾート
Resort

163 水上コテージ群
Cottages
モルディブ

モルディブは、インド洋に浮かぶ約1200もの島々から成る。リゾートはすべて、1つの島に1つだけの「ワンアイランド・ワンリゾート」。現在120以上のリゾートがあり、なかでも人気が海に浮かぶ水上コテージ。ヴィラタイプで、海に面したバルコニーがあったり、床が透明になっていたりとさまざま。各リゾートにはレストランやスパが併設され、贅沢な時間が過ごせる。

164 ボラカイ島
Boracay Island
フィリピン

フィリピンのほぼ中央に浮かぶリゾートアイランド。メインは、全長約4kmのホワイトビーチ。2018年にはビーチの浄化のため半年間閉鎖され、さらに美しくなった。

海に浮かぶ
とっておきの
スイートルーム

165 エル・ニド
El Nido
フィリピン

海から黒大理石の岩礁がそそり立つ独特の景観で知られる。狭い水路の両脇に岩がそびえるスモール＆ビッグラグーンなどの景勝地を回るアイランドホッピングが人気。

166 ナン・ユアン島
Koh Nang Yuan
タイ

大小3つの島が砂地で繋がる風景が話題に。ビーチの周辺は有数のスノーケリングスポットとしても知られている。タオ島やサムイ島から日帰りのボートツアーが出る。

167 ジャコ島
Jaco Island
東ティモール

面積11km²の無人島。周辺の海は国立公園になっており、透明度もサンゴの美しさも抜群。首都ディリからは車で6〜7時間かかり、リゾート開発もされていない秘境。

168 オスロブ
Oslob
フィリピン

セブ島南部のオスロブでは、ジンベエザメとほぼ100%の確率で泳げる。バンカーボートで沖に出ると、そこには何匹かのジンベエザメが。マクタン島から日帰りのツアーで行く。

169 フーコック島
Phu Quoc
ベトナム

本土の南西に浮かぶフーコック島は、知る人ぞ知る穴場リゾート。2018年にオープンした全長約8kmのロープウェーでアイランドホッピングが楽しめる。上空から眺める海と島も絶景。

170 ピピ島
Ko Phi Phi
タイ

エメラルドグリーンの海に囲まれた岩礁の島。6つの島から成るが、中心はピピ・ドン島。映画『ザ・ビーチ』の舞台となったピピ・レイ島のマヤ・ベイは、2018年から無期限閉鎖中。

171 レダン島
Redang Island
マレーシア

海洋保護区にあるレダン島は、島のほとんどがジャングルに覆われた秘境。島内に道は1本しかなく、ビーチも2つだけ。「なにもしない」がしっくりくる、究極のおこもりリゾートだ。

祭り
Festival

色粉を投げつけ合う
神の名に由来する
ヒンドゥーの祭り

172 ホーリー祭
Holi Festival

🇮🇳 インド

春の到来と五穀豊穣を願うヒンドゥー教の祭り。毎年3月頃に2日間にわたって開催される。ハイライトは2日目。この日は朝から昼過ぎまで、行き交う人々はみな色粉や粉を溶かした色水を掛け合う。
「ホーリー」はインド神話に出てくる「ホリカ」という神のこと。色粉や色水を掛け合う風習は、カシミール地方でビシャーサという鬼を追い払うため泥や汚物を投げつけたことに由来すると言われている。粉の色には実は意味があり、赤が血液、黄色が糞尿、緑は田畑を象徴しているとされるが、実際にはもっとたくさんの色を投げつけ合っている。
ホーリー祭はヒンドゥー教の祭りだけあって、スリランカやネパールでも行われるが、もっとも盛大なのがインド。特にバラナシやブリンダバンなどヒンドゥーの聖地では数日前から町全体が盛り上がる。

アジア

173 ペラヘラ祭
Perahera
スリランカ

7〜8月にスリランカの各地で行われる祭祀。最大のものはキャンディで行われるエサラ・ペラヘラ祭で、仏歯を納めた容器を乗せた象を先頭に、ダンサーや音楽隊がパレードする。

174 マスカラ・フェスティバル
MassKara Festival
フィリピン

ネグロス島北部のバコロドで行われる。マスは人々、カラは顔という意味で、人々を笑顔にすることを目的とした祭り。パレードでは、笑顔のマスクをつけ踊り歩く。開催は毎年10月。

アジア

175 ソンクラーン
Songkran Festival
タイ

旧正月にタイ全土で催される水かけ祭り。開催は毎年4月13〜15日で、祝日になる。

177 ボーサーン傘祭り
Bo Sang Umbrella Festival
タイ

傘の生産地ボーサーンで行われる。当日は傘を持った女性のパレードが見られる。

176 ピーターコーン・フェスティバル
Phi Ta Khon Festival
タイ

雨乞いや厄払いを願う奇祭。派手な仮面と衣装をまとった人々が精霊に扮して踊り歩く。

178 ハルビン氷祭り
Harbin International Ice and Snow Festival
中国

1985年から開催される「世界四大氷祭り」の1つ。氷や雪の彫刻がライトアップされる。

179 平渓天燈祭
Pingxi Sky Lantern Festival
台湾

旧正月にあたる「元宵節」に、願い事を書いた天燈（ランタン）を夜空に向かい放つイベント。

105

伝統文化
Culture

188 ケチャ
Kecak

🇮🇩 インドネシア（バリ島）

バリ島に伝わる伝統の合唱劇。上半身裸でチェックの腰布を巻いた男性が座って円陣を組み、複雑なリズムに合わせ両手を挙げながら「チャッチャッチャッ」と歌う。合唱と合わせ、インド叙事詩『ラーマーヤナ』の一節の劇も行われる。劇終盤のトランス状態の男性が火の上を歩くサンヒャン・ジャランも見どころ。ウルワツ寺院やダラム・ウブド寺院で行われるものが有名。

神秘の島で行う
神に捧げる
伝統の踊り

181 バリ舞踊
Balinese Dance
インドネシア(バリ島)

バリ島の伝統舞踊は、もとは宗教祭事として誕生し、その後宮廷での鑑賞用劇として発展した。かつての王宮があったウブドでは、さまざまなバリ舞踊が見学できる。

182 インド刺繍
Indian Embroidery
インド

インド西部のグジャラート州は、刺繍を始めとする手工芸が盛ん。ミラーワークやパッチワークなどさまざまな手法の刺繍がある。小さな村の工房を回るツアーが人気。

アジア

183 ウェリガマ
Weligama

🇱🇰 スリランカ

竹馬に乗って行う伝統漁で有名な町。伝統漁を行う漁師はシンプルな木の棒を海底に刺し、その上で座りながら釣竿を垂らす。なお、釣り針にはエサがついておらず、木の上で魚がかかるのをじっと待つ。かつてはこの方法で実際に漁が行われていたが、現在は観光用に続けられているのがほとんど。また、ウェリガマはスリランカのビーチリゾートとしても有名。

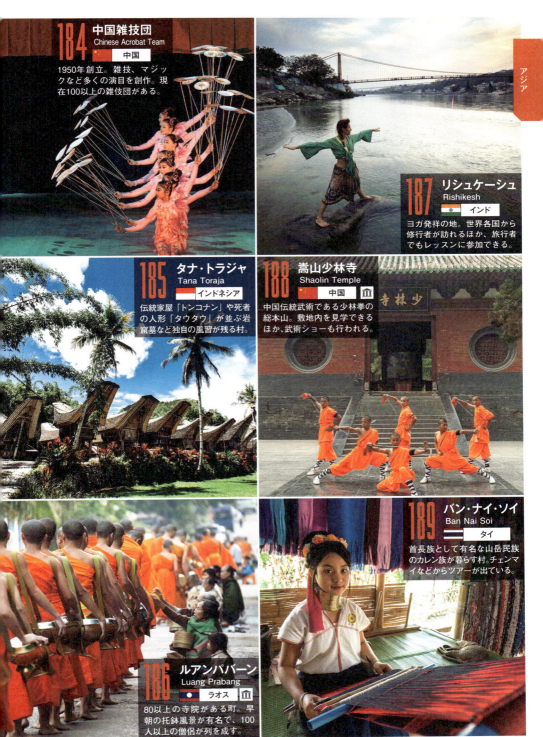

アジア

184 中国雑技団
Chinese Acrobat Team
中国

1950年創立。雑技、マジックなど多くの演目を創作。現在100以上の雑技団がある。

187 リシュケーシュ
Rishikesh
インド

ヨガ発祥の地。世界各国から修行者が訪れるほか、旅行者でもレッスンに参加できる。

185 タナ・トラジャ
Tana Toraja
インドネシア

伝統家屋「トンコナン」や死者の人形「タウタウ」が並ぶ岩窟墓など独自の風習が残る村。

188 嵩山少林寺
Shaolin Temple
中国

中国伝統武術である少林拳の総本山。敷地内を見学できるほか、武術ショーも行われる。

186 ルアンパバーン
Luang Prabang
ラオス

80以上の寺院がある町。早朝の托鉢風景が有名で、100人以上の僧侶が列を成す。

189 バン・ナイ・ソイ
Ban Nai Soi
タイ

首長族として有名な山岳民族のカレン族が暮らす村。チェンマイなどからツアーが出ている。

話題
Topic

不慮の事故で誕生した
穴の底で燃える
地獄の業火

198 ダルヴァザ
Darvaza

トルクメニスタン

カラクム砂漠の中央にある村で、付近にある「地獄の門」で有名なスポット。このあたりはもともと天然ガスをはじめとする地下資源が豊富な土地だった。旧ソ連時代の1971年に天然ガスのボーリング調査をした際に落盤事故が起き、直径約90mの大きな穴があいてしまった。穴の底からはガスが噴出してしまい、空気中への放出を食い止めるためやむなく点火。それから50年近くがたった現在もガスは尽きることなく燃え続けている。現在はトルクメニスタン随一の観光地となっている。
拠点となるのはアシガバートで、そこからタクシーや車、馬などをチャーターして行くことになる。

アジア

191 バリ・スイング
Bali Swing

インドネシア（バリ島）

ウブドの近郊にあるバリ・スイングは、ジャングルの中に佇む巨大なブランコ。敷地内には何種類かのブランコがあり、どれも斜面に造られており地上からの高さが違う。最も大きいブランコだと70m以上の高さがあり、まるで森の中に飛び出していくような迫力満点の写真が撮れることから話題に。周辺には鳥の巣を模したオブジェなど、写真映えスポットがたくさん。

アジア

192 ゴールデン・ブリッジ
The Golden Bridge
🇻🇳 ベトナム

リゾートとして人気のダナンにあるテーマパーク、バー・ナー・ヒルズ・リゾートに2018年に登場した新名所。巨大な2本の手が支える黄金の橋は、別名「神の手」と呼ばれる。

193 彩虹眷村
Rainbow Village
🇹🇼 台湾

台中郊外の彩虹眷村は、村中の建物がペイントされたアート村。絵を描いたのは、ひとりのおじいさん。人間や動物、花などの植物を描いた絵は個性的で、カラフルなものばかり。

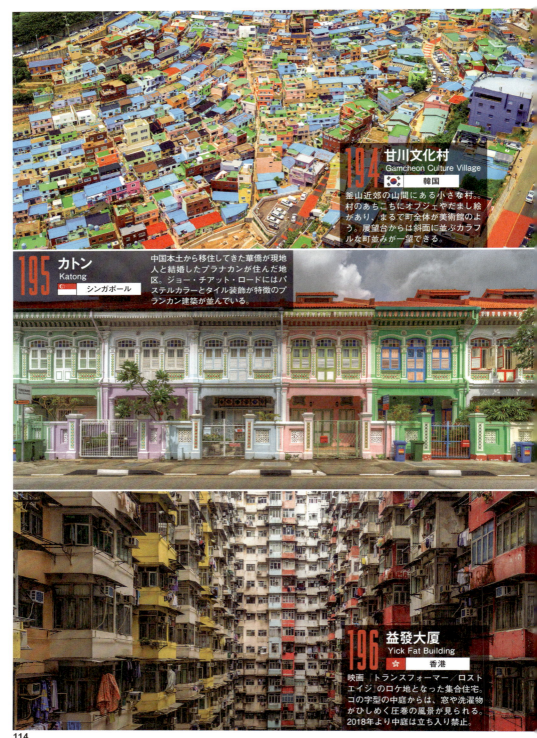

194 甘川文化村
Gamcheon Culture Village
韓国

釜山近郊の山間にある小さな村。村のあちこちにオブジェやだまし絵があり、まるで町全体が美術館のよう。展望台からは斜面に並ぶカラフルな町並みが一望できる。

195 カトン
Katong
シンガポール

中国本土から移住してきた華僑が現地人と結婚したプラナカンが住んだ地区。ジョー・チアット・ロードにはパステルカラーとタイル装飾が特徴のプラナカン建築が並んでいる。

196 益發大廈
Yick Fat Building
香港

映画『トランスフォーマー／ロストエイジ』のロケ地となった集合住宅。コの字型の中庭からは、窓や洗濯物がひしめく圧巻の風景が見られる。2018年より中庭は立ち入り禁止。

197 タシケントの地下鉄
Toshkent Metro

ウズベキスタン

タシケントの地下鉄は、華麗な装飾で有名。約30ある駅はすべて違うデザインで、芸術作品のような美しさ。元軍事施設のため内部撮影は禁止だったが、2018年から解禁された。

198 クリシュナのバターボール
Krishna's Butterball

インド

マハーバリプラムにある、岩山の斜面で止まってしまった不思議な巨岩。ナイフで切り落としたような独特の形がヒンドゥー教の神、クリシュナの好物であるバターボールに似ていることからこの名に。

199 三游洞の絶壁レストラン
Sanyou Cave Cliff Restaurant

中国

湖北省宜昌の断崖にある洞窟、三游洞にあるレストラン「放翁酒家」。店内へは、崖にへばりつく遊歩道を通っていく。洞窟内のほか崖にせり出すテラス席もあり、スリル満点。

アジア

200 ピョルマダン図書館
Starfield Library
　　韓国

ショッピングモール内にある図書館。ガラス張りのモダンな内装で話題になった。

201 水中レストラン
Ithaa Undersea Restaurant
　　モルディブ

コンラッド内にある水中レストラン。海面下5mを泳ぐ海の生き物を見ながら食事できる。

202 オールドヒル・ストリート・ポリス・ステーション
The Old Hill Street Police Station
　　シンガポール

1934年建造。927ある窓がすべて赤、黄、青、緑などの虹色に装飾されている。

203 チャンディーガル
Chandigarh
　　インド

コルビュジエが手がけた計画都市。そこかしこにモダンな建築物が点在する。

204 上環〜中環
Sheung Wan 〜 Central

🏳 香港

上環と中環の周辺は、個性的なウォールアートが集まるエリアとして人気が高い。

207 大学路
Daehangno

🇰🇷 韓国

ソウル大学があったことが由来。ウォールアートやカフェが多く、若者文化の発信地。

アジア

205 グランド・リスボア(新葡京酒店)
Grand Lisboa

🏳 マカオ

コタイ地区にある7つ星ホテル。蓮をイメージした外観は、マカオの新ランドマーク。

208 高雄地下鉄「美麗島駅」
Formosa Boulevard Station

🇹🇼 台湾

4500枚のステンドグラスに彩られた駅。1日数回行われる光のショーも必見。

206 デコトラ
Decorated Trucks

🇵🇰 パキスタン

パキスタンのバスやトラックは、ド派手なデコトラ。緻密に描かれた模様は一見の価値あり。

209 タン・テンニア邸
Residence of Tan Teng Niah

🇸🇬 シンガポール

リトルインディア最古の邸宅。カラフルな外観から、SNS映えスポットとして人気。

117

世界の秘境

COLUMN_01
古来より旅人を迎える
砂漠に浮かぶ三日月のオアシス

218 月牙泉
Crescent Lake

 中国

中国の西端にあるウイグル自治区は、シルクロードに通じる砂漠地帯。オアシス都市のひとつである敦煌の周辺には、莫高窟をはじめさまざまな史跡が点在する。そのなかで特異な風景で知られるのが、鳴沙山の麓にある月牙泉。中国語で三日月を意味する「月牙」が由来となっている。泉のほとりに建つのは、かつて仙人の住居だったとされる楼閣。砂丘の上から見下ろすと、泉と楼閣、そして砂漠のコントラストが実に神秘的。泉のそばまでは車で行けるが、最後は砂漠を歩くためラクダが頼り。地平線いっぱいに広がる砂漠の中をラクダに乗って歩けば、シルクロードを行く隊商のような気分に浸れる。

ACCESS 日本から2〜3日

秘境度 ★★★☆☆

中東
Middle East

掲載している国々

アラブ首長国連邦	シリア
オマーン	レバノン
イエメン	イスラエル
サウジアラビア	パレスチナ
カタール	ヨルダン
バーレーン	アフガニスタン
クウェート	イラン
トルコ	イラク

中東
Middle East

エリア別ダイジェストガイド

中東とは、ヨーロッパから見て極東よりも近い地域を指した言葉。政情が不安定な国もあるので、渡航の際は最新の情報を手に入れよう。ビザの有無も確認を。

中東
Middle East

エキゾチックな雰囲気漂う

古くからアジアとヨーロッパを結ぶ交易路して栄えた。地中海の東沿岸からアラビア半島、西アジアの国々から成り、ヨーロッパから近い東の国々という意味で「中近東」と呼ばれることも。

●自然

アラビア半島の大部分を占めるアラビア砂漠

メソポタミア文明が誕生したティグリス川、ユーフラテス川が流れる。ほとんどが乾燥した砂漠地帯だが、トルコの西部などは地中海気候に分類される。世界最大の半島、アラビア半島には、石油産出国が集まっている。

●宗教

ほとんどの国でイスラム教が信仰されている。サウジアラビアにはイスラム最大の聖地であるメッカもある。イスラムの戒律が厳しい国もあるので、注意を。なお、イスラエルのみはユダヤ国家のためユダヤ教徒が多い。

トルコのイスタンブールにあるスルタンアフメット・モスク

3つの宗教の聖地が集まるエルサレム

アラビア半島

アジアとアフリカの間にあり、西を紅海、南東をアラビア海に囲まれている。半島の80%を占めるサウジアラビアほか6つの国がある。大部分が砂漠地帯。最大の観光地はドバイ。

●アラビア半島の国々

アラブ首長国連邦	オマーン	イエメン
サウジアラビア	カタール	バーレーン
クウェート		

地中海東沿岸

ヨーロッパ近い「近東」と呼ばれるエリア。ローマ帝国時代や交易都市の遺構など数々の遺跡があり、また何千年もの歴史を重ねた古代都市も見どころ。地中海沿いにはビーチリゾートもある。

●地中海沿岸の国々

トルコ	シリア	レバノン
イスラエル	パレスチナ	ヨルダン

西アジア

アジアの西部に分類される3カ国。メソポタミア文明が栄えたイラクやペルシャ帝国の豪華な宮殿が見もののイラン、シルクロードの風情が残るアフガニスタンと個性的。治安には十分注意を。

●西アジアの国々

アフガニスタン	イラン	イラク

120　国の名称及びエリアは、一部(中央アジアの国々)を除き外務省のウェブサイトに準ずる。また、物件掲載のある自治領や特別区は国として紹介。

中東絶景リスト

[全80カ所]

INDEX
211-290

トルコ
- 211 スルタンアフメット・モスク
- 216 ウル・モスク
- 220 グランド・バザール
- 235 イスタンブール
- 240 エフェソス
- 243 ハットゥシャ
- 248 ネムルット・ダーゥ
- 249 パムッカレ
- 251 カッパドキア
- 261 サフランボル
- 264 ボドルム
- 266 アマスラ
- 275 トプカプ宮殿
- 276 アヤソフィア
- 277 ドルマバフチェ宮殿
- 281 スメラ修道院
- 285 ハマム

イラン
- 213 ナスィーロル・モルク・モスク
- 218 エマーム・モスク
- 222 タブリーズのバザール
- 237 エスファハーン
- 242 ペルセポリス
- 262 アブヤーネ
- 263 ヤズド
- 267 カンドヴァン
- 273 シャー・チェラーグ廟
- 274 ゴレスターン宮殿
- 278 エラム庭園
- 279 ヴァーンク教会
- 280 フィーン庭園

串刺しの肉を回転させて焼いたケバブ

スパイスとお肉の炊き込みご飯ビリヤニ

ひよこ豆をすり潰したフムスは美容食としても名高い

イラク
- 217 マルウィヤ・ミナレット
- 265 アルビール

シリア
- 215 ウマイヤ・モスク
- 224 スーク・ハミディーエ
- 246 パルミラ
- 268 ダマスカス

レバノン
- 230 バールベック

パレスチナ
- 231 ベツレヘム

イスラエル
- 227 岩のドーム
- 228 聖墳墓教会
- 229 ヴィア・ドロローサ
- 232 嘆きの壁
- 233 エルサレム
- 250 死海
- 258 ネゲヴ砂漠
- 272 ナザレ
- 290 マサダ国立公園

ヨルダン
- 234 アンマン
- 239 ペトラ
- 244 ジェラシュ
- 250 死海
- 257 ワディ・ラム
- 271 マダバ

サウジアラビア
- 225 メッカ
- 226 預言者のモスク
- 238 ジッダ
- 245 マダイン・サーレハ
- 247 ハーイルの岩絵
- 255 トゥワイク崖地
- 256 ワーバ・クレーター
- 270 リジャール・アルマ

クウェート
- 289 クウェート・タワー

バーレーン
- 287 生命の木

カタール
- 219 グランド・モスク
- 221 スーク・ワキーフ

オマーン
- 214 スルタン・カブース・グランド・モスク
- 254 ムサンダム
- 259 ワディ・バニ・ハリッド

アフガニスタン
- 241 バーミヤン渓谷

アラブ首長国連邦
- 212 シェイク・ザイード・グランド・モスク
- 223 ドバイの三大スーク
- 236 ドバイ
- 252 ルブ・アル・ハーリー砂漠
- 282 ドバイ・フレーム
- 283 ドバイ・ファウンテン
- 284 パーム・アイランド
- 286 ドバイ・ミラクル・ガーデン
- 288 ルーヴル・アブダビ

イエメン
- 253 ソコトラ島
- 260 サナア
- 269 シバーム

モスク
Mosque

モスクを覆うイズニックタイル
華麗なる青の世界へ

211 スルタンアフメット・モスク
Sultanahmet Mosque

🇹🇷 トルコ（イスタンブール）🏛

17世紀前半、オスマン帝国の14代スルタン、アフメット1世が築いたモスクで、トルコを代表する観光名所。ドームの直径は27.5mあり、内部が約2万枚の青いタイルで装飾されていることから「ブルーモスク」の愛称でも知られる。全部で260の窓があり、ステンドグラスから差し込む光が堂内を照らしている。タイルはトルコのイズニック地方で造られたもので、チューリップやカーネーションなどの花や植物などのアラベスク模様が施されている。内部は観光客用と信者用のスペースに分けられており、観光客は男女とも同じ場所から見学できる。
外には世界で唯一となる6本のミナレット（尖塔）を持ち、1日5回、アザーン（イスラム教の礼拝の呼びかけ）が流れる。なお、礼拝時は内部の撮影が禁止となるので、注意しよう。

中東

シェイク・ザイード・グランド・モスク
Sheikh Zayed Grand Mosque Center

🇦🇪 アラブ首長国連邦（アブダビ）

アブダビの象徴ともなる、白亜のモスク。モスクの名前と同じシェイク・ザイード初代UAE大統領の時代に建造が開始され、2007年に完成した。贅の限りを尽くして建造されたモスクは、中庭の巨大なモザイク画や内部に敷き詰められた世界最大のペルシャ絨毯、重さ12トンのシャンデリアなど、見どころ満載。ヤシの木をイメージした柱が並ぶ回廊も見事。

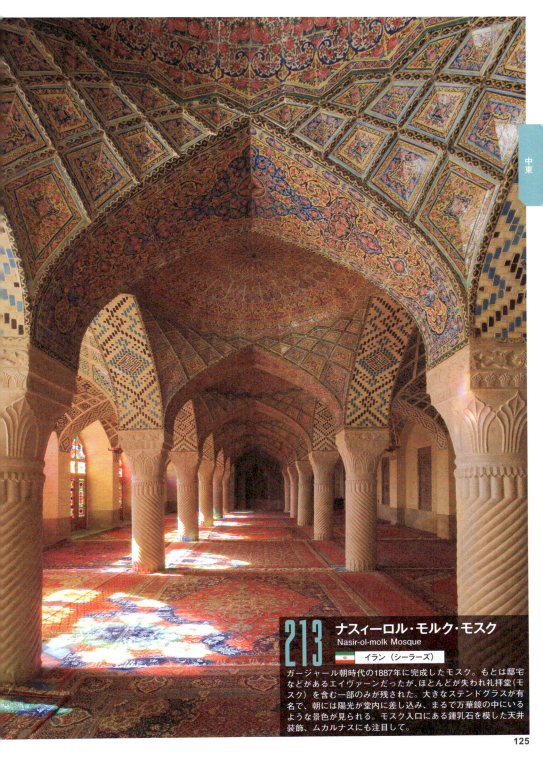

中東

213 ナスィーロル・モルク・モスク
Nasir-ol-molk Mosque

イラン（シーラーズ）

ガージャール朝時代の1887年に完成したモスク。もとは邸宅などがあるエイヴァーンだったが、ほとんどが失われ礼拝堂（モスク）を含む一部のみが残された。大きなステンドグラスが有名で、朝には陽光が堂内に差し込み、まるで万華鏡の中にいるような景色が見られる。モスク入口にある鍾乳石を模した天井装飾、ムカルナスにも注目して。

125

214 スルタン・カブース・グランド・モスク
Sultan Qaboos Grand Mosque
🇴🇲 オマーン（マスカット）

2001年に完成した、オマーン最大のモスク。外観は白い大理石製。アラベスク模様が見事な礼拝所には、高さ14m、重さ8トンのスワロフスキー製シャンデリアが下がる。

215 ウマイヤ・モスク
Umayyad Mosque
🇸🇾 シリア（ダマスカス）🏛

7世紀にダマスカスを征服したイスラム勢力により造られた、世界最古のモスク。もともとは同じ場所にキリスト教の教会があったが、改装されモスクとなった。

217 マルウィヤ・ミナレット
Malwiya Minaret
🇮🇶 イラク 🏛

9世紀の建造。高さ53m、美しい螺旋の建物は『バベルの塔』のモデルとなった。

216 ウル・モスク
Ulu Mosque
🇹🇷 トルコ（ディヴリーイ）🏛

1229年にアフメット・シャーにより建設された。門や壁面に施された石彫が有名。

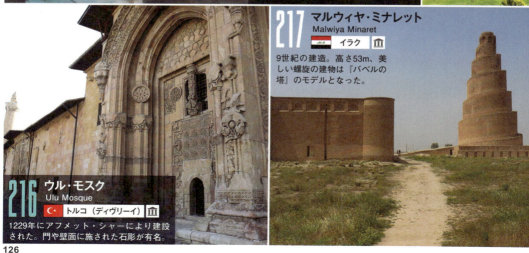

218 エマーム・モスク
Emam Mosque

🇮🇷 イラン（エスファハーン）

1612年にサファヴィー朝の創始者シャー・アッバース1世により建てられた。エマーム広場の一角にあり、2本の尖塔を持つ門には見事なムカルナスが施されている。礼拝堂は門を入ってさらに奥にある。彩釉タイルで覆われた高さ約54mのドーム天井も見応え十分。

中東

219 グランド・モスク
Grand Mosque

カタール（ドーハ）

クウェート最大のモスク。建物の大きさは2万㎡、礼拝堂は幅70mで、最大1万人が収容可能。内部はツアーで見学でき、イスラム教についての解説を聞きながら回る。

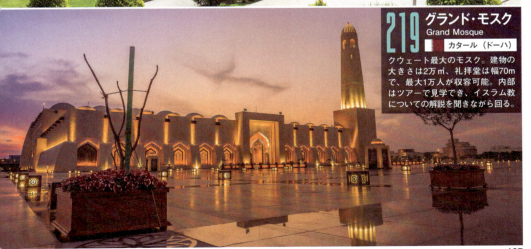

市場
Market

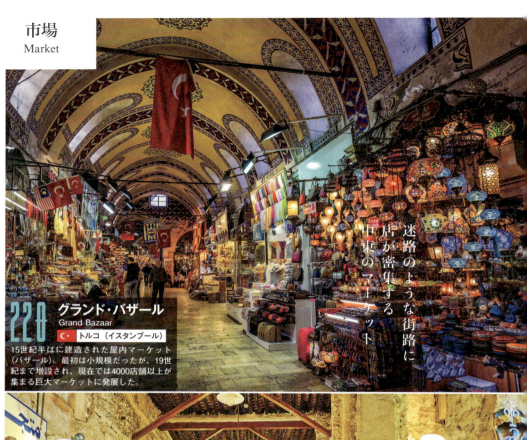

迷路のような街路に店が密集する中束のマーケット

220 グランド・バザール
Grand Bazaar
🇹🇷 トルコ（イスタンブール）

15世紀半ばに建造された屋内マーケット（バザール）。最初は小規模だったが、19世紀まで増設され、現在では4000店舗以上が集まる巨大マーケットに発展した。

221 スーク・ワキーフ
Souq Waqif
🇶🇦 カタール（ドーハ）

かつて砂漠を行き来したベドウィン（アラブの遊牧民族）によって開かれた青空市場が発祥。スパイス、おみやげ、動物、織物などエリアによって並んでいる店が異なる。

中東

222 タブリーズのバザール
Bazaar Tabriz

🇮🇷 イラン（タブリーズ）

ヨーロッパとアジアを結ぶ交易で栄えた、中東最古のスーク（マーケット）。いくつかのスークが集まっており、特にペルシャ絨毯を扱うモッザファリーエ・バザールが有名。

223 ドバイの三大スーク
Souk of Dubai

🇦🇪 アラブ首長国連邦（ドバイ）

オールド・ドバイにある3つのスーク。民芸品を扱うオールド・スーク、香辛料の匂いが漂うスパイス・スーク、金や宝石商が並ぶゴールド・スークが隣り合っている。

224 スーク・ハミディーエ
Souq al-Hamidiyyeh

🇸🇾 シリア（ダマスカス）

東西約600mのアーケードにさまざまな店が並ぶスーク・ハミディーエ。アーケードを抜けた先にはウマイヤ・モスクがあり、礼拝に行く途中のムスリムの姿を見かけることも。

129

聖地
Sacred Place

226 預言者のモスク
Al-Masjid an-Nabawī

サウジアラビア（メディーナ）

イスラムの2大聖地、メディーナにある、預言者ムハンマドの霊廟になっているモスクで、622年の創建。10本のミナレットを持つ現在の建物は、1995年に建造された

225 メッカ
Mekkah

サウジアラビア

イスラム教の開祖、預言者ムハンマドの生誕地であり、最大の聖地。聖なるモスク（マスジッド・ハラーム）の中心にはカアバ神殿があり、その東角にイスラムにおける聖宝である黒石が備え付けられている。このカアバ神殿こそが「キブラ」という礼拝の中心地であり、イスラム教徒（ムスリム）は世界のどこにいても、1日5回（シーア派は3回）の礼拝時にカアバを向いて祈りを捧げる。イスラム最大の巡礼地でもあり、巡礼の時期やイスラム祭事には1日200〜300万人ものムスリムが押し寄せるという。なお、メッカの町へは、ムスリム以外の立ち入りは禁止となっている。

信者以外は立ち入れない全イスラムの中心地

227 岩のドーム
Dome of the Rock

イスラエル（エルサレム）

神殿の丘に立つ、黄金のドーム屋根の建築物。預言者ムハンマドが昇天した場所で、ムハンマドの足跡や大天使ガブリエルの手の跡が残る。ムスリム以外は立ち入り禁止。

228 聖墳墓教会
Church of the Holy Sepulchre
🇮🇱 イスラエル（エルサレム）

ゴルゴダの丘に位置する、キリスト教の聖地。内部は6つの宗派ごとに礼拝堂が分かれている。最も重要なのはイエス・キリストの墓があるアナスタシス（復活聖堂）。

229 ヴィア・ドロローサ
Via Dolorosa
🇮🇱 イスラエル（エルサレム）

イエスが十字架を背負い歩いた道。全長約1kmの道にはイエスにまつわる14の場面が点在

230 バールベック
Baalbek
🇱🇧 レバノン

古代ギリシャの神々を祀る神殿跡。ジュピター、バッカス、ビーナスの3神を祀る神殿が中心。

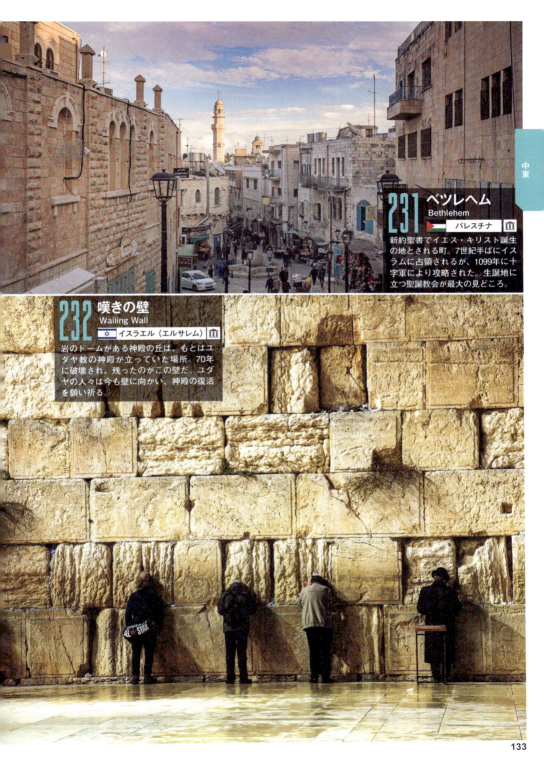

231 ベツレヘム
Bethlehem
パレスチナ

新約聖書でイエス・キリスト誕生の地とされる町。7世紀半ばにイスラムに占領されるが、1099年に十字軍により攻略された。生誕地に立つ聖誕教会が最大の見どころ。

232 嘆きの壁
Wailing Wall
イスラエル（エルサレム）

岩のドームがある神殿の丘は、もとはユダヤ教の神殿が立っていた場所。70年に破壊され、残ったのがこの壁だ。ユダヤの人々は今も壁に向かい、神殿の復活を願い祈る。

中東

都市
City

イスラム、キリスト、ユダヤ
3つの聖地が隣り合う
世界でも特別な町

233 エルサレム
Jerusalem

イスラエル

4000年以上前の歴史がある、世界最古の都市の1つであり、イスラム教、キリスト教、ユダヤ教という3つの宗教の聖地。それぞれの神の名の下に数限りない戦いの舞台となり、都度支配者を変えてきた。預言者ムハンマドが昇天した「岩のドーム」の下にはユダヤの人々が神殿の復活を願う「嘆きの壁」があり、背後にはイエス・キリストが磔となったゴルゴタの丘に立つ「聖墳墓教会」の尖塔が覗く。

3つの聖地があるのは、城壁に囲まれた旧市街の中。城壁には8つの門があり、それぞれに興味深い逸話がある。市街は宗派により居住地が分かれており、エリアにより町の雰囲気や建物が異なる。

旧市街の背後にあるオリーブ山からは、3つの聖地を含む旧市街が一望できる。山にはイエスの足跡が残されており、教会も点在している。

中東

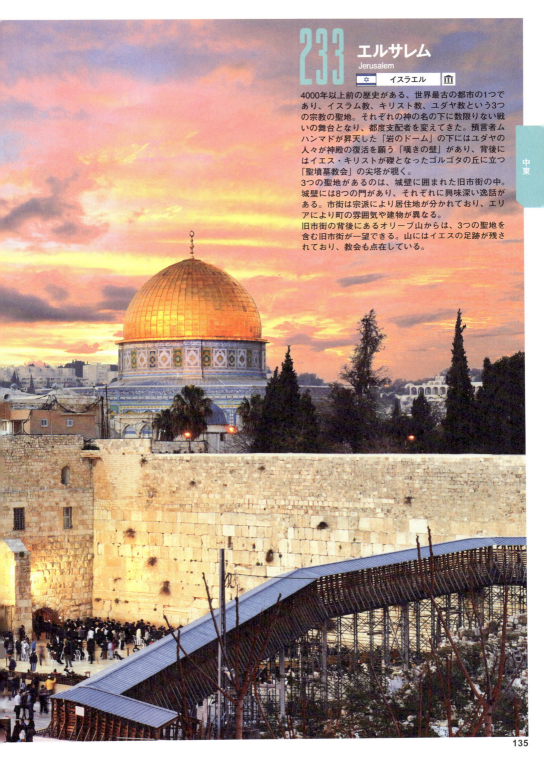

234 アンマン
Amman

ヨルダン

19の丘にまたがって広がる、ヨルダンの首都。紀元前1世紀にはローマ帝国の都市として繁栄した。現在は近代都市だが、丘の上には当時の遺跡も残されている。

235 イスタンブール
Istanbul

トルコ

オスマントルコの都として栄えた、トルコ最大の都市。ヨーロッパとアジアの境目にあり、旧市街はヨーロッパ側。ボスポラス海峡を挟んだ反対側はアジアだ。

236 ドバイ
Dubai
アラブ首長国連邦

ペルシャ湾（アラビア湾）沿いに広がるラグジュアリーリゾート。近代的な新市街には、世界一のタワーや噴水、ショッピングモールなど目を見張るような建築物が連続する。

237 エスファハーン
Esfahan
イラン

16世紀にサファヴィー朝の首都として繁栄した都市。絶頂時には「エスファハーンは世界の半分」と称された。エマーム広場には、壮麗な宮殿やモスクが並ぶ。

238 ジッダ
Jeddah
サウジアラビア

リヤドに次ぐ、サウジアラビア第2の都市。イスラムの聖地を目指す巡礼者たちの玄関口となっている。紅海に面して発展しており、ダイビングの拠点としても人気がある。

中東

遺跡
Remain

239 ペトラ
Petra

ヨルダン

ギリシャ語で「崖」を意味するペトラは、死海からアカバ湾へと抜ける渓谷にある遺跡群。エジプトとアラブ諸国との交易の中継点として栄えたナバテア人の都で、紀元前1世紀〜紀元後1世紀にかけて造られた。50を超える遺跡があり、ハイライトは宝物殿と呼ばれるエリ・ハズネや修道院のエド・ディル。遺跡の入口から再奥のエド・ディルまでは、徒歩約2時間30分。ロバやラクダも利用できる。夜のエリ・ハズネをキャンドルが照らすイベント、ペトラ・バイ・ナイトも人気。

峡谷を抜けた先に
姿を見せる
赤砂の伽藍

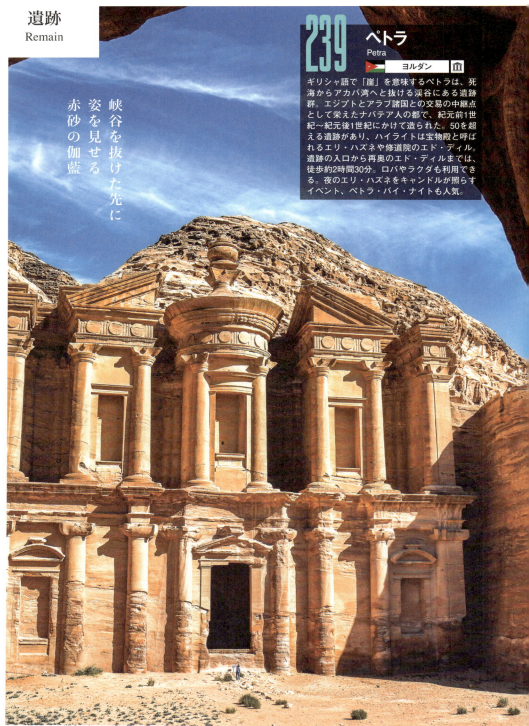

中東

240 エフェソス
Ephesus
トルコ

古代ローマ時代の都市遺跡。ローマ帝国の支配下に入って最盛期を迎えた。保存状態がよく、神殿や門のほか図書館や浴場、劇場などの娯楽施設も残っている。

241 バーミヤン渓谷
Bamiyan Valley
アフガニスタン

カブールの西約120kmにある渓谷地帯。かつては崖に1世紀からの石窟寺院があったが、2001年にタリバン政権により破壊された。仏像を納めていた窪みのみが残る。

242 ペルセポリス
Persepolis
🇮🇷 イラン 🏛

アケメネス朝の王、ダレイオス1世により築かれた都。建造は紀元前520年頃で、紀元前330年にアレキサンダー大王が征服するまで栄えた。随所に残る美しいレリーフが見物。

243 ハットゥシャ
Hattusha
🇹🇷 トルコ 🏛

紀元前17~13世紀までアナトリア半島を支配した、ヒッタイト帝国の都。遺跡は標高約1000mの丘の上に広がっており、6つの門や165×130mの大神殿などが見学できる。

244 ジェラシュ
Jerash
🇯🇴 ヨルダン

10都市から成る連合、デカポリスの1つ。ローマ街道の主要都市で、129年にはハドリアヌス帝による巡幸も行われた。ハドリアヌス帝の凱旋門は、この巡幸を記念したもの。

245 マダイン・サーレハ
Mada'in Saleh

サウジアラビア

アル=ヒジュルとも呼ばれた古代都市。ナバテア人の遺跡で、全盛期には北のペトラ、南のアル=ヒジュルと並び称された。岩を穿ち造られた墓や灌漑施設が残されている。

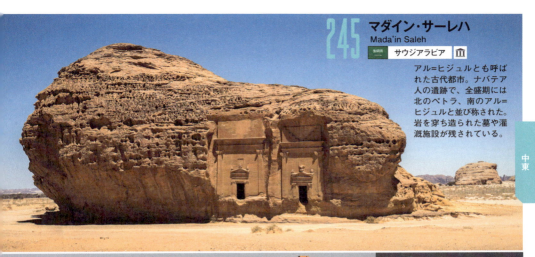

246 パルミラ
Palmyra

シリア

砂漠の中にあるローマ帝国の都市遺跡。3世紀にはパルミラ帝国の都となったが、273年にアウレリアヌス帝により陥落し、廃墟と化した。シリア内戦で甚大なダメージを受けた。

248 ネムルト・ダーウ
Nemrut Dag

トルコ

標高約2134mの山頂にある、紀元前1世紀頃の巨大墳墓。神の首像が並ぶ不思議な風景。

247 ハーイルの岩絵
Rock Art in the Hail Region

サウジアラビア

ハーイル地方にある、1万年以上前の岩絵群。砂漠の民の生活をいきいきと描いている。

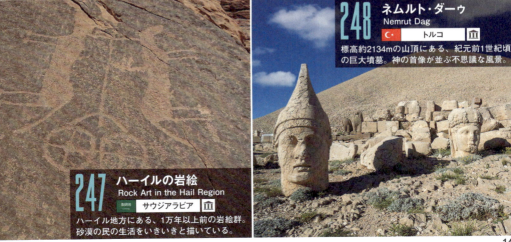

中東

自然
Nature

249 パムッカレ
Pamukkale

トルコ

石灰分を多く含む温泉水が長い年月をかけ作り上げた石灰華段丘。高さ200mもの範囲に、青い温泉水をたたえた純白の石灰棚が続く。温泉水は35℃くらいのぬるま湯で、場所によっては足を入れることもできる。徒歩で丘の上まで歩き石灰棚を一望できるほか、パラグライダーのツアーなども行っている。
石灰棚の上部にはヒエラポリスという2世紀頃に建造されたローマ帝国の遺跡がある。遺跡内にはローマ劇場のほか、クレオパトラも入浴したという古代ローマ温泉もあり、今でも入浴することが可能。
周辺は温泉保養地としても有名で、近郊のカラハユット地区には温泉プール付きのホテルも多い。

白い石灰棚に青い温泉をたたえる「絹の城」

中東

250 死海
Dead Sea

ヨルダン
イスラエル

ヨルダンとイスラエルの国境にある塩水湖。塩分濃度が30％（海水の約10倍）と高く、生物が生息しないため「死の海」と呼ばれる。入水すると身体が水面に浮くのは有名。湖の周囲はリゾート開発が進んでいる。

251 カッパドキア
Cappadocia

トルコ

アナトリア高原の中央部。キノコ状の奇岩群は、噴火により蓄積した火山灰や溶岩が長年の浸食を経て誕生したもの。空から奇岩風景を一望する気球ツアーが人気。ほか石窟教会や地下要塞など見どころ多数。

252 ルブ・アル・ハーリー砂漠
Rub' al Khali Desert

🇦🇪 アラブ首長国連邦

アラブ首長国連邦のほか4カ国にまたがる広大な砂漠。アラビア半島南部の3分の1を占める。4WDバギーやラクダを使ったデザートサファリが楽しめるほか、砂漠の中のオアシスリゾートも人気が高い。

253 ソコトラ島
Socotra

🇾🇪 イエメン

インド洋に浮かぶ孤島。「インド洋のガラパゴス」と呼ばれ、独自の生態進化を遂げた固有種が多く生息する。真っ赤な樹液の竜血樹やボトルツリーなど、世界でもここにしかない圧巻の風景が広がる。

中東

254 ムサンダム
Musandam
オマーン

ペルシャ湾（アラビア湾）とオマーン湾を繋ぐホルムズ海峡に飛び出た半島。リアス式の海岸になっており、断崖の連なる海岸線が続く。クルーズやスノーケルツアーが人気。

255 トゥワイク崖地
Jabal Tuwaiq
サウジアラビア

高原地帯ナジュドに位置するトゥワイク山脈の崖地。石灰層に沿って急崖が形成され、その高さは麓から山頂まで約300m。崖の上からは砂漠地帯が一望できる。

256 ワーバ・クレーター
Al Wahbah Crater
サウジアラビア

直径約2kmの巨大クレーター。隕石の落下によるものとされていたが、近年は火山活動により誕生したという説が濃厚に。底にはリン酸ナトリウムの結晶が溜まっている。

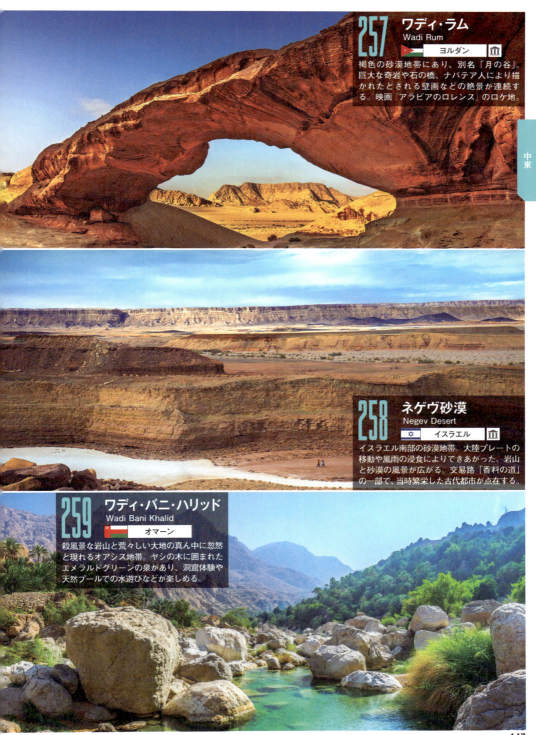

257 ワディ・ラム
Wadi Rum

ヨルダン

褐色の砂漠地帯にあり、別名「月の谷」。巨大な奇岩や石の橋、ナバテア人により描かれたとされる壁画などの絶景が連続する。映画『アラビアのロレンス』のロケ地。

258 ネゲヴ砂漠
Negev Desert

イスラエル

イスラエル南部の砂漠地帯。大陸プレートの移動や風雨の浸食によりできあがった、岩山と砂漠の風景が広がる。交易路「香料の道」の一部で、当時繁栄した古代都市が点在する。

259 ワディ・バニ・ハリッド
Wadi Bani Khalid

オマーン

殺風景な岩山と荒々しい大地の真ん中に忽然と現れるオアシス地帯。ヤシの木に囲まれたエメラルドグリーンの泉があり、洞窟体験や天然プールでの水遊びなどが楽しめる。

古都
Ancient City

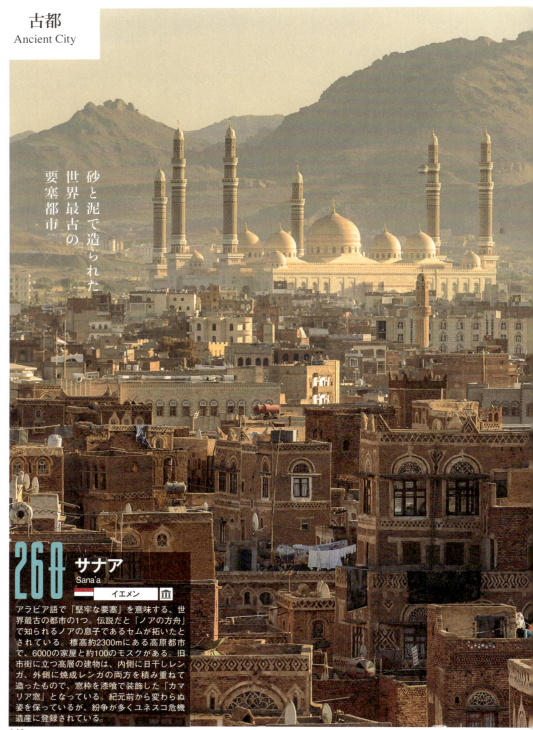

砂と泥で造られた
世界最古の
要塞都市

268 サナア
Sana'a

🇾🇪 イエメン 🏛

アラビア語で「堅牢な要塞」を意味する、世界最古の都市の1つ。伝説だと「ノアの方舟」で知られるノアの息子であるセムが拓いたとされている。標高約2300mにある高原都市で、6000の家屋と約100のモスクがある。旧市街に立つ高層の建物は、内側に日干しレンガ、外側に焼成レンガの両方を積み重ねて造ったもので、窓枠を漆喰で装飾した「カマリア窓」となっている。紀元前から変わらぬ姿を保っているが、紛争が多くユネスコ危機遺産に登録されている。

261 サフランボル
Safranbolu

トルコ

黒海地方にある町。かつて香料の原料となるサフランの花が多く採れたことが名前の由来。オスマン朝時代、シルクロードの中継地であり宿場町として繁栄した。

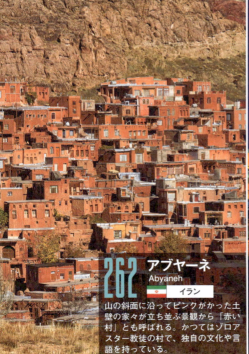

262 アブヤーネ
Abyaneh

イラン

山の斜面に沿ってピンクがかった土壁の家々が立ち並ぶ景観から「赤い村」とも呼ばれる。かつてはゾロアスター教徒の村で、独自の文化や言語を持っている。

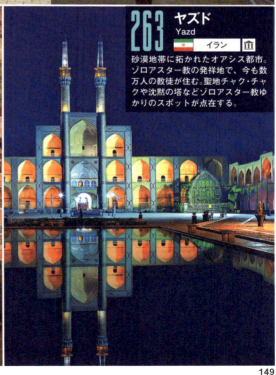

263 ヤズド
Yazd

イラン

砂漠地帯に拓かれたオアシス都市。ゾロアスター教の発祥地で、今も数万人の教徒が住む。聖地チャク・チャクや沈黙の塔などゾロアスター教ゆかりのスポットが点在する。

264 ボドルム
Bodrum
🇹🇷 トルコ

エーゲ海に面する、トルコ随一のビーチリゾート。白壁の家々が隣接する路地は、ギリシャの島々を彷彿とさせる。中世には十字軍の要塞都市として繁栄した。

265 アルビール
Erbil
🇮🇶 イラク 🏛

2006年にクルド自治政府の主都となった地。有史以前から人が定住し、紀元前331年にはアレキサンダー大王とアケメネス朝によるガウガメラの戦いの舞台となった。

266 アマスラ
Amasra
🇹🇷 トルコ

黒海沿岸にある小さな港町。町名はアケメネス朝最後の王の姪アマストリスから。三方を海に囲まれた半島の先端には東ローマ時代のアマスラ城が立っている。

267 カンドヴァン
Kandovan
イラン
700年以上前にカシュガイ族により造られた石窟住居群。現在も実際に人が住んでいる。

270 リジャール・アルマ
Rijal Almaa
サウジアラビア
山岳地帯に位置する歴史的村落。日干しレンガの建築物が丘の斜面を埋め尽くす。

268 ダマスカス
Damascus
シリア
紀元前3000年からの歴史を持つ。城壁に囲まれた旧市街に、歴史的建造物が点在する。

271 マダバ
Madaba
ヨルダン
多数のモザイク画が残る「モザイクシティ」。6世紀製造の古代パレスチナ地図が有名。

269 シバーム
Shibam
イエメン
ハドラマウト王国時代に交易で栄えた町。日干しレンガで造られた高層の建物が並ぶ。

272 ナザレ
Nazareth
イスラエル
イエスが幼少期を過ごした地。マリアが神のお告げを受けた受胎告知教会が見どころ。

中東

建築物
Architecture

ガラスモザイクの光あふれる神秘のモスク

273 シャー・チェラーグ廟
Shah Cheragh Shrine

🇮🇷 イラン（シーラーズ）

イスラム教シーア派の霊廟兼モスク。名前はペルシャ語で「光（ランプ）の王」という意味を持ち、内部が色つきガラスのモザイクで覆われている。細かなガラスを幾何学模様に組み合わせたモザイクは、角度により色を変えきらきらと光り輝く。天井からはシャンデリアがつり下げられており、堂内を照らしている。建造時は普通の霊廟だったが、14世紀に改装されこのような内装になったとされている。

内部はムスリム以外は立ち入り禁止だが、近年は観光客も増えているため入れる場合も多い。見学できる際、女性はチャドル（全身を覆う黒い布の服）を身に着けなくてはならない。ガイドが同行する場合も。

中東

274 ゴレスターン宮殿
Golestan Palace
🇮🇷 イラン（テヘラン）

サファヴィー朝により築かれ、増築を繰り返し現在の姿となったのは19世紀のこと。その後ガージャール朝の王宮として利用された。現在は博物館として公開されている。

275 トプカプ宮殿
Topkapi Palace
🇹🇷 トルコ（イスタンブール）

15世紀半ば〜19世紀半ばまで、オスマン帝国の歴代スルタンが住んだ宮殿。最大の見どころは、スルタンに仕える女性たちが住んだハレム（後宮）。

276 アヤソフィア
Ayasofya
🇹🇷 トルコ（イスタンブール）

4〜6世紀にかけ、ビザンツ（東ローマ）帝国により建築された。当時はギリシャ正教の大聖堂だったが、1453年にオスマン帝国によりモスクへと変えられた。

277 ドルマバフチェ宮殿
Dolmabahce Palace

トルコ（イスタンブール）

ボスポラス海峡沿いにある宮殿。1856年の完成後は、トプカプ宮殿に代わりスルタンの王宮となった。

278 エラム庭園
Eram Garden

イラン（シーラーズ）

イランで最も美しいとされるペルシャ式庭園。宮殿を背景に、四季折々の花が咲き誇る。

中東

279 ヴァーンク教会
Vank Church

イラン（エスファハーン）

アルメニア人街にある、13の教会の1つ。外観はモスクのようだが、ドームのてっぺんに十字架がある。敷地内の博物館には、重さ0.7gの世界最小の聖書がある。

280 フィーン庭園
Fin Garden

イラン（カーシャーン）

アッバース1世の命で建設された。水路の両脇に糸杉が並ぶ典型的なペルシャ庭園。

281 スメラ修道院
Sumela Monastery

トルコ（トラブゾン）

標高約1200mにある、岩壁をくりぬき造られた修道院。内部にはフレスコが多数残る。

155

話題
Topic

282 ドバイ・フレーム
The Dubai Frame

アラブ首長国連邦（ドバイ）

2018年1月に完成した展望台。高さ150mもある2本のタワーを幅93mの橋で結んでおり、その形はまさに巨大なフレーム（額縁）のよう。展望スペースは上部にある橋の部分。旧市街から高層ビル群、さらに町を取り巻くアラビア砂漠までドバイの町を360度のパノラマで俯瞰できる。また、床の一部がガラス張りになったグラスフロアもある。
内部にはUAEの歴史を学べる展示スペースや、ドバイの未来予想図を紹介するシアターもある。展望スペースは一度に入場できる人数が決まっており、行列することは必至。公式のウェブサイトから事前予約できるので、利用しよう。

中東

空前絶後！
巨大な額縁は
町を見下ろす展望台

283 ドバイ・ファウンテン
Dubai Fountain

アラブ首長国連邦（ドバイ）

ブルジュ・ハリファのそばにある、全長250mの巨大噴水。1日数回あるショータイムには、最大150mの高さまで水を噴き上げる。夜には光のショーも行われ、迫力満点。

284 パーム・アイランド
Palm Islands

アラブ首長国連邦（ドバイ）

アラビア湾に突き出た、ヤシの木のような人工島。島内は3つの区域に分けられ、中央の木の幹と枝部分は居住区、回りの葉の部分はホテルやビーチのあるリゾートになっている。

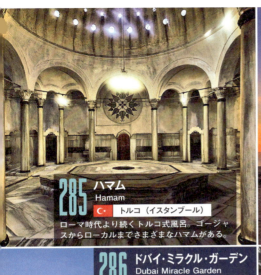

285 ハマム
Hamam

🇹🇷 トルコ（イスタンブール）

ローマ時代より続くトルコ式風呂。ゴージャスからローカルまでさまざまなハマムがある。

287 生命の木
Tree of Life

🇧🇭 バーレーン

砂漠の真ん中に1本だけ生える木。水源がない中、約400年もの間枯れることなく存在している。

中東

286 ドバイ・ミラクル・ガーデン
Dubai Miracle Garden

🇦🇪 アラブ首長国連邦（ドバイ）

世界最大のガーデン。花々で飾られたハート型のアーチや家がSNS映えすると人気急上昇。

288 ルーヴル・アブダビ
Louvre Abu Dhabi

🇦🇪 アラブ首長国連邦（アブダビ）

UAEとフランスによる、世界初のユニバーサル美術館。建物はフランス人建築家ジャン・ヌーヴェルのデザイン。

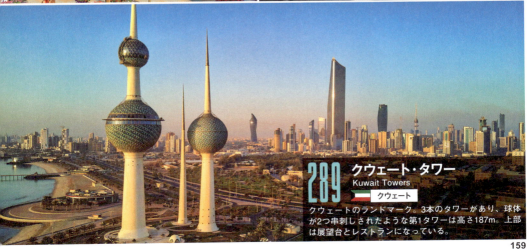

289 クウェート・タワー
Kuwait Towers

🇰🇼 クウェート

クウェートのランドマーク。3本のタワーがあり、球体が2つ串刺しされたような第1タワーは高さ187m。上部は展望台とレストランになっている。

159

世界の秘境

COLUMN_02
死海を望む山頂にそびえる
難航不落の要塞遺跡

29 マサダ国立公園
Masada National Park
イスラエル

イスラエルの死海西岸にある、巨大な岩山頂上に広がる離宮兼要塞跡。名前は、アラム語の「ハ・メサド（要塞）」に由来する。紀元前1世紀、ユダヤ王国のヘロデ王により建造され、その後ローマ帝国に支配された。周囲を荒涼とした大地に囲まれた崖の上の城塞都市は、なんとも旅情を誘う景観。崖の上までは登山するというのもまた、秘境ならではのアクセス方法だ。ちなみに、アクセスにはロープウェーという方法もあるので、ご安心を。

ACCESS 日本から2日

ルート

秘境度 ★★★☆☆

ヨーロッパ 1

Europe 1

掲載している国々

デンマーク　　　イギリス
フィンランド　　アイルランド
スウェーデン　　エストニア
アイスランド　　ラトビア
ノルウェー　　　リトアニア
グリーンランド　ロシア

ヨーロッパ 1

Europe 1

エリア別ダイジェストガイド

ヨーロッパの北部。夏と冬の温度差が激しく、特に北欧やロシアの北部は冬のあいだ雪と氷に閉ざされる。夏は夜遅くまで明るいが、冬の日照時間は極端に短い。

北欧
Northern Europe

スカンジナビアの国々

かつてヨーロッパ中を席巻したヴァイキングの国々。スカンジナビア半島のほかデンマーク、フィンランドのほかアイスランドも含む。各国の旗は十字の「スカンジナビアン・クロス」。

●自然

海岸線は氷河に削られたフィヨルド地帯。特にノルウェーの西部沿岸線のフィヨルドは一大観光地。ノルウェー、スウェーデン、フィンランドの北極圏以北はラップランドと呼ばれる土地で、冬の夜にはオーロラが空を舞う。

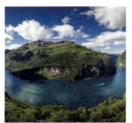

世界遺産に登録されているソグネフィヨルド（ノルウェー）

●宗教

ヨーロッパを侵略したヴァイキングの王たちは、現地でキリスト教に触れて改宗。現在デンマーク、ノルウェー、スウェーデン、フィンランドはプロテスタント（福音ルター派）、アイスランドはアイスランド国教会（ルター派）。

ノルウェーには木造の教会も残されている

アイスランドのハットルグリムス教会

●北欧の国々

　🇩🇰 デンマーク　　🇫🇮 フィンランド
　🇸🇪 スウェーデン　🇮🇸 アイスランド
　🇳🇴 ノルウェー　　🇬🇱 グリーンランド

ブリティッシュ諸島
British Isles

イギリスとアイルランド

ヨーロッパ大陸と海峡を挟んだ先に浮かぶ島国。イングランドなど4つのカントリーから成るイギリスは、それぞれ独自の文化を持っている。アイルランドは、ケルト民族の国家。

●自然

グレート・ブリテン島とアイルランド島の大きく2つの島から成る。海岸線には波の浸食によりできた、荒々しい崖の風景が多い。グレート・ブリテン島の中部は丘陵地帯。中西部の湖水地方は、イギリスを代表する景勝地。

荒々しい崖で形成されたセブン・シスターズの断崖絶壁

●宗教

2カ国ともキリスト教だが、イギリスはイギリス（英国）国教会がメイン。また世界中からの移民が集まる多民族国家だけに、さまざまな宗教が信仰されている。アイルランドはカトリックの信仰者が多い。

英国国教会の総本山、カンタベリー大聖堂

教会にある美しいステンドグラスにも注目

●ブリティッシュ諸島の国々

　🇬🇧 イギリス　　　　　　🇮🇪 アイルランド
　→イングランド　→北アイルランド
　→スコットランド　→ウェールズ

イギリスは、イングランド、北アイルランド、スコットランド、ウェールズの4つのカントリーから成っている。

お好みの具をのせたデンマーク流のオープンサンド、スモーブロー

北欧全土で食べられるミートボールはベリーソースを添える

バラエティ豊かな具材が楽しいロシアのピロシキ

じっくり煮込んだビーフストロガノフはロシアの代表料理

イギリスのパブでいただきたいのは定番のフィッシュ＆チップス！

ヴェリヴォルストはエストニアのクリスマスに欠かせない、血のソーセージ

アイルランドの家庭料理、たっぷり野菜のアイリッシュシチュー

ビーツと発酵乳のリトアニアの冷たいスープ、シャルティバルシチェイ

ヨーロッパ1

バルト三国
The Baltic States

ロシア
Russia

バルト海の南沿岸

南北に並ぶ3カ国。中世にはハンザ同盟の交易都市として栄え、その後帝政ロシアの支配を受けた。植民地時代が長かっただけに、自国の文化やアイデンティティを大切にしている。

世界最大の面積を持つ

総面積約1710万㎢、世界で最も大きな国。極東のウラジオストクから西のサンクトペテルブルクまでは、かのシベリア鉄道で1週間以上。帝政ロシア時代の歴史的な見どころも満載だ。

● **自然**

3カ国とも国土は狭く、大自然の見どころは多くはない。エストニアには国立公園が、リトアニアには世界遺産に登録された砂ய丘もある。

エストニアにある名所、ルンム

● **自然**

透明度世界一のバイカル湖をはじめ、大自然は多い。国土を南北に貫くウラル山脈がアジアとヨーロッパ大陸の境界線の役目を果たしている。

冬には完全凍結するバイカル湖

● **宗教**

キリスト教。プロテスタントやカトリックのほかロシア正教も。リトアニアは「十字架の国」と呼ばれ、十字架手工芸が世界無形文化遺産に登録されている。

リトアニアの十字架の丘

● **宗教**

キリスト教（ロシア正教）。タマネギ型のドームを持つユニークな教会で知られ、個性的な教会巡りが観光客に大人気。北部のキジ島には木造の教会も。

カラフルな教会を見て歩こう

● **バルト三国の国々**

 エストニア　 ラトビア　 リトアニア

● **ロシア**

 ロシア

163

ヨーロッパ 1
絶景リスト
[全100カ所]
INDEX 291-390

グリーンランド
299 イルリサット・アイスフィヨルド

アイスランド
297 ヴァトナヨークトル氷河
320 ブルーラグーン
354 ハットルグリムス教会
358 スコウガフォス
359 グトルフォス
361 シルフラ
362 ゲイシール地熱地帯
363 シンクヴェトリル国立公園
366 ナウマフィヤットル地熱地帯
369 ミーヴァトン湖

アイルランド
322 トリニティー・カレッジ図書館
341 アデア・マナー
368 モハーの断崖
380 セント・パトリック・デイ

イギリス
308 ロンドン
309 エジンバラ
321 ストーンヘンジ
326 マンセル要塞
327 カラニッシュ立石
330 キングス・クロス駅
331 グレンフィナン陸橋
333 バッキンガム宮殿
337 ロングリート庭園
339 ハットフィールド・ハウス
343 ハンプトン・コート宮殿
344 カンタベリー大聖堂
345 ウエストミンスター寺院
351 セント・ポール大聖堂
356 セブン・シスターズ
357 湖水地方
364 ジャイアンツ・コーズウェー
367 フィンガルの洞窟
370 コッツウォルズ
374 ポートリー
381 ホグマニー
385 大英博物館

ノルウェー
291 ラップランド
294 トロムソ
298 スヴァールバル諸島
300 リーセフィヨルド
301 シュラーグボルテン
302 ロフォーテン諸島
303 ガイランゲルフィヨルド
304 トロルトゥンガ
346 ボルグン・スターヴ教会
371 ベルゲン
375 オーレスン
386 ヴィーゲラン公園
387 ムンク美術館

スウェーデン
291 ラップランド
292 ユッカスヤルヴィ
296 アビスコ
307 ストックホルム
316 スクーグシェルコゴーデン
317 グスタフスベリ陶磁器工場
334 ドロットニングホルム宮殿
373 ヴィスビー
378 夏至祭
379 聖ルチア祭
388 スカンセン

フィンランド
291 ラップランド
293 ロヴァニエミ
295 サーリセルカ
318 イッタラ・ガラス工場
319 アアルト自邸
329 ロウリュ
347 ミュールマキ教会
353 テンペリアウキオ教会
377 ナーンタリ

デンマーク
306 コペンハーゲン
313 デンマーク・デザイン博物館
314 ラディソン・コレクション・ロイヤル・ホテル
315 ベルビュー・ビーチ
324 チボリ公園
335 フレデリクスボー城
340 クロンボー城
372 オーデンセ
382 世界サンタクロース会議
389 ルイジアナ現代美術館

164

エストニア
- 312 タリン
- 365 ルンム
- 383 歌と踊りの祭典

ラトビア
- 310 リガ
- 383 歌と踊りの祭典

リトアニア
- 325 十字架の丘
- 383 歌と踊りの祭典

ロシア
- 291 ラップランド
- 305 モスクワ
- 311 サンクトペテルブルク
- 323 モスクワの地下鉄
- 328 マリインスキー劇場
- 332 シベリア鉄道
- 336 ペテルゴフ
- 338 ロストフのクレムリン
- 342 スーズダリのクレムリン
- 348 血の上の救世主教会
- 349 プレオブラジェンスカヤ教会
- 350 聖イサアク大聖堂
- 352 ウスペンスキー大聖堂
- 355 聖ワシリイ大聖堂
- 360 バイカル湖
- 376 ウラジーミル
- 384 エルミタージュ美術館

北極
- 390 北極点

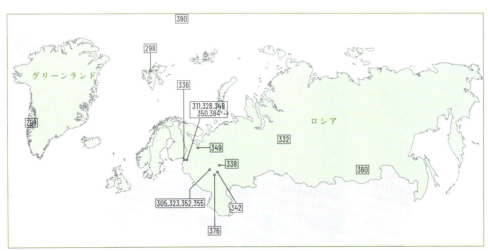

291 ラップランド
Lapland

フィンランド／スウェーデン／ノルウェー／ロシア

ラップランドとは、かつて先住民族のサーミが暮らした土地で、スカンジナビア半島からロシアのコラ半島まで、北極圏以北のエリアを指す。オーロラ・オーバルのちょうど真下に位置しており、特にフィンランド、スウェーデン、ノルウェーの北欧3カ国にはオーロラ観測に最適なリゾートが点在している。

独自の文化や言語をもつサーミは、トナカイとともに暮らす定住民族で、天井に穴が開いたコタというテントに暮らしていた。現在、多くのオーロラリゾートでサーミ独自の文化を体験できるオプショナルツアーを催行しており、人気を呼んでいる。

オーロラのシーズンは12～3月の冬がメインだが、最近では9～10月の秋オーロラが話題。凍る前の湖にオーロラが映り込む「ダブルオーロラ」は、秋しか見られない自然現象だ。

ヨーロッパ1

極地の夜空に彩る光のカーテン

292 ユッカスヤルヴィ
Jukkasjärvi
🇸🇪 スウェーデン

北スウェーデンの小さな村で、世界初のアイスホテルで有名。客室のほかバーやチャペルも氷。宿泊者は、トナカイの毛皮を敷いた氷のベッドの上で寝袋にくるまり眠る。

293 ロヴァニエミ
Rovaniemi
🇫🇮 フィンランド

ラップランド(フィンランド)の州都。北極線の真上にあるサンタクロース村が見どころ。サンタさんと一緒に記念撮影ができるほか、クリスマスに届く手紙(サンタメール)も出せる。

294 トロムソ Tromso
🇳🇴 ノルウェー

ラップランド(ノルウェー)最大の町。島の対岸、橋を渡った先にある丘の上は、町とオーロラを見渡すベストスポット。ほかクルーズ船からのオーロラ観賞ツアーなどもある。

295 サーリセルカ Saariselkä
🇫🇮 フィンランド

フィンランド最北部のスキーリゾート。街灯がなく町中からもオーロラが観賞できる。郊外にあるカクシラウッタネンは、寝ながらオーロラが見られるガラスイグルーで話題。

296 アビスコ Abisko
🇸🇪 スウェーデン

トレイル、「王様の散歩道」の起点。晴天率の高さで知られ、オーロラ研究で名高いスウェーデン王立宇宙研究所もある。ロープウェーで登る山の上からオーロラが観賞できる。

氷河・フィヨルド
Glacier・Fjord

298 スヴァールバル諸島
Svalbard

🇳🇴 ノルウェー

北緯74〜81度に浮かぶ群島。唯一の有人島・スピッツベルゲン島は、北極クルーズの拠点。周辺はホッキョクグマの生息域で、クルーズなら高い確率で姿が見られる。

美しい氷河の
クレバスにできた
青き洞窟へ

ヨーロッパ1

297 ヴァトナヨークトル氷河
Vatnajökull
アイスランド

国土の約8%を占める、アイスランド最大の氷河。11〜3月頃に行われる氷の洞窟ツアーが人気。洞窟は夏に氷河が解けてできるクレバスにより形成されるため、毎年場所や内部の造形が異なる。洞窟内は、壁も天井もすべて氷河。氷河は降り積もった雪が長い年月をかけ圧縮されてできたもので、洞窟を覆う氷河も数万年前のもの。不純物を含まないため、透明で、光が当たると青く光る。

299 イルリサット・アイスフィヨルド
Ilulissat Icefjord
グリーンランド

イルリサットにある氷河。先端が海に直接流れ込んでおり、砕けた氷塊がフィヨルドの海に浮かんでいる。世界で最も活発な氷河で、年間200億トンもの氷を流動させている。

388 リーセフィヨルド
Lysefjord

ノルウェー

ノルウェーのフィヨルドの中でも、最も人気の高い4大フィヨルド（ガイランゲル、ソグネ、ハダンゲル、リーセ）の1つ。海面から600mもの断崖がそそり立つプレーケストーレン（教会の説教壇）が最大の見どころ。平らになった断崖の上には柵がなく、ふちまで行けばまっすぐ下が覗ける。起点となるスタヴァンゲルからはフェリーとバスで向かい、最後に山道を2時間ほど歩く。

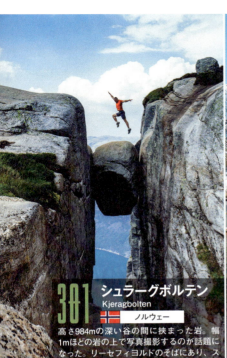

381 シュラーグボルテン
Kjeragbolten

🇳🇴 ノルウェー

高さ984mの深い谷の間に挟まった岩。幅1mほどの岩の上で写真撮影するのが話題になった。リーセフィヨルドのそばにあり、スタヴァンゲルからツアーで行くのが一般的。

382 ロフォーテン諸島
Lofoten

🇳🇴 ノルウェー

氷河に削られた地形が海に沈んでできた群島域。海から急峻な山々が隆起する景観は「アルプスの頂を海に沈めたよう」と言われる。ロルブーという漁師小屋がアクセント。

ヨーロッパ 1

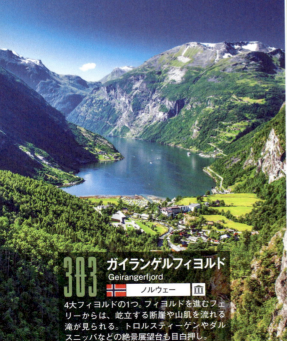

383 ガイランゲルフィヨルド
Geirangerfjord

🇳🇴 ノルウェー 🏛

4大フィヨルドの1つ。フィヨルドを進むフェリーからは、屹立する断崖や山肌を流れる滝が見られる。トロルスティーゲンやダルスニッバなどの絶景展望台も目白押し。

384 トロルトゥンガ
Trolltunga

🇳🇴 ノルウェー

700mもの崖から水平に飛び出す独特の造形から、ノルウェーに棲む妖精、「トロルの舌（トロルトゥンガ）」と呼ばれる。駐車場からは往復20kmほど山道を歩く。

173

都市
City

不思議な教会にクレムリン
モスクワの象徴
赤の広場に立つ

306 コペンハーゲン
Kobenhavn
デンマーク

ヴァイキング時代から続く商業港都市。カラフルな木造家屋が並ぶニューハウンは、かつて船乗りたちが羽を休めた繁華街。現在はレストランが並ぶ観光地となっている。

385 モスクワ
Moscow

ロシア

12世紀に拓かれた、ロシアの首都。13世紀にモンゴル帝国に侵略されるも、1480年の「タタールのくびき」からの脱却後はロシア大公国の都として発展した。歴史的建造物はほとんどがこの時代に建造され、なかでも必見がクレムリンや聖ワシリイ大聖堂が並ぶ赤の広場。帝政ロシア時代、ピョートル大帝によりサンクトペテルブルクに遷都されたが、ロシア革命後は再び首都になった。

ヨーロッパ 1

387 ストックホルム
Stockholm

スウェーデン

14の島からなる水の都。旧市街のガムラスタンや緑豊かなユールゴーデンなど島により景観が変わる。映画『魔女の宅急便』が「おおいに参考にした」場所でもある。

308 ロンドン
London

🇬🇧 イギリス 🏛

270もの国籍・人種が暮らす国際都市。テムズ川河畔に拓け、ウエストミンスター宮殿やロンドン塔など4つの世界遺産を擁す。テムズ河沿いを歩いて、絶景スポットを回ろう。

309 エジンバラ
Edinburgh

🇬🇧 イギリス 🏛

スコットランドの首都。町のシンボルは山の上にそびえるエジンバラ城。城からホリールードハウス宮殿までのロイヤル・マイルには数々の歴史的建造物が並んでいる。

318 リガ
Liga

ラトビア

ハンザ同盟都市として発展した町で、旧市街は中世ドイツ風の町並み。新市街には、20世紀初頭に帝政ロシアのもと造られたアールヌーヴォー様式の建物が立ち並ぶ。

311 サンクトペテルブルク
Sankt Peterburg

ロシア

バルト海の最奥部にある要塞都市。1703年に帝政ロシアの首都として拓かれ、瞬く間に宮殿や教会が造られた。宮殿は現在、博物館や美術館として利用されている。

312 タリン
Tallinn

エストニア

エストニアの首都で、ハンザ同盟都市。城壁に囲まれた旧市街には、オレンジ屋根の建物が密集。支配者や貴族が住んだトームペアの丘は、旧市街を一望する展望スポット。

ヨーロッパ1

デザイン
Design

名作インテリアがずらりと並ぶ北欧デザインの殿堂

313 デンマーク・デザイン博物館
Designmuseum Danmark

🇩🇰 デンマーク（コペンハーゲン）

デンマークデザインの変遷を学べる。回廊型の展示室は中世と現代に分かれ、現代セクションでは1900年代のモダンデザインを紹介。名作椅子が一堂に会すエリアは必見。

314 ラディソン・コレクション・ロイヤル・ホテル
Radisson Collection Royal Hotel

🇩🇰 デンマーク（コペンハーゲン）

1960年完成の高級ホテル。設計はアーネ・ヤコブセンで、AJランプやエッグ、スワンなどの家具もこのホテルのためにデザインされた。ロビーのらせん階段は建築当時のまま。

315 ベルビュー・ビーチ
Bellevue Beach

🇩🇰 デンマーク

ヤコブセンがデザインを手がけた公共ビーチ。海を見渡すボーダー模様の監視塔は、ビーチのシンボル的存在。コペンハーゲンの北にあり、近郊列車でアクセスできる。

316 スクーグシュルコゴーデン
Skogskyrkogården

🇸🇪 スウェーデン（ストックホルム）

スウェーデン語で「森の墓地」。巨匠アスプルンドがデザインを手がけた。木々に囲まれた墓地には、「死者は森へ還る」というスウェーデンの死生観が生かされている。

318 イッタラ・ガラス工場
iittala Glassfactory

🇫🇮 フィンランド（イッタラ）

世界的ブランド、イッタラのガラス製品を製造しており、吹きガラスによる伝統的な工法を見学できる。敷地内には博物館のほかアウトレットもあり、テーマパークのよう。

317 グスタフスベリ陶磁器工場
Gustavsbergs Porslinsfabrik

🇸🇪 スウェーデン

スウェーデンを代表する陶磁器ブランド、グスタフスベリの工場。ファクトリーショップのほか、リサ・ラーソンの絵付けを行う工房、ヴィンテージショップなどが集中する。

319 アアルト自邸
The Aalto House

🇫🇮 フィンランド（ヘルシンキ）

フィンランドデザインの父、アルヴァ・アアルトが住んだ家。アアルトと最初の妻・アイノが設計を手がけた。フィンランドらしい、太陽と自然を大切にする機能美が随所に見られる。

ヨーロッパ 1

話題
Topic

美肌に効果あり！
青白い温泉湖で
極上リラックス

321 ストーンヘンジ
Stonehenge

🇬🇧 イギリス 🏛

30もの巨石が円陣状に並ぶ遺跡。紀元前3000年から段階的に造営されたとされ、最も大きな石の重さは50トンにもなる。祭壇や天文台など諸説あるが、未だ謎のまま。

ヨーロッパ1

320 ブルーラグーン
Blue Lagoon
🇮🇸 アイスランド

ブルーラグーンは、世界最大級の露天風呂だ。天然の温泉ではなく、火山による地熱発電で発生する温排水を再利用している。青みがかった乳白色のお湯にはマグマに含まれる二酸化ケイ素が含まれており、シリカやミネラル豊富なお湯は美肌や皮膚病に効果が高い。スチームバスやサウナがあるほか、お湯に浮かびながら行うフローティングサウナなども楽しめる。

322 トリニティー・カレッジ図書館
Trinity College Library
🇮🇪 アイルランド

アイルランド最古の大学・トリニティー・カレッジにある。蔵書数は約500万に及び、「世界で最も美しい本」と言われる聖書の手写本『ケルズの書』が展示されている。

181

323 モスクワの地下鉄
Moscow Metro

🇷🇺 ロシア（モスクワ）

ソ連時代に建設された地下鉄。モザイク画やシャンデリアに飾られた内装から「地下宮殿」とも呼ばれる。中でもマヤコフスカヤ駅は世界一美しい駅と称される。

324 チボリ公園
Tivoli Park

🇩🇰 デンマーク

1843年開園のテーマパーク。アトラクションのほか、レストランなどさまざまに楽しめる。

325 十字架の丘
Hill of Crosses

🇱🇹 リトアニア

小高い丘を十字架が埋め尽くす。ロシアの圧政に対する11月蜂起の犠牲者のため十字架を立てたのがはじまりとされる。

326 マンセル要塞
Maunsell Fort

🇬🇧 イギリス

第2次世界大戦中の海上要塞。戦後不法占拠されシーランド公国として独立宣言がなされた。

327 カラニッシュ立石
Callanish Stones
🇬🇧 イギリス

スコットランド北西岸のルイス島に並ぶ立石群。新石器時代の遺跡とされ、建造目的は未だ謎。

330 キングス・クロス駅
King's Cross station
🇬🇧 イギリス（ロンドン）

映画『ハリー・ポッター』のロケ地。映画のシーンが再現された「9と3/4番線」はファン必見。

328 マリインスキー劇場
Mariinsky Theatre
🇷🇺 ロシア（サンクトペテルブルク）🏛

1783年創設のオペラ・バレエ劇場。「白鳥の湖」や「くるみ割り人形」などの初演が行われた。

331 グレンフィナン陸橋
Glenfinnan Viaduct
🇬🇧 イギリス

スコットランドにある、1897年に完成した世界最古のコンクリート製陸橋。映画『ハリー・ポッター』に登場する。

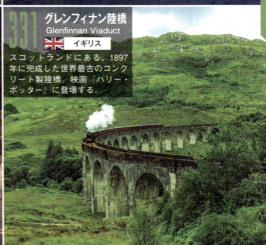

329 ロウリュ
Löyly
🇫🇮 フィンランド（ヘルシンキ）

おしゃれな公衆サウナ。オーシャンフロントのため、サウナ後に海へ飛び込むことも可能。

332 シベリア鉄道
Trans-Siberian Railway
🇷🇺 ロシア

ウラジオストク〜モスクワ間を結ぶ世界最長の鉄道。始発から終点までノンストップでも1週間以上かかる。

ヨーロッパ1

城・宮殿
Castle・Palace

宮殿を守る真っ赤な服の兵隊が大行進

334 ドットニングホルム宮殿
Drottningholm Palace

スウェーデン

現スウェーデン王室の居城で、17世紀に建造されたバロック様式の建物。全220室の一部や劇場が見学できる。バロックと英国式のガーデンも見事。

333 バッキンガム宮殿
Buckingham Palace

🇬🇧 イギリス（ロンドン）

1703年に初代バッキンガム公、ジョン・シェフィールドが買い取ったバッキンガム・ハウスが始まり。最初はレンガ造りの粗末な建物だったが、幾度も増改築が行われた。1837年、ビクトリア女王が即位すると同時に移り住み、イギリス王室の宮殿となった。現在もエリザベス女王をはじめとするイギリス王室はここで生活している。1日1～2回行われるロイヤルガードの交替式は、ロンドンの名物。宮殿内は夏のみ一般に公開され、室内の一部が見学できる。

335 フレデリクスボー城
Frederiksborg Castle

🇩🇰 デンマーク

湖に浮かぶ優美な姿から「白鳥城」と呼ばれる。クリスチャン4世の居城として17世紀頭に造られた、北方ルネッサンス様式。現在は国立博物館となっている。

ヨーロッパ1

336 ペテルゴフ
Peterhof

ロシア（サンクトペテルブルク）

ピョートル大帝の夏の離宮。海に面した敷地は階段状になっており、上に宮殿、下には噴水のある庭園がある。噴水は150以上あり、中にはユニークな仕掛け噴水も。

337 ロングリート庭園
Longleat

イギリス

イングランド中部にあるカントリー・ハウスで、広大な敷地に3.6k㎡の庭園に邸宅や、サファリパークなどがある。庭園には生け垣を利用した迷路があり、全長はなんと27km。

338 ロストフのクレムリン
Rostov Kremlin
🇷🇺 ロシア

中世にロストフ公国の首都として栄えた。1670年に建造されたクレムリンはロシア最大の規模。

341 アデア・マナー
Adare Manor
🇮🇪 アイルランド

19世紀頃建造のダンレイヴン伯爵家の邸宅。現在はラグジュアリーホテルとなっている。

339 ハットフィールド・ハウス
Hatfield House
🇬🇧 イギリス

エリザベス1世が幼少期を過ごした宮殿。『英国王のスピーチ』など数多くの映画のロケ地に。

342 スーズダリのクレムリン
Suzdal Kremlin
🇷🇺 ロシア

11世紀建造のクレムリン。約1.4kmの土塁の中にロジェストヴェンスキー教会や宮殿が残る。

340 クロンボー城
Kronborg Castle
🇩🇰 デンマーク

戯曲『ハムレット』の舞台となった城。ほぼ真四角の建物は、北方ルネッサンス様式の傑作。

343 ハンプトン・コート宮殿
Hampton Court Palace
🇬🇧 イギリス

ヘンリー8世をはじめ歴代君主が住んだ、赤レンガの宮殿。庭園内にある迷路が有名。

ヨーロッパ1

教会
Church

ステンドグラスや荘厳なホールを持つイギリス国教会の総本山

ヨーロッパ1

344 カンタベリー大聖堂
Canterbury Cathedral
🇬🇧 イギリス（カンタベリー）

イングランド南東部のカンタベリーにある、イギリス国教会の総本山。11世紀後半に建造され、その後幾度も再建や改築が繰り返され、現在のゴシック様式の建物となったのは16世紀初頭。大聖堂のシンボルである高さ約80mのベル・ハリー・タワーは、1503年の完成。天井には扇を重ねたような模様が施されている。ほか、イングランド最大のチャプターハウスや地下礼拝堂など見どころ満載。

大聖堂は数々の歴史的事件の舞台ともなった。最も有名なのが、1170年のヘンリー2世による大司教トーマス・ベケットの殺害。国王の配下に襲われ殉職したベケットは聖人に列せられ、以降大聖堂へは大勢の巡礼者が訪れるようになった。ベケットが暗殺された場所には3本の剣が飾られ、ベケットを祀るチャペルには彼の生涯を描いたステンドグラスがある。

189

345 ウエストミンスター寺院
Westminster Abbey
🇬🇧 イギリス（ロンドン）

1065年、エドワード証聖王により創設されて以来、歴代の国王や女王が戴冠式を行った寺院。シェイクスピアなど、歴史上の著名人が多く埋葬されていることでも有名。

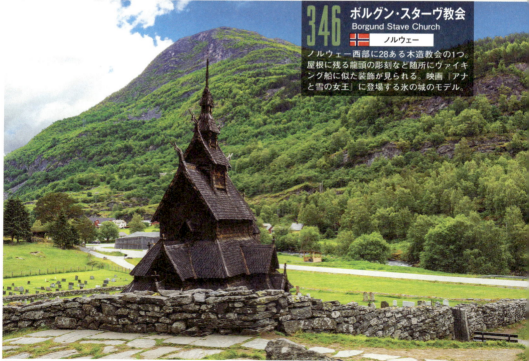

346 ボルグン・スターヴ教会
Borgund Stave Church
🇳🇴 ノルウェー

ノルウェー西部に28ある木造教会の1つ。屋根に残る龍頭の彫刻など随所にヴァイキング船に似た装飾が見られる。映画『アナと雪の女王』に登場する氷の城のモデル。

347 ミュールマキ教会
Myyrmäki Church

フィンランド

大きな窓から自然光が降り注ぐ「光の教会」。設計はユハ・レイヴィスカで、1984年の完成。天井から下がるライトは位置や高さを綿密に計算され、どこから見ても美しい。2019年3月より改装のため数年間クローズ予定。

348 血の上の救世主教会
Church of the Savior on Spilled Blood

ロシア（サンクトペテルブルク）

タマネギ型ドームが連なる、ロシアの伝統的な教会様式。1881年に暗殺されたロシア皇帝アレクサンドル2世の死を悼み、その暗殺現場の上に築かれたことからこの名に。

349 プレオブラジェンスカヤ教会
Preobrajensky Church

ロシア

オネガ湖に浮かぶ小島、キジ島の南端にある。1714年の建造で、壁はもちろん22あるドームまですべて木造で、釘が一切使われていない。周辺は野外博物館となっている。

350 聖イサアク大聖堂
Saint Isaac's Cathedral

ロシア（サンクトペテルブルク）

面積約1万㎡、収容人数1万4000人を誇る世界最大級の教会。高さ約100mの黄金ドームや内陣に描かれたフレスコ画が美しい。上部は町が一望できる展望台となっている。

351 セント・ポール大聖堂
St.Paul's Cathedral

🇬🇧 イギリス（ロンドン）

英国国教会の大聖堂。1710年に完成した建物は、バロック建築の最高峰と評される。

353 テンペリアウキオ教会
Temppeliaukio Church

🇫🇮 フィンランド

岩をくりぬいて造った、通称「ロック・チャーチ」。ガラス窓から差し込む自然光が優しい。

352 ウスペンスキー大聖堂
Uspensky Cathedral

🇷🇺 ロシア（モスクワ）

クレムリン内に立つロシア正教会の聖堂。かつてはロシア皇帝の戴冠式などが執り行われた。

354 ハットルグリムス教会
Hallgrims Church

🇮🇸 アイスランド（レイキャヴィーク）

高さ約75mのモダンな教会で、レイキャヴィークのシンボル。最上階には展望台がある。

355 聖ワシリイ大聖堂
Saint Basil's Cathedral

🇷🇺 ロシア（モスクワ）

赤の広場に立つ大聖堂。1560年にイワン雷帝により建設された。不揃いの高さの塔は全部で9つあり、それぞれに模様の異なるタマネギ型ドームが取り付けられている。

ヨーロッパ1

自然
Nature

イギリス海峡の荒波が造った白亜の断崖絶壁

ヨーロッパ1

356 セブン・シスターズ
Seven Sisters
🇬🇧 イギリス

イングランド南部、イギリス海峡に面した断崖で、緩やかなカーブを描く白い崖が7つ連なることからこの名で呼ばれるように。崖は白亜（チョーク）という石灰岩の一種でできている。長い年月をかけて荒波によって削られた崖は、現在でも年30～40cmほど後退し続けているという。

周辺はカントリー・パークに指定されており、崖の上部と下部の両方にフットパスがある。上部からは崖と海が一望でき、下部は海岸を歩くコースとなっており白い崖を見上げる迫力の眺めが楽しめる。セブン・シスターズの東約5kmには、同じく白い崖のビーチー・ヘッドがある。崖の高さは150m以上で、こちらも必見ポイント。

357 湖水地方
Lake District
🇬🇧 イギリス 🏛

イングランド北西部の湖水地帯で、田畑が続く緩やかな丘の合間に無数の湖が点在。絵本『ピーターラビット』の作者ビアトリクス・ポターに愛され、物語にも多く登場する。

358 スコウガフォス
Skógafoss
🇮🇸 アイスランド

アイスランドを代表する滝の1つ。60mを超える崖の上から一気に流れ落ちる様子を、しぶきがかかるほど近くから見られる。晴天時には虹とのコラボレーションが望める。

359 グトルフォス
Gullfoss
アイスランド

ゴールデンサークルの名所。しぶきが太陽に照らされ輝くことから「黄金の滝」と呼ばれる。滝は2段になっており、1段目は落差約15m、2段目は落差約30m。幅は最大約70m。

360 バイカル湖
Lake Baikal
ロシア

透明度、水深、貯水量の3つで世界一を誇る湖。固有種が多く「ロシアのガラパゴス」と呼ばれる。夏はクルーズが楽しめるほか、冬には湖面が氷結し、氷の洞窟が現れる。

ヨーロッパ1

362 ゲイシール地熱地帯
Geysir Geothermal Area
アイスランド

地熱で沸騰した地下水が噴出する間欠泉群。10分ごとに高さ20～30mの熱湯が噴き上がる。

361 シルフラ
Silfra
アイスランド

北米大陸プレートとユーラシア大陸プレートの境目で、アイスランド語で「ギャウ」と呼ばれる大地の裂け目。水面下100mと透明度が高く、ダイビングで裂け目に潜れる。

363 シンクヴェトリル国立公園
Þingvellir National Park
アイスランド

ゲイシールやグトルフォスと同じ観光ルート、ゴールデンサークルの名所。ギャウに沿って歩くハイキングが人気。園内にはギャウへのダイビングで人気のシルフラがある。

364 ジャイアンツ・コーズウェー
Giant's Causeway
🇬🇧 イギリス

火山活動で生まれた不思議な石柱が海岸線を埋め尽くす。名前は伝説の巨人の話にちなんでいる。

367 フィンガルの洞窟
Fingal's Cave
🇬🇧 イギリス

スコットランドの無人島にある洞窟。波の浸食によりできた六角形の石柱が林立している。

ヨーロッパ1

365 ルンム
Rummu Ash-Hills
🇪🇪 エストニア

石灰岩で形成された崖と美しい湖で知られる。湖には廃墟になったソ連時代の刑務所が沈む。

368 モハーの断崖
Cliffs of Moher
🇮🇪 アイルランド

高さ100〜200mの断崖が約8kmにわたって連なる。オブライエン塔から断崖と海が一望できる。

366 ナウマフィヤットル地熱地帯
Namafjall Geothermal Area
🇮🇸 アイスランド

硫黄を産出する丘陵地帯。周辺にはボコボコと音をたてて泡立つ、真っ黒な泥沼が連続する。

369 ミーヴァトン湖
Myvatn Lake
🇮🇸 アイスランド

アイスランド北東部の湖。南側の湖畔にクレーター状の丘が点在。湖畔でハイキングも楽しめる。

小さな町
Little Town

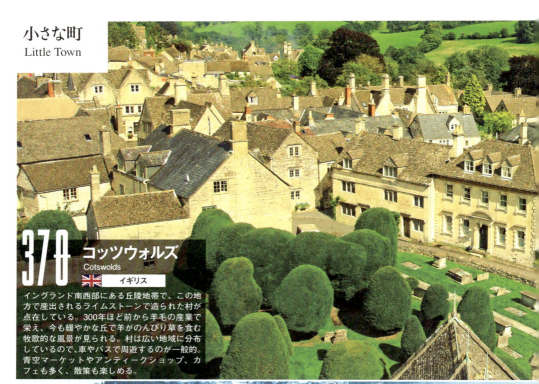

378 コッツウォルズ
Cotswolds

🇬🇧 イギリス

イングランド南西部にある丘陵地帯で、この地方で産出されるライムストーンで造られた村が点在している。300年ほど前から羊毛の産業で栄え、今も緩やかな丘で羊がのんびり草を食む牧歌的な風景が見られる。村は広い地域に分布しているので、車やバスで周遊するのが一般的。青空マーケットやアンティークショップ、カフェも多く、散策も楽しめる。

これがイギリスの原風景 ハチミツ色の 小さな村を回ろう

ヨーロッパ1

371 ベルゲン
Bergen

ノルウェー 🏛

ノルウェー西部のフィヨルド地帯にある町。中世後期に北部ヨーロッパの貿易と経済を独占した都市同盟、ハンザ同盟の都市として発展した。港と山の間のわずかな土地に家々が密集しており、特に三角屋根の木造建築が並ぶブリッゲンは、ハンザ同盟当時のまま。ソグネとハダンゲルの両フィヨルドへも近く、ベルゲン拠点の周遊ルートが、フィヨルド観光の王道だ。

372 オーデンセ
Odense
🇩🇰 デンマーク

デンマークの誇る童話作家・アンデルセン生誕の地。生家を利用した博物館や子供時代の家など、アンデルセンゆかりの場所がたくさん。童話モチーフの像も点在している。

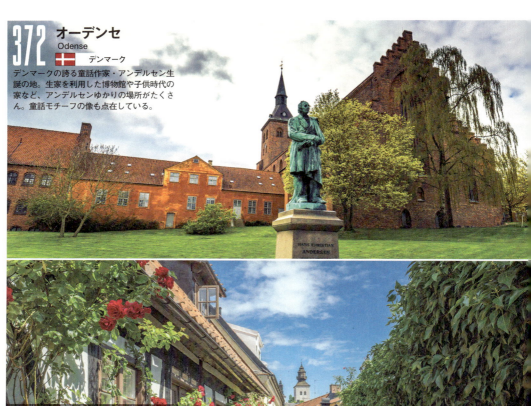

373 ヴィスビー
Visby
🇸🇪 スウェーデン 🏛

バルト海に浮かぶゴットランド島の中心地。周囲を約3.5kmの城壁に囲まれた旧市街には教会の廃墟が点在し、「バラと廃墟の町」と言われる。夏には中世祭りが行われる。

374 ポートリー
Portree
🇬🇧 イギリス

スコットランドに位置し、「翼の島」と呼ばれるスカイ島の中心となる町。港沿いにカラフルな家々が並ぶ姿が有名。島内には断崖絶壁の海岸線など、絶景スポットが点在する。

375 オーレスン
Aalesund
ノルウェー

ガイランゲルフィヨルドの玄関口。1904年に火災で焼失し、当時流行のアールヌーヴォー調の建物に統一して再建された。フィヨルドの入り江にあり、周囲を海と山に囲まれている。

376 ウラジーミル
Vladimir
ロシア

モスクワの北東に位置する。隣接するスーズダリと共に、かつてはウラジーミル・スーズダリ大公国の首都として繁栄した。当時建設された8つの白亜の建造物が点在する。

377 ナーンタリ
Naantali
フィンランド

古くから温泉保養地として栄えた。西に浮かぶ小島は、ムーミンたちが暮らすテーマパークのムーミンワールド。カラフルな木造家屋が並ぶ旧市街やヨットハーバーも美しい。

ヨーロッパ 1

祭り
Festival

 夏至祭
Midsummer Festival

 スウェーデン

1年で最も日が長くなる夏至（6月21日頃）を祝うお祭り。冬には太陽がほとんど昇らない北欧の国々にとって、太陽はとても特別な存在。北欧各地でイベントが開催されるが、スウェーデンのダーラナ地方で行われるものが最も盛大。

祭り当日は、広場に季節の植物で飾ったメイポールを立て、ミッドソンマルクランスという花の冠や伝統衣装を身につけた人々が輪になって踊る。夏至祭の時期のスウェーデンは、真夜中まで明るい白夜。イベントは夜を通して行われ、踊りのほかニシンや茹でジャガイモなどの郷土料理を味わう。

太陽を愛する
北欧の人々にとって
一番大事な日

ヨーロッパ1

379 聖ルチア祭
Sancta Lucia
🇸🇪 スウェーデン

キリスト教の聖人、聖ルチアを祝い、毎年12月13日に行われる祭り。ストックホルムでは、聖ルチア役の女性を先頭に、ロウソクを持った人々が町の中心をパレードする。

380 セント・パトリック・デイ
Saint Patrick's Day
🇮🇪 アイルランド

アイルランドにキリスト教を広めた聖教者パトリックの命日（3月17日）に開催。当日は人や町、川、ビールまでもアイルランドのシンボルカラーである「緑色」に染まる。

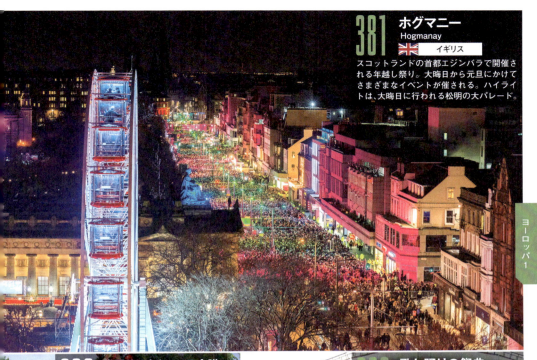

381 ホグマニー
Hogmanay
🇬🇧 イギリス

スコットランドの首都エジンバラで開催される年越し祭り。大晦日から元旦にかけてさまざまなイベントが催される。ハイライトは、大晦日に行われる松明の大パレード。

ヨーロッパ1

382 世界サンタクロース会議
Santa Claus World Congress
🇩🇰 デンマーク

国際サンタクロース協会認定の世界会議。サンタクロースが最も忙しくない7月にコペンハーゲンで開催。イベントは4日間で、2日目にはサンタパレードが行われる。

383 歌と踊りの祭典
Song and Dance Celebration
エストニア
ラトビア
リトアニア

エストニアとラトビアでは5年ごと、リトアニアでは4年ごとに開かれる歌と踊りの祭典。民族衣装を着た歌手や踊り手が数万人規模で集い、伝統の歌謡や舞踊を披露する。

207

博物館・美術館
Museum

384 エルミタージュ美術館
Hermitage Museum

ロシア（サンクトペテルブルク）

世界の三大美術館の1つ。女帝エカテリーナ2世のコレクションが起源で、現在収蔵品は300万点以上。本館はダ・ヴィンチやラファエロ、新館にはモネやゴッホなどの名画がずらり。

385 大英博物館
British Museum

イギリス（ロンドン）

医者で収集家でもあったハンス・スローンのコレクションを元に設立。世界中の文化財を収蔵し、ロゼッタストーンやパルテノン神殿の彫刻、モアイなど圧巻の展示ばかり。

386 ヴィーゲラン公園
Vigeland Park

ノルウェー(オスロ)

公共の公園に、ノルウェーを代表する彫刻家、グスタフ・ヴィーゲランの作品が212点も飾られている。ユニークな人体像ばかりだが、制作目的や意図は明かされていない。

387 ムンク美術館
Munch Museum

ノルウェー(オスロ)

ノルウェーの画家・ムンクの作品収蔵数は世界最大。郊外にあったが、2020年に町の中心に移転。

388 スカンセン
Skansen

スウェーデン

世界初の野外博物館。約160棟の建物があり、伝統衣装のスタッフが当時の暮らしをガイドする。

389 ルイジアナ現代美術館
Louisiana Museum of Modern Art

デンマーク

地元領主の邸宅を利用し、各パートをガラスの回廊と地下通路で結んでいる。モダンアートのコレクションは秀逸で、庭園にはヘンリー・ムーアなどの彫刻が配されている。

209

世界の秘境

COLUMN_03
地球の最果てに広がる白と青の氷の世界

398 北極点
North Pole
北極

北緯90度に位置する地球の頂点。北極点は常に移動し、また長さや大きさの定義がないため、天体航法や人工衛星により都度位置を割り出す必要がある。往年の冒険家たちが憧れ、現代も限られた人のみが到達を果たしていることから、まだまだ未開の地であると言える。
北極点までの唯一のアクセス方法は、世界最大・最強の原子力砕氷船「50イヤーズ・オブ・ビクトリー号」に乗船すること。船内にはヘリコプターが搭載されており、上空から最大3mもの氷を砕氷しながら北進する姿を望むこともできる。クルーズは全行程11泊12日。これぞまさに、究極の船旅だ。

ACCESS 日本から7日〜

秘境度 ★★★★★

ヨーロッパ 2
Europe 2

掲載している国々

イタリア	モンテネグロ	ルクセンブルク	ジョージア
バチカン	北マケドニア	ベルギー	アルメニア
スペイン	アルバニア	オランダ	
ポルトガル	コソボ	チェコ	
マルタ	ギリシャ	ポーランド	
スロベニア	キプロス	スロバキア	
クロアチア	ドイツ	ハンガリー	
ボスニア・ヘルツェゴビナ	オーストリア	ルーマニア	
	スイス	ブルガリア	
セルビア	フランス	ウクライナ	

ヨーロッパ2

Europe 2

エリア別ダイジェストガイド

ヨーロッパ大陸にある38の国々は、民族から宗教、文化、歴史まで実に個性的。一部の国を除き、シェンゲン協定により自由に行き来が可能。

南ヨーロッパ
Southern Europe

地中海、バルカン半島の国々

かつての海洋王国や旧ユーゴスラビア諸国、アルバニアなど。ヨーロッパでも特に歴史が深く、美しい旧市街を持つ町が多い。イタリア、スペイン、ポルトガル語など、おもにラテン系言語を話す。

●自然

大部分が地中海気候に属し、温暖な気候。イタリア北部はアルプス山脈、スペイン北部はピレネー山脈の山岳地帯。地中海に浮かぶ島々はビーチリゾートになっており、夏にはヨーロッパ中から観光客が押し寄せる。

スペイン南部のアンダルシアに広がるひまわり畑

アドリア海には島が点在し、それぞれリゾートとなっている

●宗教

多くがキリスト教（カトリック）。イタリアのローマにあるバチカンにはカトリックの総本山、サン・ピエトロ大聖堂もある。バルカン半島の国々はキリスト教のほかイスラム教徒も多く、町にはモスクもある。

ローマ・カトリックの聖地であるサン・ピエトロ大聖堂

●南ヨーロッパの国々

イタリア	バチカン	サンマリノ
スペイン	ポルトガル	マルタ
スロベニア	クロアチア	ボスニア・ヘルツェゴビナ
セルビア	モンテネグロ	北マケドニア
アルバニア	コソボ	ギリシャ	キプロス

西ヨーロッパ
Western Europe

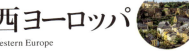

歴史あるヨーロッパの大国

ドイツやフランスなど、ヨーロッパを代表する先進国を擁し、歴史的にも、また現在でも経済や技術で世界を牽引する。アルプスの大自然から旧市街、丘陵に広がるワイン畑など、絶景の宝庫。

●自然

オーストリアからスイス、フランス中部を走るアルプス山脈は、世界的な山岳リゾート。山の麓には温泉保養地も多い。平原や丘陵など自然景観をいかした場所に築かれた古城を巡るのも醍醐味。

アルプスではぜひトレッキングを楽しみたい

フランスやスイスには、緩やかな丘に広がるブドウ畑が多い

●宗教

おもにキリスト教（カトリック）。ドイツやスイスなどカトリックとプロテスタントがほぼ半数という国も。時代ごとに異なる様式で建造された教会は、見た目も荘厳。美しい教会巡りは、西ヨーロッパのハイライト。

フランスやドイツには有名アーティストが手がけたステンドグラスも

●西ヨーロッパの国々

ドイツ	オーストリア	スイス
リヒテンシュタイン	フランス	モナコ
アンドラ	ルクセンブルク	ベルギー
オランダ		

国の名称及びエリアは、一部（中央アジアの国々）を除き外務省のウェブサイトに準ずる。また、物件掲載のある自治領や特別区は国として紹介。

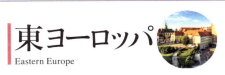

オランダ版コロッケのクロケット。パンに挟んだものも

ポーランド風コールキャベツのゴヴォンブキ

フランスやベルギーで人気のムール貝。白ワイン蒸しが定番

スペインの人気料理パエリャ。米や野菜、魚介類をスープで炊く

本場ナポリではシンプルなマルゲリータ・ピザが人気

野菜と肉を煮込んだスープ、グヤーシュはハンガリーの国民食

ヨーロッパ2

東ヨーロッパ
Eastern Europe

ミステリアスな東欧諸国
ポーランドやチェコなど、おもに旧共産圏の国々。自由化から25年以上たち、年々近代化が進んでいる。ハンガリーやチェコには、ハプスブルク家領の首都となり発展した華麗な都市が点在する。

● 宗教
キリスト教（カトリック、プロテスタント、東方正教会など）。ポーランドやウクライナでは各宗派の様式がミックスした珍しい教会が見られる。ユダヤ教徒も多く、町中にはシナゴーグ（ユダヤ教の礼拝所）もある。

ゴシックやバロックなど、教会の建築様式もさまざま

● 自然
南の黒海沿岸から大平原、カルパチア山脈と変化に富んだ自然景観。原生林も多く、トレッキングなどが楽しめる。ポーランドとスロバキア国境にあるタトリ山地では、夏はハイキング、冬はスキーが楽しめる。

イスラム教徒の多い町にはモスクもある

チェコ南部のモラヴィア大草原は、最近人気の絶景スポット

SNSなどで話題となったウクライナの愛のトンネル

● 東ヨーロッパの国々

チェコ	ポーランド	スロバキア
ハンガリー	ルーマニア	ブルガリア
モルドバ	ウクライナ	ベラルーシ
ジョージア	アゼルバイジャン	アルメニア

ヨーロッパ2
絶景リスト
[全180カ所]
INDEX 391-570

オランダ
- 418 バーテルスウォルトセ湖の氷の道
- 421 ドミニカネン書店
- 432 ザーンセ・スカンス
- 447 マウリッツハイス美術館
- 449 国立美術館
- 453 ゴッホ美術館
- 469 キューケンホフ公園

イタリア
- 392 ヴェネツィア
- 397 ローマ
- 398 フィレンツェ
- 405 ナポリ
- 431 アルベロベッロ
- 435 アマルフィ海岸
- 437 ブラーノ島
- 443 チンクエテッレ
- 451 ウフィッツイ美術館
- 461 チヴィタ・ディ・バーニョレージョ
- 470 ジェンツァーノ
- 480 サンタンジェロ城
- 483 ヴィッラ・デステ
- 489 パルマノーヴァ
- 502 サンタ・マリア・デッレ・グラツィエ教会
- 509 サンタ・ロザリア教会
- 512 ドゥオーモ
- 524 ピエモンテ州
- 529 ドロミーティ
- 541 コロッセオ
- 542 フォロ・ロマーノ
- 545 ポンペイ
- 546 ヴィッラ・アドリアーナ
- 549 ランペドゥーザ島
- 554 プローチダ島
- 558 カプリ島の青の洞窟
- 567 オリエント・エクスプレス

バチカン
- 393 バチカン
- 444 バチカン博物館
- 495 サン・ピエトロ大聖堂

ポルトガル
- 403 リスボン
- 409 モンサント
- 420 アゲダの傘祭り
- 427 ジョアニナ図書館
- 429 コスタ・ノヴァ
- 492 オビドス
- 555 マデイラ諸島

セルビア
- 536 ウヴァツ自然保護区

スペイン
- 411 サン・セバスティア
- 416 トレド
- 450 プラド美術館
- 452 ピカソ美術館
- 456 ラ・トマティーナ（トマト投げ祭り）
- 457 闘牛
- 460 フラメンコ
- 462 アルバラシン
- 463 ロンダ
- 465 クエンカ
- 467 アンダルシア
- 476 アルハンブラ宮殿
- 479 アルカサル
- 506 モンセラート修道院
- 507 サンティアゴ・デ・コンポステーラ大聖堂
- 518 サグラダ・ファミリア
- 520 カサ・ミラ
- 521 グエル公園
- 540 セゴビアの水道橋
- 550 イビサ島
- 557 マヨルカ島
- 564 ドラック洞窟

マルタ
- 488 ヴァレッタ
- 503 聖ヨハネ準司教座聖堂
- 544 ハル・サフリエニの地下墳墓

スロベニア
- 413 リュブリャナ
- 528 ブレッド湖
- 563 ポストイナ鍾乳洞

クロアチア
- 412 スプリット
- 487 ドゥブロヴニク
- 527 プリトヴィツェ湖群国立公園
- 551 ガレシュニャク島
- 553 フヴァル島

ボスニア・ヘルツェゴビナ
- 406 モスタル

モンテネグロ
- 493 コトル

北マケドニア
- 535 オフリド

アルバニア
- 410 ベラティ

コソボ
- 510 ペヤ総主教修道院

ギリシャ
- 496 メテオラ
- 538 アクロポリス
- 543 デイロス
- 547 サントリーニ島
- 548 ザキントス島
- 556 ロードス島
- 562 メリッサニ洞窟

フランス
- 395 パリ
- 408 リヨン
- 430 リクヴィル
- 438 コルマール
- 445 ルーヴル美術館
- 455 オペラ座（オペラ・ガルニエ）
- 464 ボニファシオ
- 466 プロヴァンス
- 472 ヴェルサイユ宮殿
- 475 ヴィランドリー城
- 477 シャンボール城
- 491 カルカッソンヌ
- 494 モン・サン・ミッシェル
- 500 サン・テティエンヌ大聖堂
- 513 サント・シャペル
- 515 ノートルダム大聖堂
- 516 シャルトル大聖堂
- 519 ノートルダム・デュ・オー礼拝堂
- 522 サヴォア邸
- 523 ラ・トゥーレット修道院
- 531 ピック・デュ・ミディ
- 537 モンブラン
- 567 オリエント・エクスプレス

214

ポーランド
- 404 クラクフ
- 436 ザリピエ
- 439 ヴロツワフ
- 481 マルボルク城
- 505 シフィドニツァの平和教会
- 559 ヴィエリチカ岩塩坑

チェコ
- 391 プラハ
- 422 ジョン・レノンの壁
- 423 モラヴィア大草原
- 433 チェスキー・クルムロフ
- 434 テルチ
- 458 マリオネット
- 501 セドレツ納骨堂
- 511 聖ヴィート大聖堂

ルーマニア
- 485 ブラン城
- 532 ビガーの滝
- 560 サリーナ・トゥルダ

ブルガリア
- 407 プロヴディフ
- 419 旧ブルガリア共産党本部
- 471 バラの谷
- 497 リラの修道院

ウクライナ
- 417 愛のトンネル
- 482 スワローズ・ネスト城

ジョージア
- 570 ウシュグリ

アルメニア
- 508 ホル・ヴィラップ修道院

キプロス
- 552 グレコ岬

ドイツ
- 396 ドレスデン
- 414 ベルリン
- 428 ローテンブルク
- 454 クリスマス・マーケット
- 473 ノイシュヴァンシュタイン城
- 478 サンスーシー宮殿
- 484 ホーエンツォレルン城
- 498 ケルン大聖堂
- 499 ヴィース教会
- 514 ザンクト・シュテファン教会
- 517 アーヘン大聖堂
- 568 ヴッパータール空中鉄道

スロバキア
- 539 スピシュ城
- 561 ドブシンスカ氷穴

オーストリア
- 394 ザルツブルク
- 400 ハルシュタット
- 401 ウィーン
- 446 美術史美術館
- 448 ベルヴェデーレ宮殿
- 459 ウィーン少年合唱団
- 474 シェーンブルン宮殿
- 486 アックシュタイン城
- 569 ゼメリング鉄道

ルクセンブルク
- 490 ルクセンブルク

ベルギー
- 402 アントワープ
- 442 ブルージュ
- 468 ブリュッセル

スイス
- 415 ベルン
- 424 ランダ吊り橋
- 426 テルメ・ヴァルス
- 441 シュタイン・アム・ライン
- 526 ラヴォー地区
- 530 マッターホルン
- 533 ユングフラウ
- 565 ベルニナ・エクスプレス
- 566 ユングフラウ鉄道

ハンガリー
- 399 ブダペスト
- 425 セーチェニ温泉
- 440 ホッロークー
- 504 マーチャーシュ教会
- 525 トカイ
- 534 ヘーヴィーズ温泉湖

215

旧市街
Old Town

ヨーロッパ 2

391 プラハ
Praha

チェコ

ボヘミア地方を蛇行するヴルタヴァ川のほとりに佇むチェコの首都。その礎は14世紀に神聖ローマ帝国の皇帝となったボヘミア王カール4世が、この地を帝都と定めて築かれた。ヨーロッパの経済、政治、文化の中心地として栄え、町造りは各国から一流建築家を招いて進められた。現在も14世紀の後期ゴシック様式、15～18世紀のルネッサンス、バロック、ロココの各様式の建造物が町の中心に点在し、歴史的地域は1992年に世界文化遺産に登録された。ヴルタヴァ川に架かり、旧市街とプラハ城を結ぶカレル橋は16連のアーチが優美なプラハ最古の石造りの橋。欄干には30体の聖人像が並び、頭上に5つの星がある銅製の聖ヤン・ネポムツキー像の台座に触れると幸運が訪れるという伝説が。夕景やライトアップされた夜景も美しく、橋のたもとにある旧市街橋塔の上からはカレル橋と左岸のプラハ城の姿を望める。

中世そのままの
優美な町並み
「黄金のプラハ」を歩く

392 ヴェネツィア
Venezia
イタリア

アドリア海に浮かぶ118もの小島と、その間を縫うように流れる大小の運河から成る。独特な風土と、かつて海洋国家として栄えた輝ける歴史や文化を色濃く残す。

393 バチカン
Vaticano
バチカン

ローマ市内にある世界最小の独立国家。ローマ法王庁・カトリックの総本山であるサン・ピエトロ大聖堂など、小さな領土内には芸術的・建築的最高傑作の数々が集まる。

394 ザルツブルク
Salzburg

オーストリア

オーストリア中部、アルプス山脈の北麓に位置する中世が息づく町。バロック様式の名建築が多く残り、歴史地区は世界文化遺産に登録。モーツァルトの生誕地でもある。

395 パリ
Paris

フランス

絵葉書のような美しい空間が町全体に点在する、世界屈指の観光都市。コンコルド広場から凱旋門まで続くシャンゼリゼ大通りは「花の都パリ」を象徴するエリア。

ヨーロッパ2

396 ドレスデン
Dresden

ドイツ

ドイツ東部、エルベ川沿いに広がるドイツ宮廷文化の香り立つバロックの町。夜にはツヴィンガー宮殿、宮廷教会などがライトアップされ、幻想的な世界が広がる。

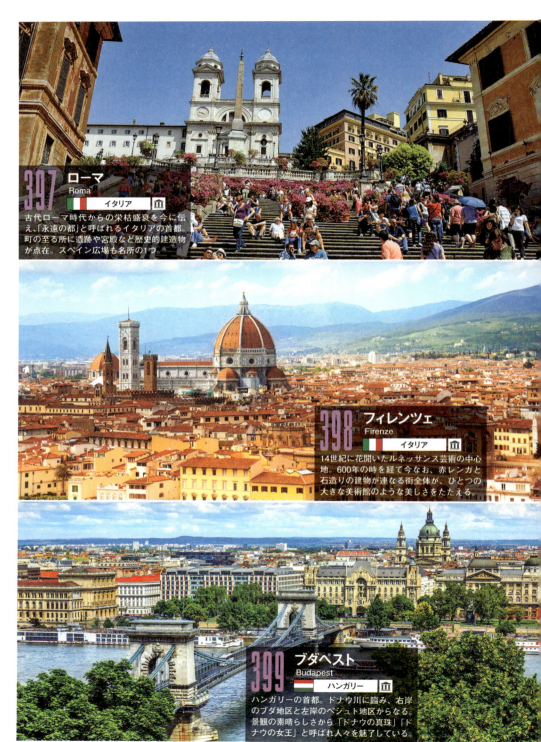

397 ローマ
Roma

イタリア

古代ローマ時代からの栄枯盛衰を今に伝え、「永遠の都」と呼ばれるイタリアの首都。町の至る所に遺跡や宮殿など歴史的建造物が点在。スペイン広場も名所の1つ。

398 フィレンツェ
Firenze

イタリア

14世紀に花開いたルネッサンス芸術の中心地。600年の時を経て今なお、赤レンガと石造りの建物が連なる街全体が、ひとつの大きな美術館のような美しさをたたえる。

399 ブダペスト
Budapest

ハンガリー

ハンガリーの首都。ドナウ川に臨み、右岸のブダ地区と左岸のペシュト地区からなる。景観の素晴らしさから「ドナウの真珠」「ドナウの女王」と呼ばれ人々を魅了している。

400 ハルシュタット
Hallstatt
オーストリア

紀元前から岩塩坑で栄えた海抜500mの湖畔の町。険しく迫る山岳地帯を背景に、青く澄みきったハルシュタット湖に映る山々や町並みの美しい世界を望むことができる。

401 ウィーン
Wien
オーストリア

ハプスブルク帝国の都だった町には多くの歴史的建造物が立ち並び、当時の様子が目に浮かぶ。

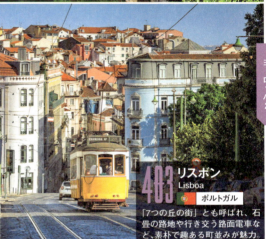

403 リスボン
Lisboa
ポルトガル

「7つの丘の街」とも呼ばれ、石畳の路地や行き交う路面電車など、素朴で趣ある町並みが魅力。

402 アントワープ
Antwerpen
ベルギー

『フランダースの犬』の舞台、聖母大聖堂は町のシンボル。市内には4つの世界遺産もある。

404 クラクフ
Kraków
ポーランド

ポーランド王国時代の首都。ヴィスワ川沿いに立つヴァヴェル城は歴代のポーランド王の居城。

ヨーロッパ2

405 ナポリ
Napoli　イタリア

旧市街地のスパッカ・ナポリ地区では、陽気で活気に満ちた南イタリアの下町情緒を味わえる。

408 リヨン
Lyon　フランス

ローマ時代からの長い歴史を積み重ねた建物が残る。フランス随一の美食の町としても有名。

406 モスタル
Mostar　ボスニア・ヘルツェゴビナ

イスラムとヨーロッパ文化が融合した独特の旧市街。負の遺産ことスタリ・モストは必見。

409 モンサント
Monsanto　ポルトガル

スペイン国境近くにある巨石の村。巨大な石と隣り合わせに人が暮らす不思議な光景に出合える。

407 プロヴディフ
Plovdiv　ブルガリア

6000年の歴史を持つ世界最古の町の1つ。古代ローマ遺跡、中世の要塞跡など史跡に富む。

410 ベラティ
Berati　アルバニア

山の斜面にトルコ様式の家々が立ち並び、「千の窓の街」と呼ばれる。夜は幻想的な雰囲気に。

411 サン・セバスティアン
San Sebastián

スペイン

「ビスケー湾の真珠」と称されるバスク地方のリゾート地。2カ所の展望台からの眺めは絶景。

414 ベルリン
Berlin

ドイツ

780余年の歴史を持つドイツ最大の都市。18世紀建造のブランデンブルク門は統一のシンボル。

412 スプリット
Split

クロアチア

旧市街は、ローマ帝国時代の巨大な宮殿を何百年という時をかけて改修することで発展。

415 ベルン
Berne

スイス

ヨーロッパの回廊と呼ばれ、中世の面影を残す旧市街地には仕掛け時計の塔など見どころ多数。

ヨーロッパ2

413 リュブリャナ
Ljubljana

スロベニア

スロベニアの首都。丘の上の城を取り囲むように、オレンジ屋根の建物が放射線状に立つ。

416 トレド
Toledo

スペイン

迷路のような小道や宗教建築など16世紀の面影を残す旧市街は、まさにグレコの風景画。

話題
Topic

光降り注ぐ
緑のトンネルが
恋人たちの聖地に

417 愛のトンネル
Tunnel of Love

🇺🇦 ウクライナ

SNSなどで話題を呼び、ウクライナを代表する観光名所に。田園風景が広がるクレーヴェンと隣のオルツィブを結ぶ全長約6.5kmの資材搬送用の線路上に、春から夏にかけて美しい緑のアーチができる。恋人同士で手を繋いでくぐると成就するという伝説がある。立ち入りは自由だが、1日数回列車が運行する。

418 パーテルスウォルトセ湖の氷の道
Ice Road of Paterswoldse Lake

オランダ

オランダ北部のフローニンゲン中心部に位置する湖は冬になると凍結し、天然のスケートリンクが誕生する。多くの人々がスケートを楽しみ、滑った幾重もの跡が白く輝く一筋の道となり美しい絶景スポットに。自然のスケートリンクとしては世界2番目の規模。

419 旧ブルガリア共産党本部
The Buzludzha Monument
ブルガリア

世界四大廃墟の1つと言われ、廃墟マニアの間では有名な巨大建造物。SFの世界のような外観から「ブルガリアのUFO」と呼ばれ、中は入れないが観光客に人気のスポット。

420 アゲダの傘祭り
Águeda Umbrella Sky Project
ポルトガル

ポルトガルの田舎町、アゲダで7～9月に開催される芸術祭。町中でポップな傘アートが楽しめる。上空を彩るカラフルな傘ロードの光景は「天国の傘」と呼ばれ大人気。

421 ドミニカネン書店
Bookshop Dominicanen
オランダ

オランダ最古の町マーストリヒトにある「世界一美しい本屋」。700年以上前に建てられた石造りの美しいドミニコ派教会を、2000年に改築した夢のような空間。

226

422 ジョン・レノンの壁
John Lennon Wall
チェコ（プラハ）

体制への抵抗運動の手段だった壁画が、自由を象徴するプラハの新名所に。誰でも落書きしてOK。

423 モラヴィア大草原
Moravia
チェコ

プラハ郊外にある今注目の秘境スポット。波打つ緑の絨毯が辺り一面に広がる風景に息をのむ。

424 ランダ吊り橋
Randa
スイス

全長494m、高さ85mの、世界最長の吊り橋。橋床は網状で、空中を遊泳している気分に。

425 セーチェニ温泉
Széchenyi Thermal Bath
ハンガリー（ブダペスト）

世界で唯一、温泉都市の称号を持つブダペストで、最も有名な巨大アミューズメント温泉。

426 テルメ・ヴァルス
Therme Vals
スイス

スイスの建築家・ピーター・ズントー設計のスパ。この地域で採掘した石スラブで作られた傑作。

427 ジョアニナ図書館
Joanina Library
ポルトガル

コインブラ大学内の図書館。バロック調の外観とフレスコ画が施された室内装飾が圧巻。

ヨーロッパ2

おとぎの町
Fairy Town

428 ローテンブルク
Rothenburg

ドイツ

南部バイエルン州にあるロマンチック街道の町。町の起源は9世紀頃に遡り、13世紀には帝国都市、14世紀には近隣国との交易の中継地として繁栄。現在も当時のヨーロッパの面影をほぼ完璧に残すことから「中世の宝石箱」とも呼ばれている。城壁に囲まれた旧市街は、まさにおとぎ話の世界。中でも、写真の二股に分かれた坂道の間に南ドイツ特有の木組みの家が立つプレーンラインは、ローテンブルクを象徴するスポット。旧市街中心地のマルクト広場に立つゴシック様式とルネッサンス様式の特徴を併せ持った壮麗な市庁舎も必見。約220段の階段を上ると高さ60mの塔へとたどり着き、ローテンブルクを360度見渡せる大パノラマが広がる。緑豊かな自然に囲まれ、石畳の道に赤茶屋根のカラフルな家々が立ち並ぶ眺めはまさに絶景。

絵本や映画に迷い込んだような誰もが魅了される世界へ

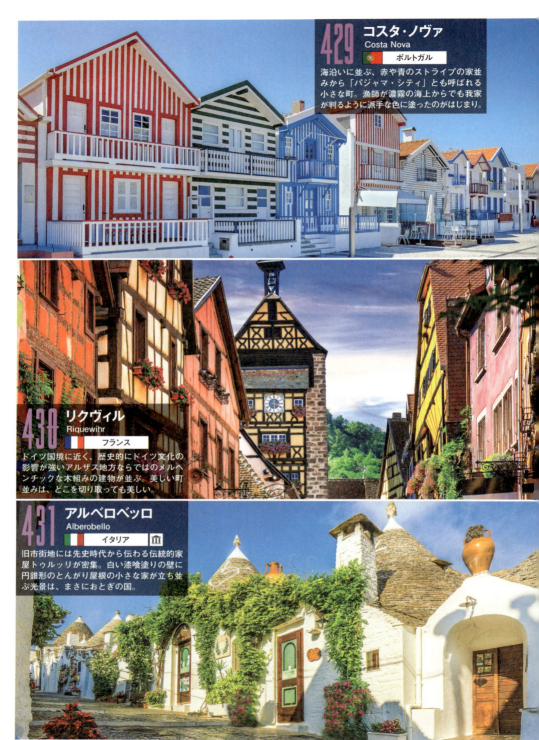

429 コスタ・ノヴァ
Costa Nova

ポルトガル

海沿いに並ぶ、赤や青のストライプの家並みから「パジャマ・シティ」とも呼ばれる小さな町。漁師が濃霧の海上からでも我家が判るように派手な色に塗ったのがはじまり。

430 リクヴィル
Riquewihr

フランス

ドイツ国境に近く、歴史的にドイツ文化の影響が強いアルザス地方ならではのメルヘンチックな木組みの建物が並ぶ。美しい町並みは、どこを切り取っても美しい。

431 アルベロベッロ
Alberobello

イタリア

旧市街地には先史時代から伝わる伝統的家屋トゥルッリが密集。白い漆喰塗りの壁に円錐形のとんがり屋根の小さな家が立ち並ぶ光景は、まさにおとぎの国。

432 ザーンセ・スカンス
Zaanse Schans
オランダ

国内各地から8基の風車を集め、船着場やチーズ工房、木造の伝統家屋などで17～18世紀の町並みを再現。村全体が博物館のようだが、今も人々が暮らす生活の場。

433 チェスキー・クルムロフ
Český Krumlov
チェコ

世界で最も美しい町の1つと言われる世界遺産の街。小高い崖に立つ城からは、赤い屋根の白壁の家並みとその間を蛇行するヴルタヴァ川の素晴らしい眺めを楽しめる。

434 テルチ
Telč
チェコ

モラヴィア地方にある小さな町。歴史地区にあるザハリアーシュ広場は、色彩豊かなパステルカラーと装飾で個性を出した優美な建物で統一されている。

ヨーロッパ2

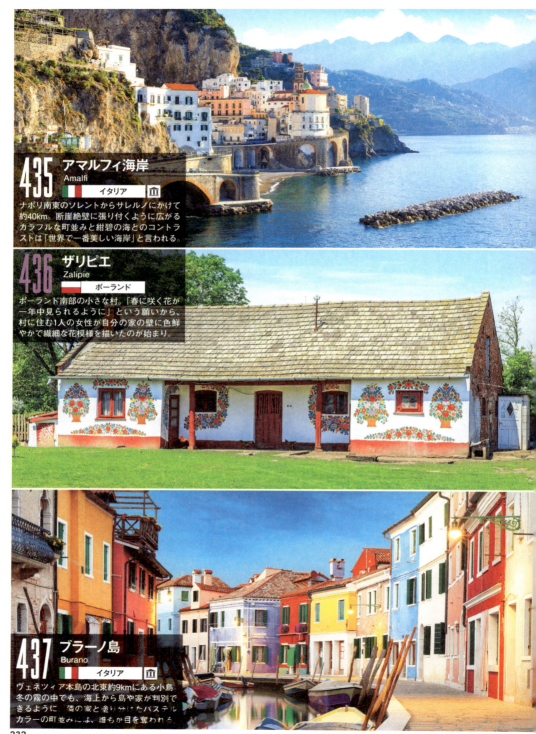

435 アマルフィ海岸
Amalfi

🇮🇹 イタリア 🏛

ナポリ南東のソレントからサレルノにかけて約40km。断崖絶壁に張り付くように広がるカラフルな町並みと紺碧の海とのコントラストは「世界で一番美しい海岸」と言われる。

436 ザリピエ
Zalipie

🇵🇱 ポーランド

ポーランド南部の小さな村。「春に咲く花が一年中見られるように」という願いから、村に住む1人の女性が自分の家の壁に色鮮やかで繊細な花模様を描いたのが始まり。

437 ブラーノ島
Burano

🇮🇹 イタリア 🏛

ヴェネツィア本島の北東約9kmにある小島。冬の霧の中でも、海上から島や家が判別できるように、隣の家と塗り分けたパステルカラーの町並みには、誰もが目を奪われる。

438 コルマール
Colmar
🇫🇷 フランス

中世の面影を残す美しい風景は、ディズニーやジブリ映画『ハウルの動く城』に登場する町並みや建物のモデルにもなっている。

441 シュタイン・アム・ライン
Stein am Rhein
🇨🇭 スイス

建物の外壁をフレスコ画が埋め尽くす「壁画の町」。絵は16〜18世紀に描かれたもの。

439 ヴロツワフ
Wrocław
🇵🇱 ポーランド

1000年の歴史を持つ古都。旧市街を中心に250体以上の妖精の像がある「妖精の町」。

442 ブルージュ
Brugge
🇧🇪 ベルギー

「天井のない美術館」と称される、絵画のような町。運河や赤レンガの家などは中世のまま。

ヨーロッパ2

440 ホッローケー
Hollókő
🇭🇺 ハンガリー

伝統的な生活様式と古民家が残る村。白壁の教会も伝統的な木造建築によるもの。

443 チンクエテッレ
Cinque Terre
🇮🇹 イタリア

リグーリア海岸にある5つの村の総称。海と断崖の間の狭い土地にカラフルな家々が並ぶ。

博物館・美術館
Museum

世界最小の国にある
世界最大級の美術館
イタリア芸術の粋がここに

444 バチカン博物館
Vatican Museums

バチカン

サン・ピエトロ大聖堂の北側に隣接するバチカン宮殿の大部分を占め、500年以上の歴史を持つ巨大な美術館。イタリア美術を中心に歴代の教皇たちが収集した膨大なコレクションを誇る。ミケランジェロの最高傑作「最後の審判」がある「システィーナ礼拝堂」、「ラファエロの間」「ピナコテカ（絵画館）」など20以上のエリアに分かれる。写真は16世紀のイタリア各地の地形図を展示する「地図のギャラリー」。

445 ルーヴル美術館
Louvre Museum

フランス（パリ）

中世から19世紀までの西洋美術、古代文明やイスラム美術の作品など38万点以上を収蔵。『ミロのヴィーナス』や『モナ・リザ』など誰もが知る至宝に出合える。

ヨーロッパ2

446 美術史美術館
Kunsthistorisches Museum Wien

オーストリア（ウィーン）

ハプスブルク家収集の15〜18世紀の絵画や古代エジプト・ローマの美術品を所蔵。ブリューゲル作品は世界最大の規模。階段の間を飾るクリムトの壁画も見逃せない。

447 マウリッツハイス美術館
Mauritshuis

オランダ(デンハーグ)

1822年に王立美術館として開館。フェルメールやレンブラントなど、17〜18世紀のオランダやフランドル地方を代表する芸術家の名画、約800作品を展示する。

448 ベルヴェデーレ宮殿
Belvedere

オーストリア(ウィーン)

サヴォイ公の夏の離宮として建てられた宮殿の上宮。現在はクリムトやエゴン・シーレなどウィーン・モダニズムの画家を中心としたギャラリーとして公開されている。

449 国立美術館
Rijksmuseum

オランダ(アムステルダム)

オランダ最大の美術館。オランダ芸術と歴史の宝庫で、レンブラントやフェルメールなどオランダ芸術黄金時代の主要作品を展示している。写真はレンブラントの『夜警』。

450 プラド美術館
Prado Museum

スペイン（マドリッド）

世界三大美術館の1つ。絵画は初期ルネッサンスから新古典主義まで6000作品以上を収蔵。エル・グレコ、ゴヤ、ベラスケスのスペイン三大巨匠の作品も豊富に揃う。

451 ウフィッツィ美術館
Uffizi Galleries

イタリア（フィレンツェ）

メディチ家が代々収集した膨大な美術品を展示したのが始まり。レオナルド・ダ・ヴィンチ、ミケランジェロ、ボッティチェッリやラファエロなど、ルネッサンスの巨匠の彫刻や名画の宝庫。

452 ピカソ美術館
Picasso museum

スペイン（バルセロナ）

青年時代にバルセロナで過ごしたピカソの、幼少期から老年期まで約4250点もの作品を展示する。建物は14世紀の貴族の館。

453 ゴッホ美術館
Van Gogh Museum

オランダ（アムステルダム）

自画像や「ひまわり」などの傑作を含め世界最大のゴッホのコレクションを収蔵。ゴッホの生涯と業績をたどることができる。

祭り・伝統文化
Festival・Culture

454 クリスマス・マーケット
Weihnachtsmarkt
ドイツ

クリスマスまでの4週間開かれるマーケットは、ドイツの冬の風物詩。ニュルンベルク、ドレスデン、シュトゥットガルトが有名だが、レーゲンスブルクでも5つの市が立つ。

455 オペラ座（オペラ・ガルニエ）
Place de l'Opéra (Palais Garnier)
フランス（パリ）

1875年に完成した歌劇場。ヴェルディやワーグナーのオペラ初演、全盛期のマリア・カラスの出演の場となった。現在はパリ国立オペラバレエ団の本拠地となっている。

絢爛豪華な舞台で繰り広げられるバレエはパリの舞台芸術の華

456 ラ・トマティーナ（トマト投げ祭り）
La Tomatina

スペイン（ブニョール）

バレンシア州の町ブニョールの収穫祭。大量のトマトを誰かれかまわず投げつけ合う。トマトまみれになるために、世界中から参加者が集まる。毎年8月の最終水曜に開催。

457 闘牛
Corrida de Toros

スペイン

中世から続くスペインの国技。獰猛な闘牛と闘牛士が戦うスペクタクル。シーズンは3〜10月頃。

459 ウィーン少年合唱団
Vienna Boys' Choir

オーストリア

1498年の設立。12〜14歳の団員が年間300余の公演で「天使の歌声」を披露している。

458 マリオネット
Marionette

チェコ

チェコの伝統芸能。操り人形の劇で、プラハでは『ドン・ジョヴァンニ』や『魔笛』を鑑賞できる。

460 フラメンコ
Flamenco

スペイン

アンダルシアの伝統的な民族芸能。さまざまな音やリズムで独特の雰囲気を作り上げる。

ヨーロッパ2

崖上の町
Cliff Town

岩肌も一体となった絶壁の上にそびえる中世の小さな町

461 チヴィタ・ディ・バーニョレージョ
Civita di Bagnoregio

イタリア

イタリア中部、ローマから約100kmの町バーニョレージョにそびえ立つ小さな集落チヴィタ。凝灰岩の丘の上にあり、町とは、唯一長さ約300mの橋で繋がっている。黒い地表と凝灰岩の黄土色が交わる絶壁のコントラストに加え、狭く長い橋や中世を思わせる町並みが相まって、独特の絶景を生み出した。雨風の浸食や岸壁の崩壊を繰り返しているうちに、その姿は徐々に破壊されていて、地元出身の作家によって「死にゆく町」と称されている。橋を渡りサンタ・マリア門をくぐると、石畳のコレサンティ広場や16世紀に改築されたロマネスク様式のサン・ドナート教会、遺跡などがあり、すぐ行き止まりに。ここからの眺望も一見の価値あり。町の保全のため、観光客がチヴィタに入るには入場料が必要となる。

462 アルバラシン
Albarracín

スペイン

標高1200m、切り立つ断崖の上にある。城壁に守られた、深いピンクの町並みが続く。

463 ロンダ
Ronda

スペイン

スペインの重要文化財としても認定されている古代都市。壮大な自然と多様な歴史遺産が魅力。

ヨーロッパ2

464 ボニファシオ
Bonifacio
フランス
コルシカ島の最南端、そそり立つ絶壁の上に位置。波で崖下が抉られ不思議な海上村に。

465 クエンカ
Cuenca
スペイン
中世の面影を残す町全体が宙に浮いているようで、幻想的な世界に誘ってくれる。

花
Flower

紫の絨毯を敷いたように
一面に広がるラベンダー畑は
絵に描いたような景色

466 プロヴァンス
La Provence

 フランス

ラベンダーの産地として、世界的に有名な南フランスのプロヴァンス地方。高温多湿に弱いラベンダーが見事に咲くのは、小石の多い土壌で乾燥しやすいこの地方だからこそ。マルセイユ近郊のアプト、ソー、ヴァランソル、ムスティエ・サント・マリーでは、毎年6月中旬〜7月下旬に見頃を迎える。ソーではラベンダーの最終収穫日（8月15日）には、ラベンダーの早摘み大会やパレードで、盛大に収穫を祝う。雄大なラベンダー畑がまるで絵画のような、写真の「ヴァランソル高原」も有名。見渡す限りの紫色の絨毯が広がる光景は、一年のうち夏だけにしか見ることができない特別なものとして、訪れる者を魅了し続けている。

ヨーロッパ2

243

467 アンダルシア
Andalucía
スペイン

スペイン南部のアンダルシア地方は、初夏には至る所でひまわりが満開になる。セビリアからカルモナにかけて広がる一面のひまわり畑は、息をのむ美しさ。見頃は5～6月。

468 ブリュッセル
Brussels
ベルギー

ブリュッセルのグランプラスでは、2年に1度（偶数年）の8月15日から2日間、「フラワーカーペット」を開催。約110m×70mの石畳の広場が華やかな絨毯のように飾られる。

469 キューケンホフ公園
Keukenhof
オランダ(リッセ)

オランダのリッセにある総面積32ヘクタールの世界最大級の花の公園。開園は3月中旬〜5月中旬のみ。4月半ばにはチューリップが満開に。

470 ジェンツァーノ
Genzano
イタリア

キリスト聖体祭のパレードを歓迎するために、1778年から続く花の祭典。教会へ続く道を花びらを敷き詰めて描く絵で彩る。6月の聖体祭直後の日曜日に開催。

ヨーロッパ 2

471 バラの谷
Rose Valley
ブルガリア

バルカン山脈の南に横たわる東西140kmほどの細長い渓谷で、世界的なバラの名産地。5〜6月には咲き誇るバラで谷はピンク色に染まる。中心地のカザンラクでは6月上旬にバラ祭りが開かれ、民族衣装を着た女性達が踊りや歌を披露する。

245

古城・宮殿
Castle・Palace

ブルボン王朝の黄金時代を象徴する華やかな宮廷文化の舞台

472 ヴェルサイユ宮殿
The Palace of Versailles

🇫🇷 フランス 🏛

パリの南西22kmに立つバロック・ロココ建築を代表する宮殿。1624年にルイ13世が狩猟用の館を建てたことに始まり、現在の姿になったのはブルボン王朝の最盛期を築いた「太陽王」ルイ14世の時代。貴族たちの反乱などでパリを嫌ったルイ14世はルーヴル宮殿を離れ、ヴェルサイユの館の増改築に着手。宮廷と政府を移し、以降フランス革命勃発までの約100年間、代々の国王の居宮となった。総面積は2つの離宮がある100万㎡の庭園も含めると800万㎡にも及ぶ。宮殿は本館、北翼と南翼の3棟で構成され、部屋数は全部で700部屋。写真は部屋を埋め尽くす鏡とシャンデリア、天井画で装飾芸術の極みを尽くした「鏡の間」。離宮「プチ・トリアノン」は、外観は新古典主義建築、内装はロココ様式の最高峰。花壇や道、運河で幾何学模様を描いた庭園は、フランス式庭園の最高傑作と名高い。

ヨーロッパ2

247

473 ノイシュヴァンシュタイン城
Neuschwanstein Castle

ドイツ

自然の中に佇む白亜の城。1869年、バイエルンの若き王ルートヴィヒ2世が騎士道への憧憬を具現化すべく築城。内部は心酔したワーグナーのオペラ作品の舞台をモチーフとした装飾を至る所に施した。王の死に伴い工事が中止され、現在も未完のまま。

474 シェーンブルン宮殿
Schönbrunn Palace

オーストリア(ウィーン)

ハプスブルク家の夏の離宮。外観はバロック、内部はロココ様式で1400の部屋があり、現在は約40室を公開。6歳のモーツァルトが演奏した鏡の間や大広間が見物。

475 ヴィランドリー城
Château de Villandry

フランス

16世紀に建てられたルネッサンス様式の城館。庭園は上段「水の庭園」、中段「装飾樹木の庭園」、下段「装飾菜園」と3段で構成。塔やテラスから造形美を堪能できる。

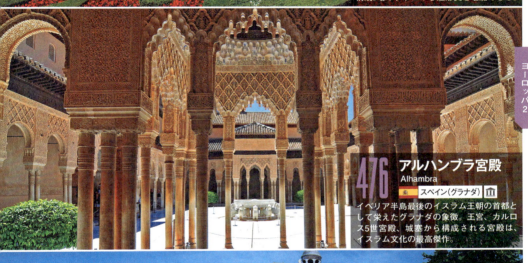

476 アルハンブラ宮殿
Alhambra

スペイン(グラナダ)

イベリア半島最後のイスラム王朝の首都として栄えたグラナダの象徴。王宮、カルロス5世宮殿、城塞から構成される宮殿は、イスラム文化の最高傑作。

477 シャンボール城
Château de Chambord

フランス

フランソワ1世の命で築城が始まり、140年後のルイ14世の時代に完成。フレンチルネッサンス様式で、4つの塔と426の部屋を持つロワール地方最大の城でもある。

ヨーロッパ2

478 サンスーシー宮殿
Sanssouci Palace

ドイツ（ポツダム）

ドイツ・ロココ建築の最高傑作。プロイセン王フリードリヒ2世が30年以上を過ごした離宮で、階段状のブドウ畑とクリームイエローの宮殿が織り成す風景が美しい。

479 アルカサル
Alcázar

スペイン（セゴビア）

岩山にそびえ立つスペイン王室の城。14世紀に建設が始まり、16世紀に完成した。高さの異なる塔が折り重なり複雑なシルエットを描く。『白雪姫』の城のモデル。

480 サンタンジェロ城
Castel Sant'Angelo

イタリア（ローマ）

ハドリアヌス帝の廟として139年に建てられた堅牢な城塞。屋上のテラスからは南はヴェネツィア広場、北はサン・ピエトロ大聖堂が見渡せる。城内に国立博物館もある。

484 ホーエンツォレルン城
Hohenzollern Castle
ドイツ

山上に築かれた孤高の名城。皇帝ヴィルヘルム2世が愛したシュヴァーベンの山野を一望できる。

481 マルボルク城
Malbork Castle
ポーランド

中世ドイツ騎士団が建造した巨大な城塞。レンガ建造物としても城砦としても世界最大の規模。

482 スワローズ・ネスト城
Swallow's Nest
ウクライナ

黒海に面した断崖絶壁に張り出すように立つ小城。現在、城内への入場はできない。

485 ブラン城
Bran Castle
ルーマニア

山中にそびえ立つ14世紀の要塞。小説『ドラキュラ』の主人公、ドラキュラ伯爵の居城のモデル。

ヨーロッパ2

483 ヴィッラ・デステ
Villa d'Este
イタリア(ティヴォリ)

16世紀中頃に豪華な別荘へと改築。趣向を凝らした噴水など、華麗な庭園芸術は必見。

486 アックシュタイン城
Aggstein Castle
オーストリア

ヴァッハウ渓谷に散在する古城の中で、最も有名で特異な城。渓谷とドナウ川の絶景を楽しめる。

251

城塞都市
Citadel City

きらめく蒼い海と
世界遺産の都市が
織り成す造形美

487 ドゥブロヴニク
Dubrovnik

クロアチア

アドリア海に面したクロアチア最南端に位置する、国を代表する観光地。その卓越した美しさから「アドリア海の真珠」と称されている。特に、オレンジ色の屋根瓦で彩られた町並みと、光輝く紺碧の海や断崖絶壁など自然とのコントラストは絶景で、訪れる者を魅了して止まない。約2kmの城壁に囲まれている旧市街は、14世紀から都市国家として発展してきた歴史の面影が色濃く残る、世界遺産の町。石橋を渡り旧市街に一歩足を踏み入れると、そこはまさに中世の世界。大理石のように白く輝く石畳の通り沿いには店が軒を連ね、レクター宮殿、大堂聖やフランシスコ会修道院、ロヴリイェナツ要塞などの歴史的建造物が点在する。高さ25mの城壁は絶好の散歩道で、ここからの町や海の眺めもすばらしい。夜になると城壁がライトアップされ、灯りを映し出す旧港の神秘的な光景も美しい。

488 ヴァレッタ
Valletta

マルタ

マルタの首都。入り組んだ半島に築かれた城塞都市で、海に浮かぶ町の景色は絶景のひと言。16世紀にいた聖ヨハネ騎士団の歴史が残る町全体が、世界遺産に登録されている。

489 パルマノーヴァ
Palmanova

イタリア

町を囲む9角形の星型城壁は、15〜17世紀にトルコの侵略を防ぐために作られたヴェネチア式軍事建築の傑作。中央には6角形の広場があり、町が放物線状に展開。

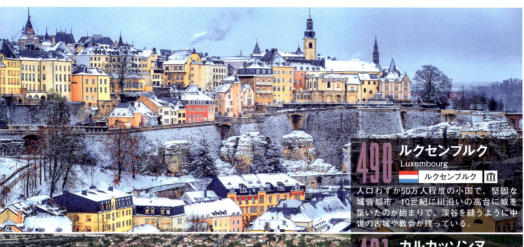

498 ルクセンブルク
Luxembourg
ルクセンブルク

人口わずか50万人程度の小国で、堅固な城砦都市。10世紀に川沿いの高台に城を築いたのが始まりで、渓谷を縫うように中世の古城や教会が残っている。

491 カルカッソンヌ
Carcassonne
フランス

ヨーロッパ最大級の城壁に囲まれた都市。全長3kmにも及ぶ2重の城壁は、美しさと力強さを兼ね備え、夜は幻想的な風景に。城壁の内部も、コンタル城など見どころ多数。

ヨーロッパ2

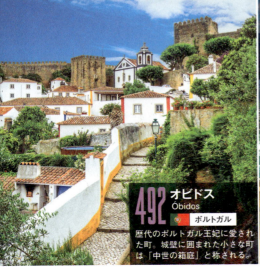

492 オビドス
Óbidos
ポルトガル

歴代のポルトガル王妃に愛された町。城壁に囲まれた小さな町は「中世の箱庭」と称される。

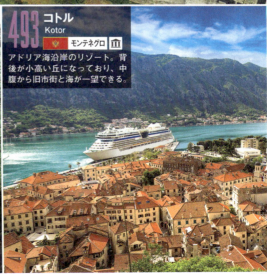

493 コトル
Kotor
モンテネグロ

アドリア海沿岸のリゾート。背後が小高い丘になっており、中腹から旧市街と海が一望できる。

教会
Church

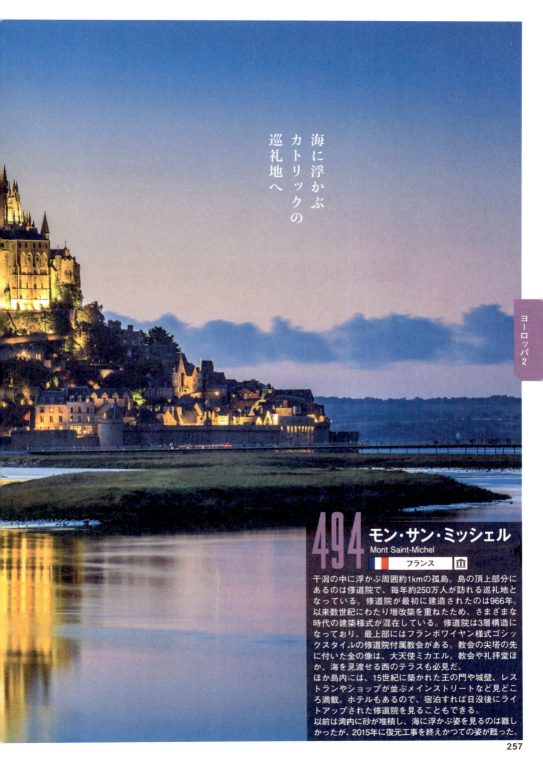

海に浮かぶカトリックの巡礼地へ

ヨーロッパ2

494 モン・サン・ミッシェル
Mont Saint-Michel

フランス

干潟の中に浮かぶ周囲約1kmの孤島。島の頂上部分にあるのは修道院で、毎年約250万人が訪れる巡礼地となっている。修道院が最初に建造されたのは966年。以来数世紀にわたり増改築を重ねたため、さまざまな時代の建築様式が混在している。修道院は3層構造になっており、最上部にはフランボワイヤン様式ゴシックスタイルの修道院付属教会がある。教会の尖塔の先に付いた金の像は、大天使ミカエル。教会や礼拝堂ほか、海を見渡せる西のテラスも必見だ。
ほか島内には、15世紀に築かれた王の門や城壁、レストランやショップが並ぶメインストリートなど見どころ満載。ホテルもあるので、宿泊すれば日没後にライトアップされた修道院を見ることもできる。
以前は湾内に砂が堆積し、海に浮かぶ姿を見るのは難しかったが、2015年に復元工事を終えかつての姿が甦った。

257

495 サン・ピエトロ大聖堂
Saint Peter's Cathedral

バチカン

バチカンにあるカトリックの総本山。イエス・キリストの弟子で、後に初代ローマ教皇となった聖ペテロの墓上に立つ。内部には11の礼拝堂と45の祭壇があり、2万3000㎡の総面積はキリスト教建築物として世界最大。ミケランジェロの設計によるクーポラ（大天蓋）やピエタ像、天井を埋め尽くす繊細なモザイク画など豪華絢爛。

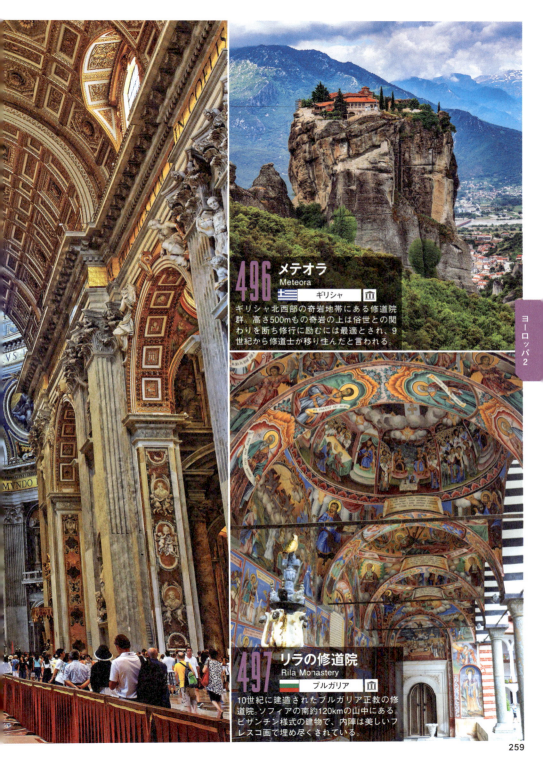

496 メテオラ
Meteora
🇬🇷 ギリシャ

ギリシャ北西部の奇岩地帯にある修道院群。高さ500mもの奇岩の上は俗世との関わりを断ち修行に励むには最適とされ、9世紀から修道士が移り住んだと言われる。

497 リラの修道院
Rila Monastery
🇧🇬 ブルガリア

10世紀に建造されたブルガリア正教の修道院。ソフィアの南約120kmの山中にある。ビザンチン様式の建物で、内陣は美しいフレスコ画で埋め尽くされている。

498 ケルン大聖堂
Cologne Cathedral
ドイツ（ケルン）

「ドム」と呼ばれ親しまれる、ケルンを代表するカトリック教会。1880年の建造で、高さ157m、奥行144mの外観が圧倒的。ステンドグラスのバイエルン窓も見どころ。

499 ヴィース教会
Wies Church
ドイツ

バイエルン州の草原に立つ教会。内部にはヨーロッパで最も美しいと言われるロココ様式の装飾が広がる。涙を流したという伝説が残る、鞭打たれるキリスト像を祀る。

500 サン・テティエンヌ大聖堂
Cathedrale Saint-Étienne
フランス（ブールジュ）

芸術の町ブールジュにある国内最大級の大聖堂で、フライング・バットレスと呼ばれる飛梁や13世紀のステンドグラスなどが見どころ。ブールジュ大聖堂の名称で、ユネスコ世界文化遺産に登録されている。

581 セドレツ納骨堂
Sedlec Ossuary

🇨🇿 チェコ（クトナー・ホラ）

かつてプラハに次ぐ繁栄を誇ったクトナー・ホラにある。見どころは、4万人の骨で装飾された礼拝堂。シャンデリアや聖体顕示台、十字架もすべて骨でできている。

582 サンタ・マリア・デッレ・グラツィエ教会
Church of Santa Maria delle Grazie

🇮🇹 イタリア（ミラノ）

ミラノのマジェンタ通りに立つ教会。レオナルド・ダ・ヴィンチ作の『最後の晩餐』を展示する隣接の修道院食堂とともにユネスコ世界文化遺産。絵画見学は要予約。

ヨーロッパ2

583 聖ヨハネ準司教座聖堂
Saint John's Co-Cathedral

マルタ

1578年にマルタ騎士団によって建てられた。カラヴァッジョの名作『洗礼者ヨハネの斬首』を展示。

584 マーチャーシュ教会
Matthias Church

🇭🇺 ハンガリー（ブダペスト）

イシュトヴァーン1世により創建。シシィことエリザベートとフランツ・ヨーゼフの戴冠式が行われた。

585 シフィドニツァの平和教会
The Church of Peace in Świdnica
🇵🇱 ポーランド 🏛

三十年戦争後に建築を許された数少ないプロテスタント教会で、木造としては欧州最大級。

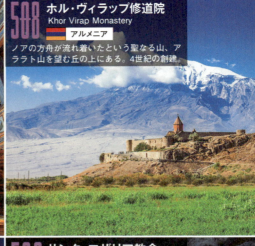

588 ホル・ヴィラップ修道院
Khor Virap Monastery
🇦🇲 アルメニア

ノアの方舟が流れ着いたという聖なる山、アララト山を望む丘の上にある。4世紀の創建。

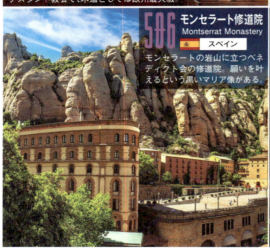

586 モンセラート修道院
Montserrat Monastery
🇪🇸 スペイン

モンセラートの岩山に立つベネディクト会の修道院。願いを叶えるという黒いマリア像がある。

589 サンタ・ロザリア教会
Santuario Santa Rosalia
🇮🇹 イタリア

標高約600mのペッレグリーノ山中腹にある小さな洞窟教会。守護聖女ロザリア像を祀る。

587 サンティアゴ・デ・コンポステーラ大聖堂
Cathedral of Santiago de Compostela
🇪🇸 スペイン 🏛

キリスト教の聖地にあるロマネスク様式の教会。聖ヤコブの像を祀る中央祭壇などがある。

590 ペヤ総主教修道院
Patriarchate of Peć Monastery
コソボ(ペヤ) 🏛

森の中に佇む、中世セルビア王国時代の修道院。内部はフレスコ画に覆われている。

ステンドグラス
Stained Glass

ヨーロッパ2

世界的アーティストが生んだ鮮やかな色彩が印象的

511 聖ヴィート大聖堂
St. Vitus Cathedral

チェコ（プラハ）

プラハ城の中核を成す教会で、チェコの守護聖人である聖ヴァーツラフを祀っている。内部の祭壇や回廊、バラ窓はステンドグラスで埋め尽くされており、中でもチェコを代表する画家・ムハ（ミュシャ）のデザインしたステンドグラスが有名。ステンドグラスには聖ヴァーツラフをはじめスラブ系の聖人たちが描かれており、赤い服の聖ヴァーツラフは、ムハの子供をモデルとしている。

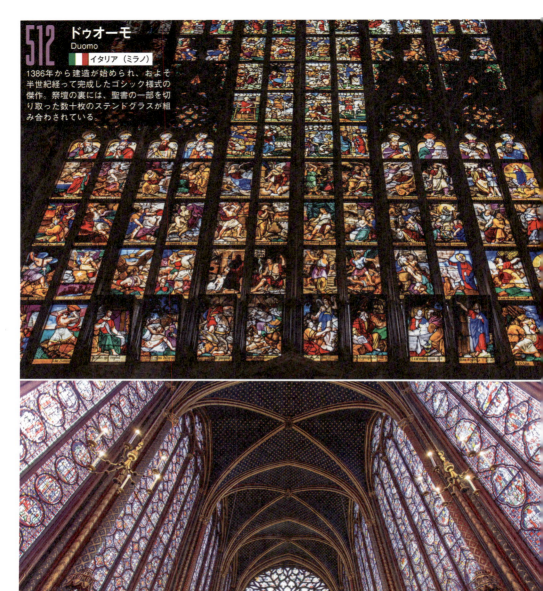

512 ドゥオーモ
Duomo

🇮🇹 イタリア（ミラノ）

1386年から建造が始められ、およそ半世紀経って完成したゴシック様式の傑作。祭壇の裏には、聖書の一部を切り取った数十枚のステンドグラスが組み合わされている。

513 サント・シャペル
Sainte Chapelle

🇫🇷 フランス（パリ）🏛

シテ島にあるゴシック様式の教会。2階にある礼拝堂の壁は、高さ15m、計15枚のステンドグラスで埋め尽くされている。2階の正面ファサードの上部にあるバラ窓にも注目を。

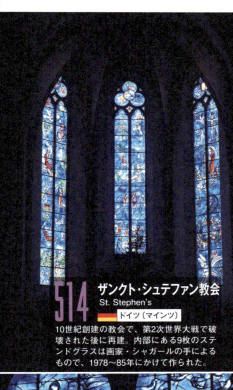

514 ザンクト・シュテファン教会
St. Stephen's
ドイツ（マインツ）

10世紀創建の教会で、第2次世界大戦で破壊された後に再建。内部にある9枚のステンドグラスは画家・シャガールの手によるもので、1978～85年にかけて作られた。

516 シャルトル大聖堂
Chartres Cathedral
フランス（シャルトル）

173枚、2000㎡もものステンドグラスが見もの。ステンドグラスから差し込む青い光は「シャルトル・ブルー」と呼ばれる。各ファサードの上部にあるバラ窓も必見。

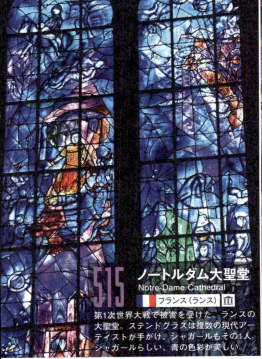

515 ノートルダム大聖堂
Notre-Dame Cathedral
フランス（ランス）

第1次世界大戦で被害を受けた、ランスの大聖堂。ステンドグラスは複数の現代アーティストが手がけ、シャガールもその1人。シャガールらしい、青の色彩が美しい。

517 アーヘン大聖堂
Aachen Cathedral
ドイツ（アーヘン）

ドイツで最初の世界遺産。注目は、カール大帝即位600年を記念した「ガラスの家」と呼ばれる礼拝堂。高さ25mのステンドグラスが壁を覆う様子が美しい。

ガウディ＆コルビュジエ
Gaudi & Corbusier

完成まで300年
天才建築家ガウディの
世界がここに

518 サグラダ・ファミリア
Sagrada Família

🇪🇸 スペイン（バルセロナ） 🏛

バルセロナ出身で唯一無二の建築家、アントニ・ガウディの代表作。1882年から建造が開始され、翌1883年からガウディが引き継いだ。当初は完成まで300年と言われ現在も工事中だが、コンピュータ技術の進化などにより作業期間は大幅に短縮、2026年の完成予定となっている。ファサードの繊細な彫刻や内陣には自然の造形美が生かされており、建物全体がまるで生き物のよう。

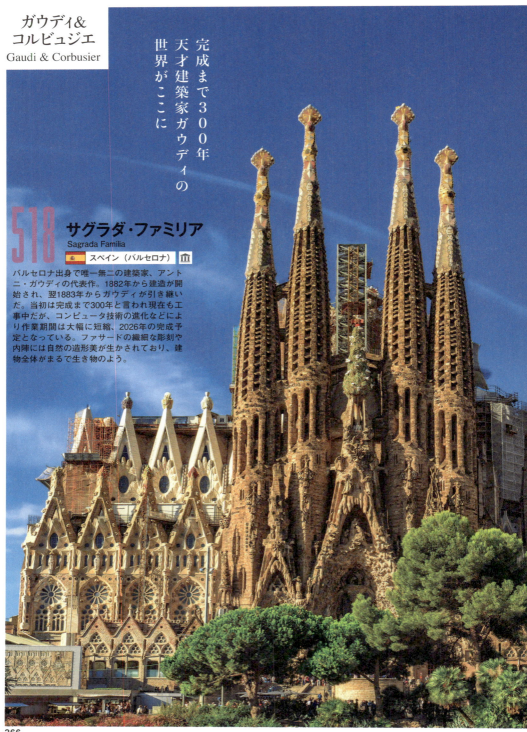

ヨーロッパ2

519 ノートルダム・デュ・オー 礼拝堂
Notre-Dame du Haut Chapel

フランス 🏛

ミース・ファン・デル・ローエ、フランク・ロイド・ライトと並ぶ近代建築三大巨匠の1人、ル・コルビュジエ。通称「ロンシャン礼拝堂」ことノートルダム・デュ・オーは、1955年に完成したコルビュジエ後期の傑作。有機的なカーブを描く屋根を載せたユニークな外観が特徴。内部の窓は大きさも位置もバラバラだが、これはコルビュジエが提唱したモデュロールによる黄金律に基づいている。

520 カサ・ミラ
Casa Milà
🇪🇸 スペイン（バルセロナ） 🏛

ガウディの代表作。実業家ペレ・ミラ夫妻の依頼により建てられた集合住宅。直線を排除し、曲線を多用した外観が特徴で、別名「岩切場（ラ・ペドレラ）」とも呼ばれる。

521 グエル公園
Park Güell
🇪🇸 スペイン（バルセロナ） 🏛

園内のあちこちで見られる粉砕タイルによる装飾は、ガウディならでは。建築当時は分譲住宅を予定していたが売れず、後にバルセロナ市に公園として寄贈された。

522 サヴォア邸
Villa Savoye

フランス 🏛

コルビュジエが提唱した「近代建築の5原則」を体現した邸宅。5原則とは「ピロティ、屋上庭園、自由な平面、水平連続窓、自由なファサード」のこと。完成は1931年。

ヨーロッパ2

523 ラ・トゥーレット修道院
La Tourette Convent

フランス（リヨン）🏛

ロンシャン礼拝堂とほぼ同時期の作品だが、こちらは直線のみを使ったデザインになっている。モデュロールや5原則などコルビュジエ建築の特徴が体現されている。

ブドウ畑
Vineyard

524 ピエモンテ州
Piemonte

イタリア

北部イタリア、アルプスの裾野に広がるピエモンテ州は、ヨーロッパを代表するワインの産地。「イタリアワインの王様」と言われるバローロをはじめ、さまざまなワインがピエモンテ州のワイナリーで造られている。6つの地区が世界遺産に登録されており、特に緩やかな丘を利用したブドウ畑に囲まれたグリンザーネ・カヴール城は必見。

525 トカイ
Tokaj

ハンガリー

山の斜面をブドウ畑の畝が埋め尽くす景観が見られる。フランスのルイ14世が「ワインの王にして王のワイン」と評した貴腐ワイン、トカイ・アスーの産地として有名。

波打つ丘に美しい畑の畝が連続する

ヨーロッパ2

526 ラヴォー地区
Lavaux

スイス

ローザンヌとモントルーの間にあるラヴォー地区は、11世紀から続くワインの産地。ブドウ畑はレマン湖を望む丘の斜面に広がり、鉄道やハイキングなどで回れる。

自然
Nature

528 ブレッド湖
Lake Bled

スロベニア

アルプス山脈の南側、「サニーアルプス」と呼ばれるスロベニアを代表する景勝地。氷河の解け水が溜まった氷河湖で、中央には教会のあるブレッド島が浮かぶ。

エメラルドグリーンの湖の
段差を滝が流れる
クロアチアの宝石

527 プリトヴィツェ湖群国立公園
Plitvice Lakes National Park

クロアチア

面積約300km²の国立公園。16の湖と92の滝が織り成す風光明媚な風景が見られる。園内は最も大きなコジャク湖を境に上湖群と下湖群に分けられ、それぞれ遊歩道を通って散策できる。最も高い所から低い所まで約130mの標高差があり、段々に続く湖の間を結ぶ形で滝が流れている。一帯はカルスト地形となっており、石灰華の湖が美しい。

ヨーロッパ2

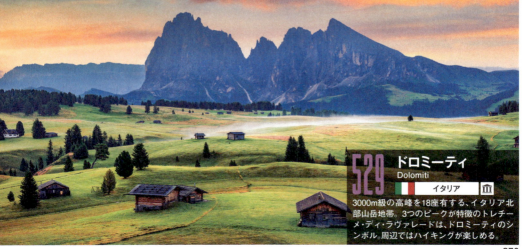

529 ドロミーティ
Dolomiti

イタリア

3000m級の高峰を18座有する、イタリア北部山岳地帯。3つのピークが特徴のトレチーメ・ディ・ラヴァレードは、ドロミーティのシンボル。周辺ではハイキングが楽しめる。

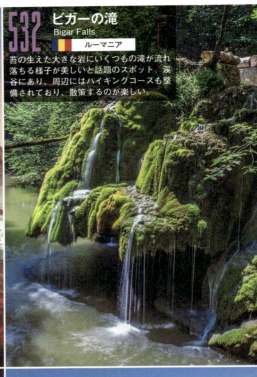

532 ビガーの滝
Bigar Falls
ルーマニア

苔の生えた大きな岩にいくつもの滝が流れ落ちる様子が美しいと話題のスポット。渓谷にあり、周辺にはハイキングコースも整備されており、散策するのが楽しい。

530 マッターホルン
Matterhorn
スイス

スイスを代表する、標高4478mの高峰。尖った山頂がシンボリックで、朝日に当たりオレンジ色に染まる様子は、まさに絶景。拠点は、高原リゾートのツェルマット。

531 ピック・デュ・ミディ
Pic du Midi
フランス

ケーブルカーで行くことのできる標高2877mの展望台。最高峰アネト山をはじめピレネー山脈を大パノラマで望むことができる。歴史ある天文台や宿泊施設を併設。

533 ユングフラウ
Jungfrau
スイス

スイス中部、ベルナー・オーバーラントにある山脈。アイガー、メンヒ、ユングフラウはユングフラウ3山と呼ばれ親しまれている。ハイキングや鉄道で周遊できる。

534 ヘーヴィーズ温泉湖
Themal Lake of Hevíz

ハンガリー

直径約200m、入浴できる湖としては世界最大の温泉湖。湖底から38℃の温泉が湧いている。

535 オフリド
Ohrid

北マケドニア

オフリド湖を望む10〜11世紀にブルガリア帝国の首都として栄えた町。いくつもの教会が残る。

536 ウヴァツ自然保護区
Uvac Nature Reserve

セルビア

セルビアの南西部にある自然保護区。蛇のように蛇行する渓谷が特徴的。絶景が見られるのは、モリトヴァ展望台。メディアにもほとんど登場しない、穴場スポットだ。

ヨーロッパ2

537 モンブラン
Mont Blanc

フランス

「白い山」という名の、標高4810.9mの西ヨーロッパ最高峰。標高約3842mにあるエギーユ・デュ・ミディ展望台からはモンブランやグランド・ジョラスを間近に望める。

275

遺跡
Remain

538 アクロポリス
Acropoliis of Athens
ギリシャ（アテネ）

海抜150mの丘の上に築かれた古代ギリシャの都市国家。聖域や要塞として機能してきた。紀元前8世紀頃から神殿建設が始まるが、ペルシア戦争で破壊される。紀元前5〜4世紀に最盛期を迎え、パルテノン神殿もこの時期に建てられた。長さ約70m、幅約31mの大きさがあり、直径約2mのドーリア式柱が46本立ち並ぶ様子は壮観。ほかにも修復・再建された神殿などが多数ある。

539 スピシュ城
Spis Castle
スロバキア

12世紀に建てられた、山と一体化したような中欧ヨーロッパ最大規模の城塞。政治や文化の中心を担っていた。高原にそびえる様子から「天空の城」と呼ばれる。

古代の人々の信仰を集めた丘の上の都市

ヨーロッパ2

548 セゴビアの水道橋
Aqueduct of Segovia
スペイン

古代ローマの水道橋で紀元1世紀頃に造られた。丘の上にあったセゴビアの町に川から水を引くための導水路で高さは30mに達する。セゴビア旧市街とともに世界遺産に登録。

541 コロッセオ
Colosseo

🇮🇹 イタリア(ローマ) 🏛

ローマ帝国時代の80年頃に完成した円形競技場。建物は長径188m、短径156m、周囲527mの4階建てで、約5万人が収容できたという。1階部分に80カ所の入口があり、1階はドーリア式、2階はイオニア式、3階はコリント式の柱で飾られている。中央の広場では剣闘士の戦いや猛獣との死闘が繰り広げられ、観客を熱狂させた。

542 フォロ・ロマーノ
Foro Romano
イタリア

紀元前6世紀頃から整備が始まり政治・経済の中心として機能した古代ローマの中心的な場所。広大な面積があり、広場を囲むように諸皇帝の神殿や凱旋門、商業施設などが発掘されている。

543 ディロス
Delos
ギリシャ

エーゲ海に浮かぶ、かつてギリシャの商業の中心として栄えた島。巨大な神殿、劇場跡などが残る。

545 ポンペイ
Pompei
イタリア

79年のヴェスヴィオ火山の噴火により、火砕流に埋もれてしまった古代都市。18世紀に発掘された。

544 ハル・サフリエニの地下墳墓
Hal Saflieni Hypogeum
マルタ

紀元前2500年頃の地下墳墓。いくつもの石室からなり、「マルタのヴィーナス」が発掘された。

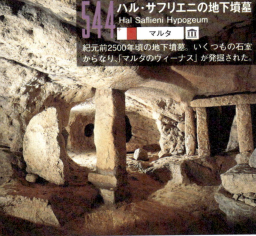

546 ヴィッラ・アドリアーナ
Villa Adriana
イタリア

ローマ皇帝ハドリアヌスが118〜138年に、ローマから約30kmのティボリの丘に建設した別荘。

ヨーロッパ2

279

島、
Island

ギリシャの国旗そのものの白と青の世界

547 サントリーニ島
Santorini

🇬🇷 ギリシャ

エーゲ海にあるサントリーニ島（ティラ島）を中心とした群島。その昔、海底火山の噴火によって生まれた島々で、カルデラを望む外輪山の一部にあたるサントリーニ島は三日月形をしている。カルデラ中央にはパレア・カメニ島やネア・カメニ島が浮かぶ。中心となるのはサントリーニ島の断崖の上にあるフィラ、イメロヴィグリ、イアなど。イアの町は、白壁の家々が斜面に張り付くようにぎっしりと立ち並ぶ独特な景観。白壁にブルーのドーム型の屋根が印象的な聖エクリシア・オノウフリオス教会は、サントリーニ島を代表する風景となっている。町外れのイア要塞からは白い町並みと青い海、世界一と称される夕日を眺められる。

549 ランペドゥーザ島
Lampedusa
イタリア

マルタとチュニジアの中間辺りにある、東西約9km、南北約1.5kmのイタリア領最南端の島。海の透明度が抜群で、船が空中に浮かんでいるように見えることで話題に。

548 ザキントス島
Zakynthos

ギリシャ

イオニア海の最も南に位置する断崖に囲まれた島。崖下にビーチが点在し、青く輝く宝石のようなシップレック・ビーチ（ナバギオ・ビーチ）が最大の見どころ。島の東部にあり、山道を登った展望台から一望できる。北端のスナキリ岬の海辺にある青の洞窟の美しさも格別。青の洞窟や沿岸の景色を楽しみ、シップレック・ビーチへ行く観光船も運航している。

550 イビサ島
Ibiza

スペイン

生物多様性と歴史的背景によるユネスコの複合遺産に登録されている、西地中海に浮かぶ島。美しい海とダンスミュージックの島として知られ、有名なクラブが多数ある。

ヨーロッパ2

551 ガレシュニャク島
Galešhjak
🇭🇷 クロアチア

別名「愛の島」と呼ばれる、アドリア海に浮かぶ小さな無人島。世界で最も美しいハート型と賞賛され、全容はヘリコプター遊覧で見られる。船で上陸することもできる。

552 グレコ岬
Cape Greco
キプロス

地中海に浮かぶ島国キプロスの絶景ビュースポット。海食で削られた崖の上からは底まで透き通ったコバルトブルーの海と、空と海の青が混ざり合う水平線まで大展望が広がる。

553 フヴァル島
Hvar
クロアチア

世界遺産の古都スプリットの沖合いに浮かぶ島の1つ。白い石造りの古い町並みや、城塞に囲まれたオレンジ色の瓦屋根の家々と、アドリア海の青のコントラストが美しい。

556 ロードス島
Rhodes
ギリシャ

古代から貿易港として栄えた。町並みは、中世に聖ヨハネ騎士団が支配した当時のまま。

554 プロチダ島
Procida
イタリア

ナポリ湾に浮かぶ島で、海岸に沿ってカラフルにペイントされた家が積み重なるように並ぶ。

555 マデイラ諸島
Madeira
ポルトガル

ポルトガルから1000km以上離れた海上にある4つの島々。マデイラ島は別名「大西洋の真珠」。

557 マヨルカ島
Mallorca
スペイン

バレアレス諸島で最も大きな島。山岳地帯の豊かな自然と文化的景観の双方が楽しめる。

洞窟
Cave

ひときわ美しい
各地にある
青の洞窟の元祖

558 カプリ島の青の洞窟
Blue Cave in Capri

イタリア

イタリア南部、ナポリの沖約30kmに浮かぶ周囲約17kmのカプリ島。海岸には海食によりできた洞窟がいくつもあり、北側にあるその1つが有名な青の洞窟だ。内部は高さ15m、長さ54m、水深14～22mあり、光が差し込むと目の覚めるような明るいブルーに輝く。この美しい光景をひと目見ようと、世界中から観光客が集まる人気スポット。洞窟へは島の桟橋からモーターボートで近くまで行き、手漕ぎボートに乗り換えて進んでいく。入口は高さ約1mと狭く、波の合間を縫って素早く侵入する。したがって、波の高い日や満潮時には入ることができない。

ヨーロッパ2

559 ヴィエリチカ岩塩坑
Wieliczka Salt Mine
ポーランド

1250年頃から1950年代まで岩塩が採掘されていた坑道。地下約300m、延長約300kmに及び、うち約3kmを一般に公開。シャンデリアからキリスト像まで岩塩の礼拝堂には驚愕する。

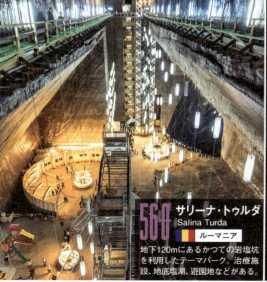

560 サリーナ・トゥルダ
Salina Turda
ルーマニア

地下120mにあるかつての岩塩坑を利用したテーマパーク。治療施設、地底塩湖、遊園地などがある。

561 ドブシンスカ氷穴
Dobšinská Ice Cave
スロバキア

40万年前の氷河期にできた氷の洞窟で全長約1.5km、深さ112m。夏のみ一般公開されている。

562 メリッサニ洞窟
Melissani Cave

ギリシャ

イオニア諸島のケファロニア島にある、洞窟の天井部分が崩壊して現れた地底湖。水面まで長い階段を降り、ボートに乗って神秘的なブルーの湖面を間近に見られる。

563 ポストイナ鍾乳洞
Postojnska Jama

スロベニア

トロッコ列車に乗って観光できる規模の大きな洞窟。地下水脈によりできたもので全長24kmある。

564 ドラック洞窟
Caves of Drag

スペイン

マヨルカ島にあり、洞窟内のマルテル地底湖はヨーロッパ最大。クラシックコンサートが聴ける。

鉄道
Train

565 ベルニナ・エクスプレス
Bernina Express
スイス

スイス東部を走る人気路線でスイスの三大急行の1つ。このベルニナ線とアルブラ線の一部が世界遺産に登録されている。メインルートはクール〜サン・モリッツ〜イタリアのティラノを結び、パノラマ車の車窓にはアルプスの山岳風景や氷河の迫力のある風景が広がる。最高地点は2253mのベルニナ峠で、サン・モリッツ〜ティラノは所要約2時間で1824m下るため、風景の変化も楽しい。

山々を仰ぎ見る世界遺産の山岳鉄道

566 ユングフラウ鉄道
Jungfrau Railway
🇨🇭 スイス

クライネ・シャイデック駅から標高3454mのヨーロッパで最も高いユングフラウヨッホ駅へ登る全長9.3km、所要約35分の登山鉄道。ユングフラウの峰々と氷河の大展望を満喫できる。

567 オリエント・エクスプレス
Orient Express
🇫🇷 フランス
🇮🇹 イタリア

かつてのヨーロッパ大陸横断鉄道。現在はロンドンやパリなどの都市を結ぶベニス・シンプロン・オリエント・エクスプレスなどヨーロッパをはじめ、世界各地で運行されている豪華列車。

ヨーロッパ2

568 ヴッパータール空中鉄道
Wuppertal Suspension Railway
🇩🇪 ドイツ

西部のヴッパータールにある懸垂式モノレール。100年以上の歴史を持ち、現役では最古。

569 ゼメリング鉄道
Semmering Railway
🇦🇹 オーストリア

1854年に運行を開始した世界遺産初の山岳鉄道。ゼメリング峠を越えて豊かな自然の中を走る。

世界の秘境

> COLUMN_84
> ヨーロッパ最後の秘境
> 山懐に抱かれた天空の村

578 ウシュグリ
Ushguli

ジョージア

ウシュグリとは、ロシアとの国境付近に位置する4つの村（ムルクメリ、チャザシ、ジビアニ、チビビアニ）の総称。標高2300m以上、人々が定住する集落としてはヨーロッパ最高所となっている。コーカサス山脈に囲まれた土地には伝統的な石造りの建物が点在する。周辺地域はスヴァネティとも呼ばれ、先住民族のスヴァン人が住んでいる。
ジョージア自体が「ヨーロッパ最後の秘境」と謳っているが、ここはそのジョージアの中でも特別な存在。村へはミニバンで行くことができるが、最後はガードレールもない細い山道を登り、スリル満点だ。

ACCESS 日本から3日

ルート

東京 → 飛行機（経由便）28時間〜 → メスティア → バス3時間 → ウシュグリ

機内＆メスティア泊

秘境度 ★★★★☆

アフリカ
Africa

掲載している国々

モロッコ
アルジェリア
チュニジア
リビア
エジプト
スーダン
エチオピア
ウガンダ
ケニア
タンザニア
セーシェル
モーリシャス
マダガスカル

マラウイ
ザンビア
ジンバブエ
ナミビア
ボツワナ
南アフリカ
カメルーン
コンゴ民主共和国
アンゴラ
マリ
ナイジェリア
セネガル

アフリカ

アフリカ

Africa

エリア別ダイジェストガイド

人類発祥の地であるアフリカは「母なる大地」。北アフリカで悠久の時を超える遺跡を見たり、サバンナで暮らす動物に出合ったり。魂震える体験がめじろ押し。

北アフリカ
North Africa

歴史と文化が残る

ナイル川の豊かな水がエジプト文明を生んだ紀元前3000年の昔より、歴代王朝が建立した神殿や要塞、ピラミッドなど数々の遺跡が残る。北は地中海に面し、紺碧の海が観光客を魅了している。

● 自然

アフリカ大陸の1/3を占めるサハラ砂漠に抱かれ、砂に支配された砂海や山岳地帯など、荒涼とした風景が延々と広がる。地中海に注ぐアフリカ最長のナイル川、海を望む町はリゾートとしても人気だ。

サハラ砂漠はアフリカ大陸最大の砂漠

アフリカ大陸とアラビア半島に挟まれた紺碧の紅海

● 宗教

多くの人々がイスラム教を信仰し、イスラム文化が色濃いエキゾチックな町にはモスクや礼拝堂が立つ。一方ローマ時代の遺跡キリスト教会も残され、中でもシナイ山（エジプト）はモーセが十戒を授かった場所として有名。

カサブランカの海沿いに建つハッサン2世モスクは異教徒でも見学可能

● 北アフリカの国々

モロッコ	アルジェリア	チュニジア
リビア	エジプト	スーダン
南スーダン		

東アフリカ
East Africa

動物たちの楽園の国々

果てしない草原にアカシアが生え、キリンが闊歩し、シマウマが草を食む。多くの人々がイメージする「アフリカの光景」が見られるのが東アフリカのサバンナ。まさに野生王国と言われるエリアだ。

● 自然

さまざまな野生動物が暮らす草原の光景は、動物大陸アフリカの象徴。内陸部の山岳地帯はナイル川の水源地で深い緑に恵まれ、また南部ではビクトリアの滝のダイナミックな流れが轟く。壮大な自然を有する。

東アフリカは大陸最大の野生動物王国

水煙を上げて流れ落ちるビクトリアの滝

● 宗教

植民地時代に広まったキリスト教が多くの国々で広く信仰されている。一方ソマリアはイスラム教徒が大多数を占め、アラブの文化が海から伝わる海岸地方にもイスラム教徒は多い。

エチオピアのラリベラ岩窟教会は現在も信仰者が祈りにやってくる

● 東アフリカの国々

エリトリア	ジブチ	エチオピア
ウガンダ	ケニア	ソマリア
タンザニア	ルワンダ	ブルンジ
モザンビーク	セーシェル	モーリシャス
マダガスカル	コモロ	マラウイ
ザンビア	ジンバブエ	カーボベルデ

芋類やバナナの練り物フフは中部アフリカの主食

クレオパトラが愛した野菜モロヘイヤはスープにするのが主流

アフリカ原産の淡水魚ティラピアは塩焼きが美味

スワヒリ語で焼いた肉を表すケニアのニャマ・チョマ。中でもヤギが人気

南アフリカ風ミートローフ、ボボティー。各国のスパイスを多用する

炊き込みご飯ピラウはタンザニアの庶民の味

南部アフリカ
South Africa

自然絶景のオンパレード
野生動物が暮らす草原や大渓谷、砂漠などの大自然はもちろんのこと、ワイン農園やカラフルな町並みなど豊かな文化がもたらす風景も目を楽しませてくれる。観光がしやすいのも魅力だ。

● 自然
砂漠や三大渓谷、最大級の内陸湿原などアフリカらしいダイナミックな自然が楽しめ、一見不毛な砂漠地帯にも野生動物が息づく。

ナミブ砂漠のデッドフレイ

● 宗教
さまざまなルーツを持つ人々が暮らすメルティングポット(るつぼ)で、信仰される宗教もキリスト教、ヒンドゥー教、イスラム教など多岐にわたる。

ケープ・タウンのカトリック教会

● 南部アフリカの国々

ナミビア		ボツワナ	
南アフリカ		レソト	
エスワティニ			

中部アフリカ
Central Africa

多様な自然景観
コンゴ盆地や山岳地帯、森、サバンナなどさまざまな自然の顔を持つ中部アフリカの見どころは、奇妙な岩山や煮えたぎる溶岩など火山が生み出した風景だ。

● 中部アフリカの国々

チャド	中央アフリカ	カメルーン
赤道ギニア	ガボン	コンゴ共和国
コンゴ民主共和国	アンゴラ	サントメ・プリンシペ

西アフリカ
West Africa

歴史的見どころ多数
8世紀頃から数々の王朝が繁栄しては滅び、歴史を刻んできた西アフリカ。世界最大の泥のモスクや近代に建てられた黄金のドームなどが見どころ。

● 西アフリカの国々

モーリタニア	マリ	ニジェール
ナイジェリア	ベナン	トーゴ
ブルキナファソ	ガーナ	コートジボワール
リベリア	シエラレオネ	ギニア
ギニアビサウ	ガンビア	セネガル

アフリカ 絶景リスト
[全90カ所]
INDEX 571-660

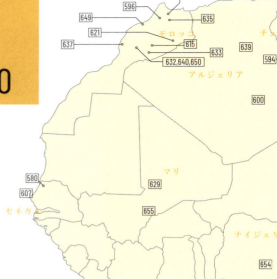

モロッコ
- 596 ヴォルビリス
- 615 トドラ渓谷
- 621 サハラ砂漠
- 631 シャウエン
- 632 マラケシュ
- 633 アイト・ベン・ハッドゥ
- 635 フェズ
- 637 エッサウィラ
- 640 リヤド
- 649 ハッサン2世モスク
- 650 マジョレル庭園

アルジェリア
- 600 タッシリ・ナジェール
- 639 ムザブの谷

チュニジア
- 598 エル・ジェム
- 599 カルタゴ
- 634 マトマタ
- 656 シディ・ブ・サイド

セネガル
- 580 ジュッジ国立鳥類保護区
- 607 ラック・ローズ

マリ
- 629 トゥアレグ族
- 655 泥のモスク

リビア
- 594 レプティス・マグナ

ナイジェリア
- 654 アブジャ国立モスク

カメルーン
- 617 ルムシキ

エジプト
- 588 ギザの三大ピラミッド
- 589 ルクソール神殿
- 590 エドフ神殿
- 591 アブ・シンベル神殿
- 592 スフィンクス
- 593 ハトシェプスト女王葬祭殿
- 609 シナイ山(ガバル・ムーサ)
- 616 ナイル川
- 623 白砂漠
- 636 カイロ
- 651 アル・サハバ・モスク
- 652 聖カタリーナ修道院
- 657 ダハブ

スーダン
- 597 ゲベル・バルカル

エチオピア
- 581 シミエン国立公園
- 595 ラリベラ
- 606 ダロール
- 627 ハマル族、バンナ族
- 628 ムルシ族
- 630 ドルゼ族
- 653 ファジル・ゲビ
- 660 アブナ・イエマタ教会

ウガンダ
- 585 ブウィンディ原生国立公園
- 586 クイーン・エリザベス国立公園

ケニア
- 573 アンボセリ国立公園
- 577 マサイ・マラ国立保護区
- 582 グレート・リフト・バレーの湖群
- 625 マサイ族
- 642 ジラフ・マナー・ホテル
- 648 キベラ・スラム

タンザニア
- 571 セレンゲティ国立公園
- 587 ンゴロンゴロ保全地域
- 613 キリマンジャロ
- 625 マサイ族
- 638 ストーンタウン
- 641 ロック・レストラン
- 658 ザンジバル島

動物
Animal

空前のスケールで行われるヌーの大移動

571 セレンゲティ国立公園
Serengeti National Park

タンザニア

ドキュメント番組や映画でも知られる「ヌーの大移動」の舞台。ヌーはセレンゲティ国立公園からケニアのマサイマラ国立保護区へと、草を求めて毎年1年かけて一周している。その距離は約1600km。途中グルメティ川ではクロコダイルが行く手を阻み、陸ではライオンの群れが待ち構える決死の大移動だ。川渡りで溺死するヌーも少なくないが、大雨季前の出産期には、セレンゲティの南部で1日最大8000頭ものヌーが誕生する。大移動を追いかけるツアーはマサイマラ国立保護区に到着する7〜9月がピーク。マラ川を渡るヌーを待ち構えるサファリカーがズラリと並ぶ日も少なくない。観光客は園内の豪華ロッジに宿泊しながら、サファリツアーへと出かける。ロッジはセレンゲティの中心であるセロネラに点在し、周辺は豊かな環境に恵まれ野生動物も多い。南に広がる草原には『ライオンキング』のプライドロックのような岩山コピエが点在し、マサイ族の壁画が見られる。

アフリカ

572 クルーガー国立公園
Kruger National Park

南アフリカ

約1万9000km²の広大な国立公園で、西側には私設保護区が広がる。ライオン、ゾウ、バッファロー、ヒョウ、サイの通称ビッグ5が見られ、草食獣や小動物を含め150種の生物が生息する。

573 アンボセリ国立公園
Amboseli National Park

ケニア

文豪ヘミングウェイが『キリマンジャロの雪』の草稿を書いた所として知られる。山の雪解け水から成る湿原地帯が多くの動物を惹きつける。キリマンジャロをバックに動物が佇む風景は、唯一無二。

574 オカバンゴ湿地帯
Okavango Delta

ボツワナ

水源は隣国アンゴラの高原。豊かな水がアフリカ大陸最大の内陸デルタ（大湿原）を形成し、多種多様な動物の命を育む。モコロと呼ばれるカヌーで湿原を巡るツアーが人気。

575 ベレンティ保護区
Berenty Reserve

マダガスカル

マダガスカル固有のキツネザルが生息する保護区。横跳びして移動するヴェローシファカや尻尾のシマ模様が目立つワオキツネザルが観光客の人気を集めている。

アフリカ

576 チョベ国立公園
Chobe National Park

ボツワナ

ゾウの生息数はアフリカNo.1。国立公園の北を流れるチョベ川に動物が集まり、ボートサファリでは川の中州の草を求めてアフリカゾウが川渡りをする光景が見られる。

301

577 マサイ・マラ国立保護区
Masai Mara National Reserve
ケニア

タンザニアのセレンゲティへと続く草原。ライオンやチーター、キリンなどケニアに生息するほとんどの野生動物が見られ、ケニアで最も多くの観光客が集まる保護区。

578 ボルダーズ海岸
Boulders Beach
南アフリカ

ケープペンギンの生息地。保全区域のビーチにはトレイルが敷かれており見学が可能。

580 ジュッジ国立鳥類保護区
Djoudj National Bird Sanctuary
セネガル

セネガル川河口の湿地帯。ヨーロッパや東アフリカから越冬しに300万羽以上の鳥が飛来。

579 マナプールズ国立公園
Mana Pools National Park
ジンバブエ

ザンベジ川の中流にできた4つの湖。カヌーツアーでカバやゾウ、ライオンなどに会える。

581 シミエン国立公園
Simien National Park
エチオピア

シミエン山地を抱く国立公園。ゲラダヒヒや希少種ワリアアイベックスが生息している。

582 グレート・リフト・バレーの湖群
Great Rift Valley

ケニア

アフリカ大陸の裂け目、大地溝帯の谷底にできた湖群。フラミンゴなどの水鳥が集まる。

583 マラウイ湖国立公園
Lake Malawi National Park

マラウイ

透明度の高い淡水湖。多様な進化を見せるシクリッドや貴重な固有種が数多く生息する。

584 ケープ・クロス
Cape Cross Seal Reserve

ナミビア

ナミビアの西海岸。ミナミアフリカオットセイが出産と子育てをする、世界最大の繁殖地。

585 ブウィンディ原生国立公園
Bwindi Impenetrable National Park

ウガンダ

東アフリカの山岳地帯に暮らすマウンテンゴリラの保護地。1グループ6人まで見学が可能。

586 クイーン・エリザベス国立公園
Queen Elizabeth National Park

ウガンダ

2つの湖を結ぶ水路があり、水路では水鳥、陸では固有種ウガンダコーブなどが見られる。

587 ンゴロンゴロ保全地域
Ngorongoro Conservation Area

タンザニア

世界最大級のクレーターを有する保護区。火山口の内部は野生動物の楽園となっている。

アフリカ

遺跡
Remain

5000年を超える時代の王たちの巨大な墳墓

588 ギザの三大ピラミッド
Great Pyramid of Giza

エジプト

古代エジプトのファラオ（王）達が眠るピラミッド。数多く残るピラミッドの中で、カイロ西南のギザにそびえるクフ王、カフラー王、メンカウラー王の3基は、「三大ピラミッド」と称され、多くの観光客を魅了している。建立はエジプト第四王朝時代の紀元前2500年頃。平均2.5トンもある石灰岩を230万〜270万個積み重ねて作られており、その高さは最大のクフ王のもので約138m（完成当時は約146m）、幅は約230mになる。一番小さなメンカウラー王のものでも高さ65m（完成当時は66m）に及ぶ。3基のピラミッドの周りには王妃のピラミッドや初期王朝のマスタバ墳墓、参道なども残されており、一帯は複合的な墓群となっている。カフラー王のピラミッドに続く参道の入口にはスフィンクスが鎮座する。夜にはライトアップされ、レーザー光線や効果音などを駆使して古代エジプトの歴史が語られるショーが開催される。

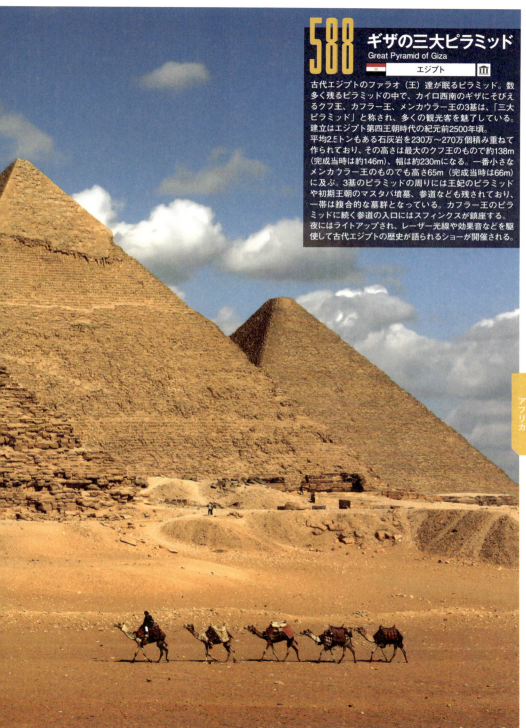

アフリカ

589 ルクソール神殿
Luxor Temple

エジプト

ナイル川の東岸の町ルクソールに立つカルナック神殿の副神殿。いずれもアメン神を祀る神殿で、かつて2つの神殿は参道で結ばれていた。

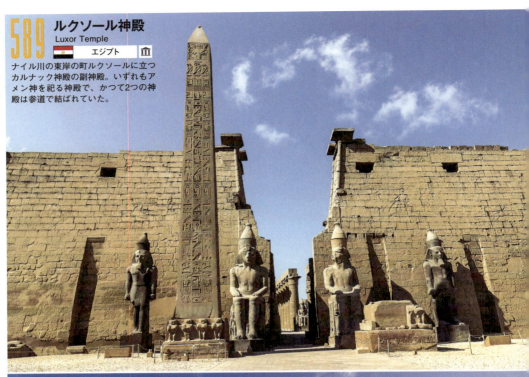

590 エドフ神殿
Temple of Edfu

エジプト

エジプト神話に登場するハヤブサの神「ホルス」に捧げられた神殿。巨大な塔門は高さ36m。長年土砂に埋もれていたが、1700年末に発見され現在の姿に甦っている。

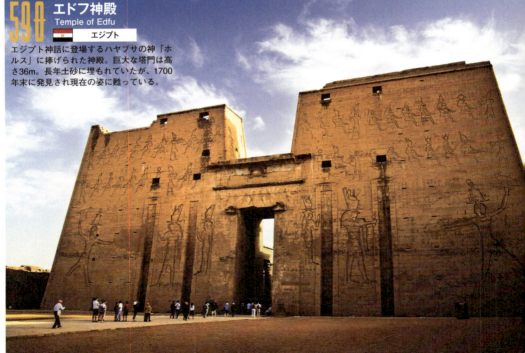

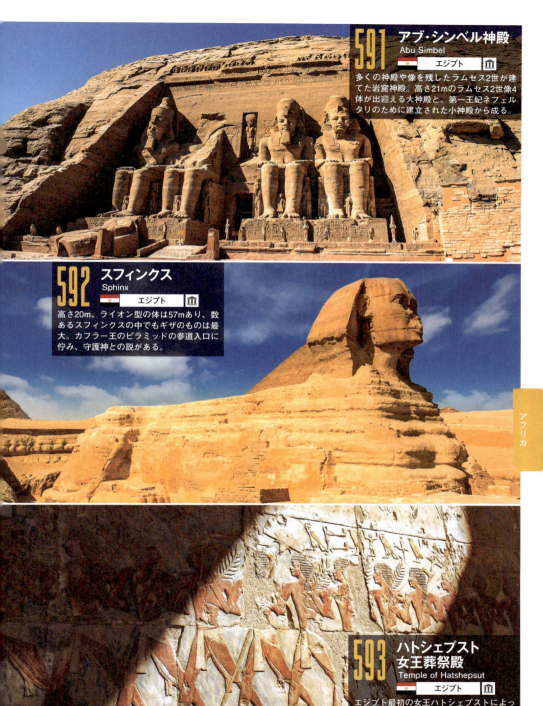

591 アブ・シンベル神殿
Abu Simbel

エジプト

多くの神殿や像を残したラムセス2世が建てた岩窟神殿。高さ21mのラムセス2世像4体が出迎える大神殿と、第一王妃ネフェルタリのために建立された小神殿から成る。

592 スフィンクス
Sphinx

エジプト

高さ20m、ライオン型の体は57mあり、数あるスフィンクスの中でもギザのものは最大。カフラー王のピラミッドの参道入口に佇み、守護神との説がある。

593 ハトシェプスト女王葬祭殿
Temple of Hatshepsut

エジプト

エジプト最初の女王ハトシェプストによって建立された祭殿。切り立った断崖をバックに建てられた壮大な神殿で、つけ髭をした女王のオシリス柱が祀られる。

アフリカ

307

594 レプティス・マグナ
Leptis Magna
リビア

地中海の交易中継地として栄えた古代都市。1921年に発見されるまで砂に埋もれていた。ローマ時代の栄華の象徴である凱旋門、円形劇場などが残されている。

595 ラリベラ
Lalibela
エチオピア

標高2600mを超える高地に築かれたエチオピア正教の聖地。大地を深く掘り下げて作られた岩窟教会で、現在でも世界中から多くの信仰者たちが巡礼にやってくる。

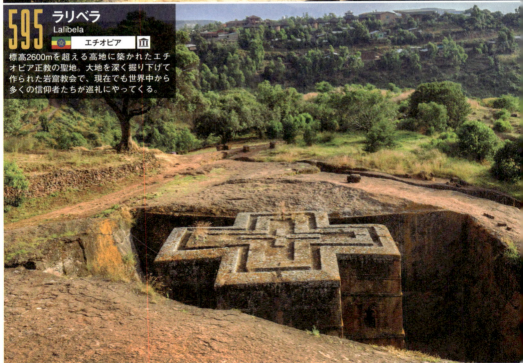

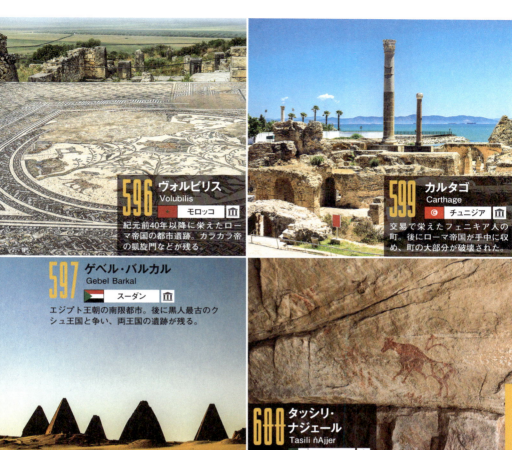

596 ヴォルビリス Volubilis 🇲🇦 モロッコ
紀元前40年以降に栄えたローマ帝国の都市遺跡。カラカラ帝の凱旋門などが残る。

597 ゲベル・バルカル Gebel Barkal 🇸🇩 スーダン
エジプト王朝の南限都市。後に黒人最古のクシュ王国と争い、両王国の遺跡が残る。

598 エル・ジェム El Djem 🇹🇳 チュニジア
オリーブの栽培で栄えた古代都市遺跡。世界で3番目の大きさを誇る円形闘技場が繁栄を象徴。

599 カルタゴ Carthage 🇹🇳 チュニジア
交易で栄えたフェニキア人の町。後にローマ帝国が手中に収め、町の大部分が破壊された。

600 タッシリ・ナジェール Tasili ńAjjer 🇩🇿 アルジェリア
砂漠の岩山地帯だが、ゾウやワニの壁画が、かつてここが肥沃な大地であったことを物語る。

601 グレート・ジンバブエ遺跡 Great Zimbabwe 🇿🇼 ジンバブエ
花崗岩を緻密に積み上げ、高度な技術で作られた石造建築物。今も未解明が多い遺跡。

アフリカ

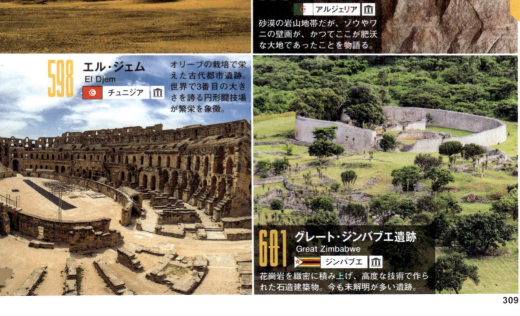

自然
Nature

轟音の濁流が
大地の裂け目に
落ち込んでいく

682 ビクトリアの滝
Victoria Falls

ザンビア
ジンバブエ

滝幅1.7km、落差最大108m。世界三大瀑布の1つに数えられるこの滝は、地元では水量の多さと迫力から、(Mosi Oa Tunya=雷鳴の轟く滝)と呼ばれてきた。アフリカ探検家デビッド・リビングストンによって発見されたのは1855年。イギリス女王に因んで英名はビクトリア滝と名付けられた。滝に上がる水煙で虹が発生するが、満月の夜には月明かりで虹が浮かぶルナレインボーが見られる。

603 バオバブの並木道
Avenue of the Baobabs

マダガスカル

サン・テグジュペリの物語『星の王子様』で有名な巨木バオバブ。この奇妙な木が群生する並木は、マダガスカルの西部ムルンダバにある。木は高さ最大50m、直径15m、樹齢1000年を超える長老。四方に広がって伸びた枝が根のように見えるため、「巨人が木を引っこ抜いて、逆さまに突っ込んだ」と語られている。木のシルエットが映えるサンセットタイムに訪れる人も多い。

アフリカ

684 ナマクワランド
Namaqualand
南アフリカ

南アフリカの西海岸沿いに広がるナマクワランドは半砂漠地帯。春になるとワイルドフラワーが一斉に咲き乱れ、大地が華やかに染まる。年に1度しか見られない光景だ。

685 海の滝
Underwater Waterfall
モーリシャス

海から流れ落ちる滝。この不思議な光景はトリックアートのように、角度や潮の流れなどによって偶然見られる錯覚。ヘリコプター遊覧で見ることができる。

606 ダロール
Dallol
エチオピア

水蒸気爆発によってできたクレーターで、海抜マイナス約45mに位置する。強酸性で緑色の泉、酸化鉄で赤く染まる大地などが見られる。夏は最高50℃を超える。

607 ラック・ローズ
Lac Rose
セネガル

セネガルの海岸沿いにあるピンクに染まる湖。色の秘密は強度の塩水に育つ藻「ドナリエラ・サリナ」が発する色素。特に乾季、水位が下がると色濃く染まる。

608 ニーラゴンゴ山
Mount Nyiragongo
コンゴ民主共和国

世界最大の溶岩湖を抱いた活火山。2002年の噴火は麓の住民35万人が避難を強いられた大噴火だった。マウンテンゴリラの生息で知られるヴィルンガ国立公園に属する。

アフリカ

615 トドラ渓谷
Todgha Gorge
モロッコ

オートアトラス山脈を流れるトドラ川の浸食でできた渓谷。断崖の高さは最大200mになる。

618 フィンボス
Fynbos
南アフリカ

ケープ地方に広がる灌木群生地。多様な植物が自生するケープ植物区保護地域群に属する。

616 ナイル川
The Nile
エジプト

古代エジプト文明を育んだアフリカ最長の大河。エジプトでデルタを形成し地中海に注ぐ。

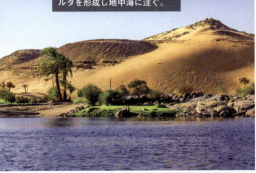

619 ミラドゥーロ・ダ・ルーア
Miradouro da Lua
アンゴラ

奇妙な形に侵食した断崖が地層によって何色にも彩られる。自然が作り出した芸術。

617 ルムシキ
Roumsiki
カメルーン

マンダラ山の火山活動によってできた奇妙な岩群地帯。そそり立つ岩は1000m近いものも。

620 ブライデ・リバー・キャニオン自然保護区
Blyde River Canyon Nature Reserve
南アフリカ

世界三大渓谷の1つ。パノラマルートという風光明媚なドライブコースに展望台がある。

砂漠
Desert

美しきサハラ
どこまでも広がる
世界最大の砂漠

621 サハラ砂漠
The Sahara

モロッコ

アラビア語で"荒野"を意味するサハラは、アフリカ北部の11の国にまたがる世界最大の砂漠。アフリカ大陸の1/3を占めている。文字通り荒涼とした世界が東西に5600km、南北に1700km広がっている。年間の降雨量は環境にもよるが平均して200mm程度。しかしわずかな水を地下に溜め込みオアシスを作り出し、水が豊かなエリアでは独自の文明を育んできた。一般的な砂漠のイメージである、風が砂紋を描き、砂丘を作り出す砂海ばかりでなく、岩石で形成された山岳地帯、レグと呼ばれる礫の平原、涸れ川の谷など自然の表情は意外なほど豊かだ。
ワルザザートやメルズーガなど砂漠の中の町を回り、日帰りツアーに参加するほか、マラケシュ発の2泊3日ツアーも人気がある。ラクダに乗って砂漠を行くキャメルライド、砂漠にテントを張り一夜を過ごす星空ツアー、サンセットやサンライズを堪能するツアーなど砂漠での楽しみは尽きない。

アフリカ

622 デッドフレイ
Deadvlei

ナミビア

死の沼と名付けられたデッドフレイはナミブ砂漠の見どころの1つ。高さ300m級の砂丘の谷底は白く干上がり、枯れた木々は微生物すら寄生できずにミイラ化している。
朝の光が白い大地と砂丘の境目に差したとき、日が当たっていない大地は青黒く、朝日を浴びた砂丘はオレンジに輝き、まばゆいコントラストを見せる。絵画のようなその光景は絶景としてあまりにも有名だ。

623 白砂漠
White Desert

エジプト

白い砂に覆われた大地と自然のいたずらでできた奇妙な形の岩が見られるのは、カイロのおよそ300km南西。星空の下で野宿をするツアーが人気で、夜には白いキツネ、フェネックが現れる。

624 ナミブ砂漠（ソッサスフレイ）
Namib Desert (Sossusvlei)

ナミビア

世界最古の砂漠。東西に約160km、南北約1200kmにも広がるが、観光客の多くが目指すソッサスフレイはわずかな水を溜める地域。砂丘の麓に緑も見られる。

アフリカ

少数民族
Tribe

動物とともに生きる
誇り高き
アフリカ遊牧部族

625 マサイ族
Masai

ケニア
タンザニア

東アフリカの草原で暮らす遊牧の民。男性は草原の緑に映える赤い布をまとい、跳躍のダンスを踊る。高くジャンプできる男性ほど魅力的とされ、女性達は歌声で美しさを競い、独特のコブシを響かせる。牛の糞と泥を固めた家を円形に並べて建て、中で牛を飼う。建て替えしやすい家は遊牧を行うマサイ文化の特徴だが、近年は定住するようになってきた。

626 ヒンバ族
Himba

ナミビア

ナミビア北部の乾燥地帯で暮らす「世界で最も美しい民族」と称されるヒンバ族。赤土と牛の脂を固めたオカと呼ばれるファンデーションで全身を赤褐色に染める。

627 ハマル族、バンナ族
Hamer, Banna

エチオピア

エチオピア南西部のオモ川沿いで牧畜を営む少数民族。男女ともに髪を赤土で固める。男子成人の儀式では、4頭並べた牛の背に上り、4往復するブルジャンプが慣わし。

アフリカ

628 ムルシ族
Mursi

🇪🇹 エチオピア

大きな皿を下唇に挟んだ女性の姿が印象的なムルシ族。この風習の歴史は奴隷貿易時代に遡る。美しい女性達が奴隷として売られていくため、自らを醜く見せることでそれを避けたのが始まりだという。皿が大きいほど美しいとされているが、近年エチオピア政府がこの風習をやめるよう促している。生活は一族単位で集まり、トウモロコシ栽培、牧畜を営む。

629 トゥアレグ族
Tuareg

マリ

サハラ砂漠に暮らす遊牧民。男性が羽織る青い衣装が砂漠に映え、「青衣の民」と呼ばれる。イスラム教では珍しく男性が全身を覆い隠し、女性の地位は高い。

630 ドルゼ族
Dorze

エチオピア

エチオピア南部ガモ高原に暮らす民族。編む技術はドルゼの人々の生活の基盤となっており、綿で糸を紡ぎ、布を織って生計を立てている。

アフリカ

古都
Old Town

ファンタジーの世界のような幻想的な青き町

631 シャウエン
Chefchaouen

モロッコ

リフ山脈に築かれた青い町。かつてスペインを追われたユダヤ人が移り住み、その後イスラムの支配のもと400年間異教徒の立ち入りを禁止していた。
家の外壁は青く染められ、色鮮やかな花を植えたテラコッタが飾られている。狭い路地はラビリンスのように入り組み、まるでおとぎ話の世界に入り込んだようだと、近年多くの観光客を惹きつけている。

632 マラケシュ
Marrakesh

モロッコ

11世紀、ムラービト朝時代に建設された、モロッコを代表する観光都市。城壁の中には迷路のように入り組んだメディナ（旧市街）が広がり、中心にあるのがかつて処刑場だったジャマ・エル・フナ広場。昼は露店や大道芸人が観光客を楽しませ、夜には屋台が並びフォトジェニック。メディナの一角はスークという露店街となっており、モロッコならではの民芸品が並び楽しい。

アフリカ

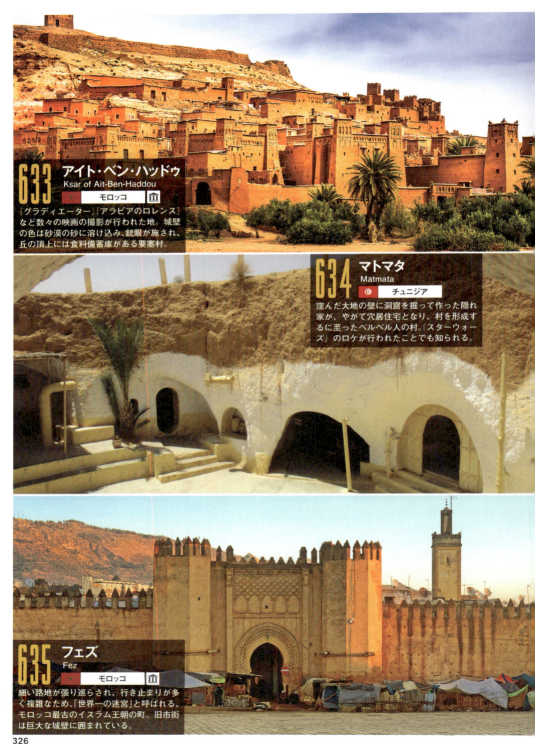

633 アイト・ベン・ハッドゥ
Ksar of Ait-Ben-Haddou

モロッコ

『グラディエーター』『アラビアのロレンス』など数々の映画の撮影が行われた地。城壁の色は砂漠の砂に溶け込み、銃眼が施され、丘の頂上には食料備蓄庫がある要塞村。

634 マトマタ
Matmata

チュニジア

窪んだ大地の壁に洞窟を掘って作った隠れ家が、やがて穴居住宅となり、村を形成するに至ったベルベル人の村。『スターウォーズ』のロケが行われたことでも知られる。

635 フェズ
Fez

モロッコ

細い路地が張り巡らされ、行き止まりが多く複雑なため、「世界一の迷宮」と呼ばれる、モロッコ最古のイスラム王朝の町。旧市街は巨大な城壁に囲まれている。

636 カイロ
Cairo
エジプト

ナイル川の河口に位置するエジプトの首都。モスクが多く立つ旧市街、官公庁舎が置かれ経済的中心地の新市街、コプト（キリスト教）の教会が立つオールドカイロから成る。

637 エッサウィラ
Essaouira
モロッコ

フランス人建築家の設計で築かれた要塞に守られた港町。紺碧の海、青い空に映える白壁が美しく、多くの芸術家やミュージシャンが訪れる。新婚旅行で訪れるモロッコ人も多い。

638 ストーンタウン
Stone Town
タンザニア

サンゴの岩で作られた家々がひしめき合って並ぶ。スワヒリ文化が色濃く表れる町。

639 ムザブの谷
M'zab Valley
アルジェリア

迫害から逃れてきた異端のイスラム教徒たちが、砂漠に井戸を掘り作り上げた村。

アフリカ

327

話題
Topic

640 リヤド
Riad
🇲🇦 モロッコ

植物や水場がある庭を取り囲む形で建てられたモロッコの邸宅がリヤド。マラケシュ、フェズなどの旧市街に多く、観光客向けに改築したゲストハウスが注目を集めている。なかでも「リヤド・ヤスミン」は、エメラルドグリーンのプールが写真映えすると人気に。

641 ロック・レストラン
The Rock Restaurant
🇹🇿 タンザニア

白いビーチが続くインド洋にぽっかり浮かぶレストラン。ザンジバル島の東側海岸に立ち、店内へは小さな渡し船で向かうが、引き潮時は歩ける。メニューはイタリア料理。

642 ジラフ・マナー・ホテル
Giraffe Manor

ケニア

ケニアの首都ナイロビ郊外の高級住宅地に立つ、イギリス植民地時代のお屋敷風ホテル。絶滅危惧種に指定されるロスチャイルドキリンを保護しており、宿泊者はホテルのテラスから餌やりを体験することができ、朝食会場には本物のキリンが遊びに来る。

アフリカ

643 ワインランド
Winelands

南アフリカ

ブドウ栽培に適した気候と豊かな土壌でケープタウン近郊はワインの産地。ステレンボッシュやパールなどにはテイスティングやランチ付きのワイナリーツアーが出ている。

644 ミューゼンバーグ・ビーチ
Muizenberg Beach
南アフリカ（ケープタウン）

夏には世界中から多くのサーファーが集まってくる白砂のビーチ。アフリカらしいビビッドな原色で彩られたカラフルなビーチハウスが、砂浜の白と空の青さに映える。

645 ボ・カープ
Bo-Kaap
南アフリカ（ケープタウン）

オランダ統治時代に東南アジアから連れてきた奴隷であるケープマレーが住んだエリア。かつては家の壁は白と義務付けられていたが、自由を得たことから、壁をカラフルに彩ることで自由を表現したという。

646 デビルズ・プール
Devil's Pool
ザンビア

ザンビア側ビクトリアの滝にある、恐怖のプール。滝が流れ落ちる際にできた天然のプールで、水量が減る時期のみ泳ぐことが可能。滝のふちから体をせり出して写真を撮るのが人気。

647 ケープタウン
Cape Town
南アフリカ

喜望峰、テーブルマウンテンなど自然豊かな観光地を抱きながら、南アフリカの立法を担う都市。シグナル・ヒルからはテーブルマウンテンを背後にきらめくすばらしい夜景が見られる。

アフリカ

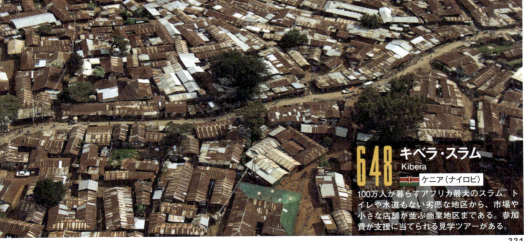

648 キベラ・スラム
Kibera
ケニア（ナイロビ）

100万人が暮らすアフリカ最大のスラム。トイレや水道もない劣悪な地区から、市場や小さな店舗が並ぶ商業地区まである。参加費が支援に当てられる見学ツアーがある。

建築物
Architecture

649 ハッサン2世モスク
Hassan 2 Mosque
モロッコ（カサブランカ）

カサブランカの海岸沿いに立つモロッコ最大のモスク。地中海の青に映える淡色のモスクには、伝統技法の「ゼリージュ」でターコイズブルーのタイルが幾可学模様になっている。

658 マジョレル庭園
Jardin Majorelle
モロッコ（マラケシュ）

画家であり庭師でもあるジャック・マジョレルの庭園。青いベールをまとったベルベル人にヒントを得たというアトリエの青は、マジョレルブルーと称されている。

651 アル・サハバ・モスク
Al Sahaba Mosque

エジプト

シナイ半島のリゾート地シャルム・エル・シェイクに建てられたオスマン建築のモスク。高さ76mのミナレット（尖塔）は町のランドマークだ。日没後にはライトアップされる。

652 聖カタリーナ修道院
Saint Catherine's Monastery

エジプト

シナイ山の麓に立つ世界最古のキリスト正教修道院。現在もその役割を果たしている。

654 アブジャ国立モスク
Abuja National Mosque

ナイジェリア

1984年に建立。4本のミナレットと黄金のドームが印象的なモスク。夜にはライトアップされる。

アフリカ

653 ファジル・ゲビ
Fasil Ghebbi

エチオピア

エチオピア帝国の首都ゴンダールに建てられた歴代皇帝の王宮群。900mの城壁が囲む。

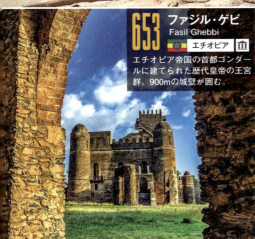

655 泥のモスク
Great Mosque of Djenné

マリ（ジェンネ）

威風堂々とそびえるモスクの建材は日干し煉瓦。「ニジェール渓谷の宝石」と称えられる。

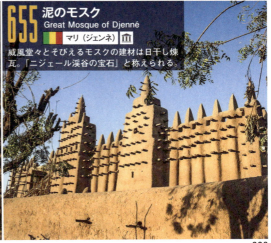

333

リゾート
Resort

656 シディ・ブ・サイド
Sidi Bou Said

チュニジア

白い外壁に青い屋根、青いパラソル、青いドア。鮮やかな白と青に統一された町。坂道を上れば青と白のコントラストがまばゆい町並みとチュニス湾を一望できる。

657 ダハブ
Dahab

エジプト

紅海に面したマリンスポーツのリゾート。際立った流入河川がないため透明度が高く、珊瑚礁や熱帯魚が手軽に見られる。ビーチ沿いのカフェの水タバコも人気。

モーセが割った紅海は世界屈指のダイビングスポット

658 ザンジバル島
Zanzibar

タンザニア

アラブ、ポルトガル、イギリスなどさまざまな国の支配を受け、独特の文化を生み出したエキゾチックな島。美しいリゾート地である一方、奴隷貿易の拠点だったという歴史を持つ。写真はザンジバルの沖にあるナクペンダ・ビーチ。

アフリカ

659 ラ・ディーグ島
La Digue

セーシェル

インド洋に浮かぶわずか10km余りの島。滑らかな曲線が美しい花崗岩は人目を避けられる岩陰を作るため、"恋人岩"と呼ばれ、観光客が集まる名所となっている。

世界の秘境

column_85
世界一到達困難な崖の上の岩窟教会

668 アブナ・イエマタ教会
Abuna Yemata Church

 エチオピア

エチオピア北部にあるティグレ州には、同国で独自に発展した「エチオピア正教」の岩窟教会が多数存在する。これらは聖職者が隠者として瞑想するため、人里離れた場所に造られていることが多い。中でもアブナ・イエマタ教会は高所かつ難所に建っており、別名「鷹の巣」とも呼ばれる。参拝者は岩山の麓まで行ったら、その後は断崖絶壁の岩山をロッククライミングする。
岩窟に佇む修道院内部には、古来に描かれたエチオピア正教九聖人の鮮やかな壁画が広がる。苦労してたどり着くだけに、目にしたときの感動はひとしお。

ACCESS 日本から3日

秘境度 ★★★★★

北中米
North & Central America

掲載している国々

アメリカ	ジャマイカ	マルティニーク
カナダ	バハマ	
アラスカ	ケイマン諸島	
メキシコ	アメリカ領ヴァージン諸島	
ベリーズ	イギリス領ヴァージン諸島	
グアテマラ	プエルトリコ	
ホンジュラス	トリニダード・トバゴ	
エルサルバドル	キュラソー	
コスタリカ	セント・マーティン	
パナマ	ドミニカ共和国	
キューバ	バミューダ諸島	

北中米

北中米
North & Central America

エリア別ダイジェストガイド

赤道付近から北極圏まで広がる、広大なエリア。コロンブスによる新大陸発見から500年以上。アメリカ、カナダ、メキシコをはじめ、魅力的な国々がたくさん！

北米
North America

雄大な自然と都市が魅力
アメリカ、カナダという2つの大国とアラスカ州から成る。ニューヨークやロサンゼルスなど大都市でのアーバンライフから大自然の国立公園巡りまで、さまざまに楽しめる。

●自然
南部は熱帯、北部は寒帯と気候や地形も多彩。大陸を南北に貫くロッキー山脈のそばには自然豊かな国立公園が連続。北極圏では冬になるとオーロラ観賞もできる。大自然で生きる動物ウオッチングも人気だ。

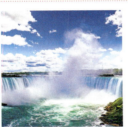
カナダとアメリカの国境に流れるナイアガラの滝

●宗教
キリスト教がメインだが、宗派はいろいろ。また、アメリカ、カナダとも世界中の国からの移民が暮らす多民族国家なので、仏教からイスラム教、ユダヤ教などさまざまな宗教が信仰されている。

モントリオールのノートルダム大聖堂

ネイティブ・アメリカンの聖地であるセドナ

●北米の国々
 アメリカ　　 カナダ　　 アラスカ

中米
Central America

ラテンの空気があふれる
アメリカと陸続きのメキシコのほか、北米と南米をつなぐ細長い土地に7つの国々が連なる。かつてこの地方に栄えたマヤ文明の遺跡が各地に点在。中世コロニアル都市巡りも楽しい。

●自然
東をカリブ海、西を太平洋に面し、メキシコのカンクンやベリーズなどビーチリゾートとしても名を馳せる。コスタリカではエコツーリズムが盛んで、色鮮やかな鳥類やは虫類を見るツアーが人気を呼んでいる。

ベリーズの沖にあるブルーホールはダイビングスポットとしても有名

●宗教
中世に中米全域を占領したスペインにより布教されたカトリックがメイン。国によってはプロテスタントも。スペイン人が各町に建てた教会は、今や観光名所となっているものも少なくない。

メキシコ最大のお祭り、死者の日

コロニアル建築の教会が見られる

●中米の国々
 メキシコ　　ベリーズ　　グアテマラ
 ホンジュラス　　エルサルバドル　　ニカラグア
 コスタリカ　　パナマ

国の名称及びエリアは、一部(中央アジアの国々)を除き外務省のウェブサイトに準ずる。また、物件掲載のある自治領や特別区は国として紹介。

カナダやアラスカと言えばサーモン。グリルやスモークで食べる

カエデ樹液を煮詰めたメープルはカナダの特産品

夏が旬のロブスターは大西洋が産地

各国でさまざまなアレンジがされるハンバーガー

ニューヨークには本格派ステーキ店が多く集う

黒豆の炊き込みご飯コングリはキューバの国民食

メキシコの軽食タコス。トルティーヤに挟んだ具材×サルサソースが絶品

カリブ海
Caribbean Sea

人気のリゾートアイランド

北米と中南米の間に、点々と散らばる島々。かつてカリブの海賊の舞台となり、ヨーロッパ諸国の植民地を経て多くの島が独立、世界屈指のリゾートアイランドとなった。最大の島はキューバ。

● 自然

バハマ諸島などサンゴ礁でできた平坦な島と、キューバを代表とする火山が隆起してできた島がある。いずれも周囲を美しい海に囲まれ、白砂のビーチが点在。ほとんどがリゾートアイランドで大型クルーズ船も数多く就航。

さまざまなマリンアクティビティが楽しめる

豊かな自然が広がる火山島のセントルシア

● 宗教

もともといた先住民はヨーロッパ諸国の植民地化により絶滅。その後、アフリカから黒人奴隷が連れて来られ、現在の主要人種となる。そういった歴史からキリスト教が中心だが、アフリカの土着宗教も浸透している。

キューバの首都ハバナにあるカテドラル

キューバのアフリカルーツの宗教、サンテリア

● カリブ海の国々

- キューバ
- ジャマイカ
- バハマ
- ケイマン諸島
- アメリカ領ヴァージン諸島
- イギリス領ヴァージン諸島
- バルバドス
- プエルトリコ
- トリニダード・トバゴ
- キュラソー
- セント・マーティン
- ハイチ
- ドミニカ共和国
- セントクリストファー・ネービス
- アンティグア・バーブーダ
- ドミニカ国
- グレナダ
- バミューダ諸島
- セントビンセントおよびグレナディーン諸島
- セントルシア
- マルティニーク

北中米

北中米 絶景リスト
[全150カ所]
INDEX 661-810

カナダ
- 664 ウッド・バッファロー国立公園
- 673 アルゴンキン州立公園
- 676 ダイナソー州立公園
- 693 ノートルダム大聖堂
- 695 プリンス・エドワード島
- 698 バランシング・ロック
- 706 ハイダ・グアイ
- 719 バンクーバー
- 722 ケベック・シティ
- 723 チャーチル
- 724 マドレーヌ島
- 725 バンクーバー島
- 735 アブラハム湖
- 737 モレイン湖
- 739 ナイアガラの滝
- 740 ペイトー湖
- 744 コロンビア大氷原
- 745 イエローナイフ
- 747 ホワイトホース
- 748 バンデューセン植物園
- 751 ブッチャート・ガーデン
- 756 アガワ渓谷
- 799 メープル街道
- 802 キャピラノ吊り橋
- 809 ロイヤル・ティレル古生物博物館

アラスカ
- 663 デナリ国立公園
- 742 グレイシャー・ベイ
- 743 メンデンホール氷河
- 746 フェアバンクス

ベリーズ
- 708 ブルーホール
- 728 キー・カーカー島

ホンジュラス
- 710 ロアタン島
- 767 コパン

エルサルバドル
- 692 ロザリオ教会
- 760 サンタ・アナ火山

メキシコ
- 686 ヴァスコンセロス図書館
- 689 クリスタル洞窟
- 690 ピンクレイク
- 691 水中美術館
- 696 メキシコ国立自治大学
- 703 ルイス・バラガン邸
- 709 プラヤ・エスコンディーダ
- 730 セレストゥン自然保護区
- 732 グラン・セノーテ
- 733 セノーテ・イキル
- 736 イエルベ・エルアグア
- 757 バランカ・デル・コブレ
- 761 チチェン・イツァ
- 764 テオティワカン
- 766 トゥルム
- 768 パレンケ
- 770 死者の日
- 774 ゲラゲッツァ
- 779 サン・ミゲル・デ・アジェンデ
- 780 グアナファト
- 786 プエブラ
- 788 ソチミルコ
- 791 メキシコ・シティ
- 807 国立人類学博物館

グアテマラ
- 683 カラフル墓地
- 702 チキンバス
- 734 セムク・チャンペイ
- 738 アティトラン湖
- 762 ティカル
- 773 セマナ・サンタ
- 782 チチカステナンゴ
- 787 アンティグア
- 794 サン・アントニオ・パロポ

コスタリカ
- 726 コスタリカ各地
- 729 ロス・ケツァーレス国立公園

パナマ
- 769 パナマ・ビエホ
- 793 パナマ・シティ

ジャマイカ
- 704 バンブー・アベニュー

キューバ
- 684 ハバナ
- 712 バラデロ
- 758 ビニャーレス渓谷
- 781 トリニダー
- 783 サンティアゴ・デ・クーバ
- 792 カマグエイ

バハマ
- 711 ピンクサンド・ビーチ
- 715 ビッグ・ビーチ
- 776 ジャンカヌー

ケイマン諸島
- 727 スティングレイ・シティ

アメリカ領ヴァージン諸島
- 713 セント・ジョン

イギリス領ヴァージン諸島
- 714 ヴァージン・ゴルダ

プエルトリコ
- 775 サン・セバスティアン通り祭り
- 784 サン・フアン

トリニダード・トバゴ
- 731 カロニー・スワンプ・バード・サンクチュアリ
- 741 ピッチ湖
- 771 トリニダード・カーニバル

キュラソー
- 785 ウィレムスタット

セント・マーティン
- 694 プリンセス・ジュリアナ国際空港

アメリカ

661	イエローストーン国立公園	717	ニューヨーク
662	ヨセミテ国立公園	718	ラスベガス
665	デスバレー国立公園	720	ロサンゼルス
666	ホワイトサンズ国定公園	721	ニューオーリンズ
667	グランドキャニオン国立公園	739	ナイアガラの滝
668	バーミリオンクリフス国定公園	749	スカジット・バレー・チューリップ・フェスティバル
669	アーチーズ国立公園	750	ワシントン大学
670	オリンピック国立公園	752	アンテロープキャニオン
671	グランドティトン国立公園	753	モニュメントバレー
672	カールスバッド洞穴群国立公園	754	ブライスキャニオン
674	エバーグレーズ国立公園	755	ホースシューベンド
675	パルースフォールズ州立公園	759	マウントシャスタ
677	ザイオン国立公園	763	メサベルデ
678	化石の森国立公園	765	ブエクリフ
679	クレーターレイク国立公園	772	ニュー・イヤーズ・イブ
680	マウントレーニア国立公園	777	ハロウィン
681	レッドウッド国立・州立公園	778	パウワウ
682	サルベーション・マウンテン	796	ルート66
685	フラットアイアン・ビル	797	カスケード・ループ
687	ハドソンヤード・ベッセル	798	セドナ
688	ブルーボックス・カフェ	800	ゴールデンゲート・ブリッジ
697	ビンガムキャニオン鉱山	801	セブンマイル・ブリッジ
699	ウォルト・ディズニー・コンサートホール	803	ロイヤルゴージ・ブリッジ
700	ナパバレー・ワイントレイン	804	スミソニアン博物館
701	バージニア大学	805	ケネディ・スペース・センター
705	タオス・プエブロ	806	ニューヨーク近代美術館
707	インサニティ	808	メトロポリタン美術館
716	シカゴ	810	フライガイザー

カリブ海

ドミニカ共和国
795 サント・ドミンゴ

バミューダ諸島
789 セント・ジョージ

マルティニーク
790 マルティニーク

北中米

341

自然公園
Nature Park

カラフルな温泉湖が迫る世界最古の国立公園

661 イエローストーン国立公園
Yellowstone National Park

アメリカ

1872年に世界初の国立公園としてオープン。約8984km²に及ぶ敷地はワイオミングを中心とした3州にまたがり、趣の異なる5つのエリアで構成される。特に人気を集めるのが、豪快な間欠泉が集まるガイザー・カントリー。直径約113mのグランド・プリズマティック・スプリングでは、温泉と周囲を縁取るバクテリアによる虹色のコントラストが楽しめる。そのほか、流れ落ちる温泉の石炭分により形成される石灰棚のテラス・マウンテンやバッファローなどの野生動物が生息するラマーバレー、黄色い絶壁が約32kmにわたって続くイエローストーン大渓谷、国内で最大の面積を誇る火山湖のイエローストーン・レイクと、各エリアで見どころが多数。ベストシーズンの夏季は、園内各所にある宿泊施設や見どころを結ぶバスツアーが利用できる。

北中米

662 ヨセミテ国立公園
Yosemite National Park

アメリカ

総面積3081km²の国立公園。氷河が生んだ、全長約11.5kmのヨセミテバレーに観光ポイントが集中。谷底から断崖の頂までは、1000mを超えるところも。上部には展望台がある。

663 デナリ国立公園
Denali National Park

アラスカ

北米最高峰のデナリ（旧マッキンリー山）を擁する。針葉樹林帯や凍原（ツンドラ）が広がり、グリズリーベアやムースといった動物が見られる。9月下旬〜5月中旬は閉園。

664 ウッド・バッファロー国立公園
Wood Buffalo National Park
カナダ

アルバータ州とノースウエスト準州にまたがる国立公園で、約4万5000km²の面積はカナダ最大。園内には絶滅危惧種であるバッファローの群れが生息している。

665 デスバレー国立公園
Death Valley National Park
アメリカ

ラスベガスから車で約3時間。夏は日陰でも気温45℃を超える灼熱の谷が広がる。干上がった大地と、その上をひとりでに動く不思議な石、レーストラックや真っ白な大塩原が見どころで、10〜4月が適期。

666 ホワイトサンズ国定公園
White Sands National Monument
アメリカ

ニューメキシコ州南部にある世界最大の石膏砂丘。約2億5000万年前には浅海が広がっていた場所で、堆積したプランクトンの死骸が年月をかけて白い粒子に。トレイルを歩ける。

北中米

345

667 グランドキャニオン国立公園
Grand Canyon National Park

🇺🇸 アメリカ 🏛

アリゾナ州に位置する東西約446kmの大渓谷にあり、1979年にユネスコ世界自然遺産に登録。園内を流れるコロラド川の南側（サウスリム）に見どころが多く、360度のパノラマが広がるマーザポイントは日の出や日没を観賞するのに絶好の場所だ。夏の日没前は、カリフォルニアコンドルが見られることも。遊覧飛行やラフティングといったアクティビティも充実している。

668 バーミリオンクリフス国定公園
Vermilion Cliffs National Monument

🇺🇸 アメリカ

砂岩の層「ザ・ウェーブ」が見られるノース・コヨーテビュートと、多様な奇岩が集まるサウス・コヨーテビュートから成る。アリゾナ州北部にあり、見学は抽選による許可証が必要。

北中米

669 アーチーズ国立公園
Arches National Park
アメリカ

穴の開いた砂岩（アーチ）の宝庫と言われるユタ州の名所。1か所から2本のアーチが伸びるダブル・アーチ、断崖絶壁に立つデリケートアーチなど、2000以上の巨岩がある。

347

676 ダイナソー州立公園
Dinosaur Provincial Park
カナダ

アルバータ州にある荒涼とした大地。過去300体以上の恐竜の骨格が発掘された。

679 クレーターレイク国立公園
Crater Lake National Park
アメリカ

最深592mの湖は、世界で7番目の深さを誇る。群青色の湖面が格別に美しい。

677 ザイオン国立公園
Zion National Park
アメリカ

険しい渓谷沿いに広がる自然公園。垂直の岩壁が迫るナローズへ川の中を歩いて進む。

680 マウントレーニア国立公園
Mount Rainier National Park
アメリカ

標高4392mのレーニア山の麓に広がる。夏には数百種類の高山植物が咲き誇る。

678 化石の森国立公園
Petrified Forest National Park
アメリカ

約897㎢に及ぶ敷地に、化石となった直径1m以上の丸太がゴロゴロと転がる。

681 レッドウッド国立・州立公園
Redwood National and State Parks
アメリカ

高さ約100mにもなるレッドウッドの森が続く。展望台やロープウェーからも観賞可。

北中米

話題
Topic

カリフォルニアの砂漠から捧げる神へのメッセージ

682 サルベーション・マウンテン
Salvation Mountain

🇺🇸 アメリカ

カリフォルニア州南部の砂漠に突如現れるカラフルな丘。地元に住むレオナード・ナイト氏が約30年かけて制作したもので、高さ約15m、幅約45m。コンセプトでもある"God is love"のメッセージが各所に見つかる。砂漠に生えるポップな外観から、アーティストのミュージックビデオやファッション誌にたびたび登場。洞窟のような小部屋にも入れる。

683 カラフル墓地
Colorful Cemetery

🇬🇹 グアテマラ

先住民のキチェ族が暮らすチチカステナンゴにあり、町の中心部から離れた高台に広がる。墓は色とりどりにペイントされており、小さな家のように見えるのもおもしろい。

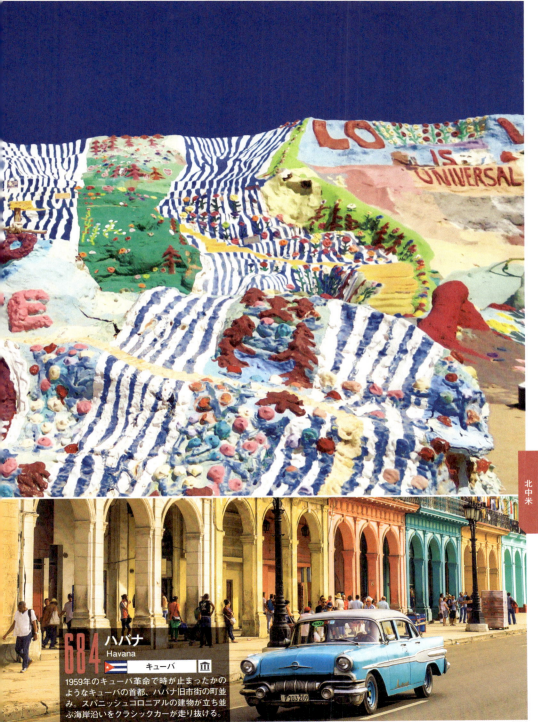

684 ハバナ
Havana

🇨🇺 キューバ 🏛

1959年のキューバ革命で時が止まったかのようなキューバの首都、ハバナ旧市街の町並み。スパニッシュコロニアルの建物が立ち並ぶ海岸沿いをクラシックカーが走り抜ける。

北中米

685 フラットアイアン・ビル
Flatiron Building
アメリカ

1902年築で、ニューヨークの高層ビル群で初期にあたるもの。ブロードウェイと5番街が交差する三角地帯にあり、その独特なフォルムから、「フラットアイアン（平たいアイロン）」の名が付けられた。ビルの高さは約87mで、交差点に面した角の幅はわずか約2m。

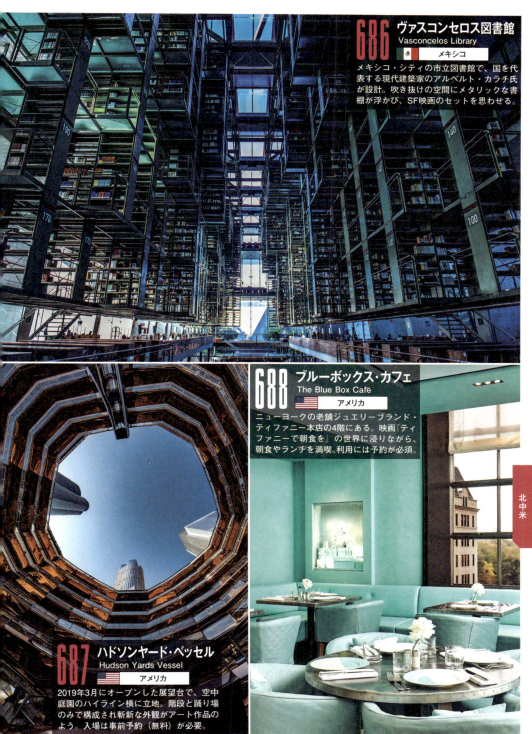

686 ヴァスコンセロス図書館
Vasconcelos Library

メキシコ

メキシコ・シティの市立図書館で、国を代表する現代建築家のアルベルト・カラチ氏が設計。吹き抜けの空間にメタリックな書棚が浮かび、SF映画のセットを思わせる。

688 ブルーボックス・カフェ
The Blue Box Cafe

アメリカ

ニューヨークの老舗ジュエリーブランド・ティファニー本店の4階にある。映画『ティファニーで朝食を』の世界に浸りながら、朝食やランチを満喫。利用には予約が必須。

687 ハドソンヤード・ベッセル
Hudson Yards Vessel

アメリカ

2019年3月にオープンした展望台で、空中庭園のハイライン横に立地。階段と踊り場のみで構成され斬新な外観がアート作品のよう。入場は事前予約（無料）が必要。

北中米

689 クリスタル洞窟
Crystal Cave

メキシコ

2000年に発見されたチワワ州北部・ナイカ鉱山の洞窟で、セレナイトと呼ばれる透明石膏が林立。50万年かけて形成された結晶は、長さ10mを超えるものも。一般の立ち入り不可。

690 ピンクレイク
Pink Lagoon

メキシコ

メキシコ東部、カリブ海に面したユカタン半島の先端にある広大な塩田施設。海水を取り込み天日干しするうちにバクテリアが発生し、次第にピンク色に輝く湖のように。

691 水中美術館
Underwater Museum

メキシコ

ユカタン半島の沖に浮かぶ島、イスラ・ムヘーレス近くの海中に約455の像があり、スノーケルやダイビングで見ることができる。像はサンゴの保護と魚礁の役割をしている。

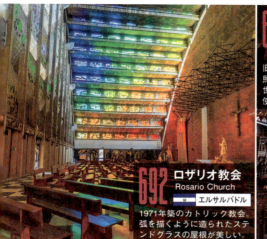

693 ノートルダム大聖堂
Notre-Dame Basilica
カナダ（モントリオール）

旧市街随一の名所で、青い光に照らされた黄金の祭壇は必見。世界最大級のパイプオルガンを使った定期コンサートもある。

692 ロザリオ教会
Rosario Church
エルサルバドル

1971年築のカトリック教会。弧を描くように造られたステンドグラスの屋根が美しい。

694 プリンセス・ジュリアナ国際空港
Princess Juliana International Airport
セント・マーティン

カリブ海に浮かぶオランダ領とフランス領からなる島、セント・マーティン。空港がビーチに隣接しており、着陸する飛行機が手の届きそうな距離に見えることで話題に。

695 プリンス・エドワード島
Prince Edward Island
 カナダ

セント・ローレンス湾に浮かぶ小さな島。小説『赤毛のアン』の舞台として知られ、カラフルな漁師小屋が並ぶフレンチ・リバーや古い町並みなどノスタルジックな風景が残る。

北中米

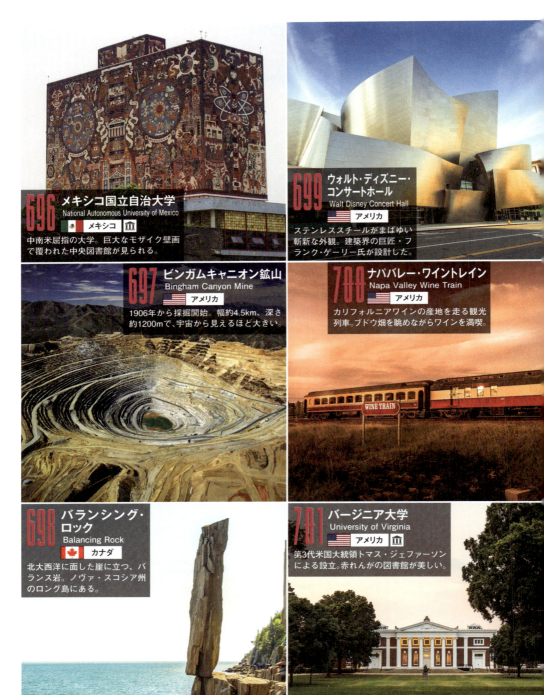

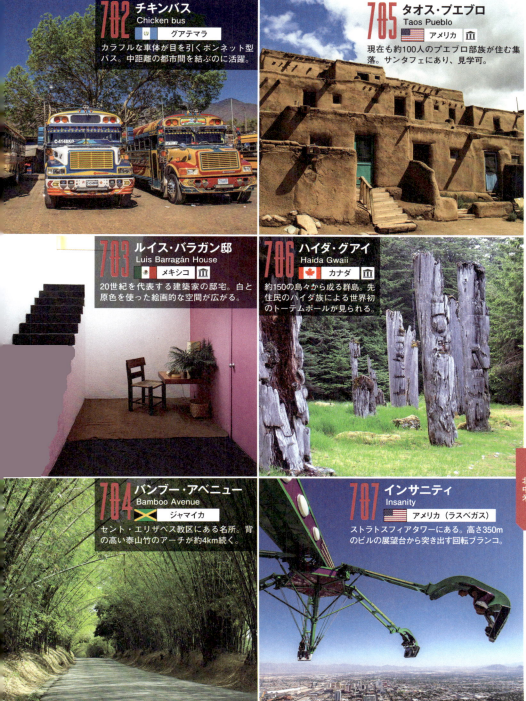

702 チキンバス
Chicken bus
グアテマラ

カラフルな車体が目を引くボンネット型バス。中距離の都市間を結ぶのに活躍。

705 タオス・プエブロ
Taos Pueblo
アメリカ

現在も約100人のプエブロ部族が住む集落。サンタフェにあり、見学可。

703 ルイス・バラガン邸
Luis Barragán House
メキシコ

20世紀を代表する建築家の邸宅。白と原色を使った絵画的な空間が広がる。

706 ハイダ・グアイ
Haida Gwaii
カナダ

約150の島々から成る群島。先住民のハイダ族による世界初のトーテムポールが見られる。

704 バンブー・アベニュー
Bamboo Avenue
ジャマイカ

セント・エリザベス教区にある名所。背の高い泰山竹のアーチが約4km続く。

707 インサニティ
Insanity
アメリカ（ラスベガス）

ストラトスフィアタワーにある。高さ350mのビルの展望台から突き出す回転ブランコ。

北中米

海・ビーチ
Sea・Beach

788 ブルーホール
Blue Hole

ベリーズ

ライトハウス・リーフと呼ばれるサンゴ礁の中で見られる世界最大級の海洋陥没穴(シンクホール)。周辺一帯に広がるサンゴ礁は世界で2番目の広さを誇り、ベリーズ珊瑚礁保護区としてユネスコ世界自然遺産に登録されている。穴の直径約300m、水深約125mで、コバルトブルーの海に濃紺の穴がぽっかりと開いたような神秘的な美しさから「カリブ海の宝石」「海の怪物の寝床」と呼ばれることも。ボートでアクセスし、スノーケリングやダイビングを楽しめるほか、遊覧飛行で全景を見渡すこともできる。

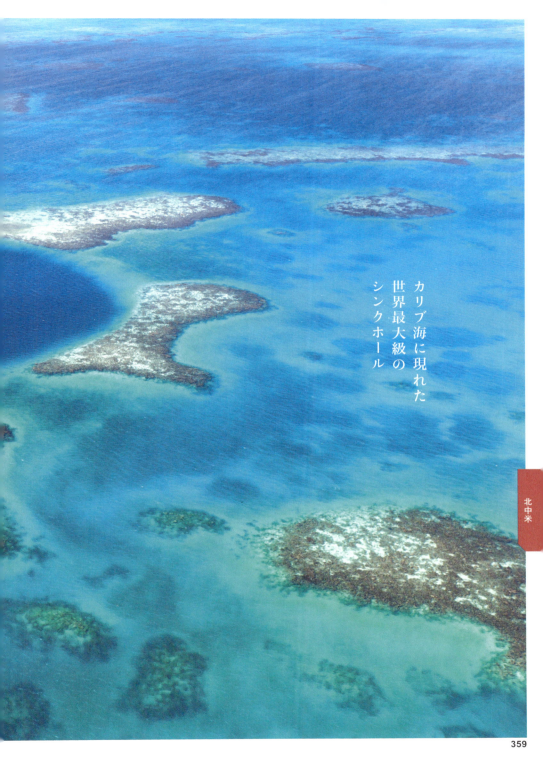

カリブ海に現れた
世界最大級の
シンクホール

北中米

709 プラヤ・エスコンディーダ
Playa Escondida
メキシコ

火山活動によって天井がぽっかりと空いた洞窟で、「ヒドゥン・ビーチ(隠れビーチ)」として話題に。プエルト・バジャルタ沖に浮かぶ無人島イスラス・マリエタスにあり、ツアーで訪問できる。

710 ロアタン島
Roatán Island
ホンジュラス

カリブ海随一のリゾート地。ダイビングやイルカとの触れ合いなどアクティビティが充実。

711 ピンクサンド・ビーチ
Pink Sand Beach
バハマ

バハマ諸島のエルーセラ島にある。砂に混じった細かいサンゴの破片でピンク色に見える。

712 バラデロ
Varadero
キューバ

キューバ北部にある、キューバ屈指のビーチリゾート。細長いヒカコス半島に沿ってリゾートホテルが立ち並び、世界中から観光客が集まる。マリンアクティビティも盛ん。

713 セント・ジョン
Saint John
アメリカ領ヴァージン諸島

アメリカ領ヴァージン諸島の1つセント・ジョンは、島の大部分が国立公園に指定されている。ビーチの美しさはカリブ屈指で、特にトランク・ベイは世界的に有名。

714 ヴァージン・ゴルダ
Virgin Gorda
イギリス領ヴァージン諸島

イギリス領ヴァージン諸島の島で、The Bathsと呼ばれるビーチが話題。波に浸食されて丸くなった花崗岩と、美しいカリブ海の光景を楽しみながらスノーケルや海水浴が楽しめる。

715 ピッグ・ビーチ
Pig Beach
バハマ

バハマ諸島のエグズーマは210kmにわたり360余の島と岩礁が連なる。そのひとつに野生のブタが生息する島があり、船が近づくと餌をもらいに泳いで来る。泳ぐブタで話題。

北中米

都市
City

摩天楼発祥の地で
燦然と輝く
光に包まれる

716 シカゴ
Chicago

🇺🇸 アメリカ

イリノイ州北部に位置し、ニューヨーク、ロサンゼルスに次ぐ国内第3の都市。摩天楼発祥の地としても知られ、高層ビルがダウンタウンを埋め尽くす光景は格別の美しさだ。世界最古の鉄骨高層ビルや約25年間にわたって世界一の高さを誇ったウィリスタワーなど、個性豊かなビルが多い。シカゴ名物の高架鉄道に乗って、高層ビルが縁取る珠玉のスカイラインを観賞したい。

さらに、博物館や美術館が多いのもこの町の魅力。アメリカ三大美術館の1つでもあるシカゴ美術館をはじめ、1893年のコロンビア万国博覧会のメイン会場を利用した科学産業博物館、全米最大級の屋内水族館・シェッド水族館などがある。ほか、ブルースが響くライブハウスや日本人選手が活躍するシカゴ・カブスの野球観戦と、さまざまに楽しめる。

北中米

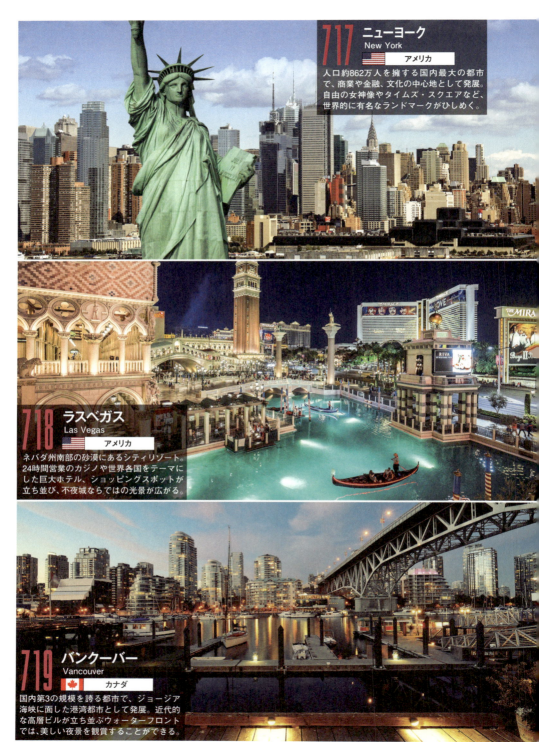

717 ニューヨーク
New York
アメリカ

人口約862万人を擁する国内最大の都市で、商業や金融、文化の中心地として発展。自由の女神像やタイムズ・スクエアなど、世界的に有名なランドマークがひしめく。

718 ラスベガス
Las Vegas
アメリカ

ネバダ州南部の砂漠にあるシティリゾート。24時間営業のカジノや世界各国をテーマにした巨大ホテル、ショッピングスポットが立ち並び、不夜城ならではの光景が広がる。

719 バンクーバー
Vancouver
カナダ

国内第3の規模を誇る都市で、ジョージア海峡に面した港湾都市として発展。近代的な高層ビルが立ち並ぶウォーターフロントでは、美しい夜景を観賞することができる。

720 ロサンゼルス
Los Angeles

アメリカ

西海岸を代表するアメリカ第2の都市。映画の都ハリウッドや高級住宅地のビバリーヒルズ、カリフォルニアらしい開放感があふれるサンタモニカビーチなど、名所が多い。

721 ニューオーリンズ
New Orleans

アメリカ

ジャズ発祥の地として知られるルイジアナ州南部の都市。名物通りのフレンチクオーターでは、ライブハウスや郷土料理のレストランが軒を連ね、ムード満点。

722 ケベック・シティ
Quebec City

カナダ

北米唯一の城塞都市で、「ケベック旧市街の歴史地区」としてユネスコ世界文化遺産に登録。フレンチ・ロマネスク様式のホテルなど、フランスの文化が残る。

北中米

動物
Animal

723 チャーチル
Churchill

🇨🇦 カナダ

北極海へとつながるハドソン湾に面する町。凍原のツンドラが迫る厳しい環境で、最小限の機能を持った基地のようなエリアとなっている。9月下旬〜10月上旬頃になると、エサとなるアザラシを求め内陸部のホッキョクグマが氷結したハドソン湾を目指して移動を開始。このシーズンには、特殊なバギーでツンドラを走行するホッキョクグマのウォッチングツアーが行われる。夏はベルーガ（シロイルカ）やアザラシを、冬の夜間にはオーロラを観賞することもできる。

724 マドレーヌ島
Magdalen Islands

🇨🇦 カナダ

セント・ローレンス湾に浮かぶ6つの島からなる。2月下旬に、北極に棲むハープシール(タテゴトアザラシ)が出産のため島に出現。見学ツアーでふわふわの赤ちゃんが見られる。

ホッキョクグマや
オーロラと出合う
極北の町

725 バンクーバー島
Vancouver Island
カナダ

州都ビクトリアを擁する島で、バンクーバーとフェリーで結ばれている。ホエールウォッチングのスポットとして有名なトフィーノでは、クジラやシャチが観賞できる。適期は3〜10月。

726 コスタリカ各地
Various places of Costa Rica
🇨🇷 コスタリカ

国土の4分の1を国立公園や生物保護区が占めるエコツーリズム大国。最後の秘境と呼ばれるコルコバード国立公園では、絶滅危惧種の動物など希少な生き物が見られる。

727 スティングレイ・シティ
Stingray City
🇰🇾 ケイマン諸島

ダイバーに人気のケイマン諸島の、グランド・ケイマン沖にあるスポット。砂地の浅瀬にボートから降りると、餌付けされたスティングレイ（エイ）がたくさん集まって来る。

728 キー・カーカー島
Caye Caulker
🇧🇿 ベリーズ

カリブ海に浮かぶ小島で、周辺にはユネスコ世界自然遺産のサンゴ礁保護区ベリーズ・バリア・リーフが広がる。マナティやエイと出合えるスノーケリングが人気。

729 ロス・ケツァーレス国立公園
Los Quetzales National Park

コスタリカ

「世界一美しい鳥」と言われるケツァールが観賞できる数少ない場所。適期は、餌となるリトルアボカドの実がなる12〜3月。約1mに及ぶ雄鳥の飾り羽は必見だ。

730 セレストゥン自然保護区
Celestun Nature Reserve

メキシコ

ユカタン半島沿岸のマングローブ林が広がる湿地。フラミンゴの繁殖地として知られ、ほかにもウミガメやカブトガニが生息。メリダから日帰りツアーで行くことができる。

731 カロニー・スワンプ・バード・サンクチュアリ
Caroni Swamp Bird Sanctuary

トリニダード・トバゴ

カロニー川河口にあるマングローブの森。トリニダード&トバゴの国鳥、スカーレット・アイビーの繁殖地となっており、夕方になると帰巣する赤い鳥の大群が見られる。

北中米

湖・滝・泉
Lake・Water Fall・Spring

地下に広がる
光ゆらめく
透明な空間

732 グラン・セノーテ
Gran Cenote

メキシコ

石灰岩質の平坦な大地が広がるユカタン半島は、降った雨が地下にしみ込み、その水が地下水路となって海へと注いでいる。セノーテは地下水路の天井部分が陥没して現れたもの。ユカタン半島各地に点在する。メキシコきってのリゾート、カンクンから約140kmに位置するグラン・セノーテは人気の観光スポット。セノーテの淵からスノーケルを付けて水中に入ると、透明な水の中に黒くのびる何本もの鍾乳石と、太陽光がカーテンのようにゆらゆらとゆらめく幻想的な光景が広がる。

733 セノーテ・イキル
Cenote Ik Kil

🇲🇽 メキシコ

ユカタン半島にあるセノーテの1つ。直径約60mの丸い形をしており、ツル植物がカーテンのように下がっている。地上から階段で水面まで下りられ、泳ぐこともできる。

734 セムク・チャンペイ
Semuc Champey

🇬🇹 グアテマラ

アルタ・ベラパスの県都コバンから約70kmの山深いエリアに位置。石灰岩が造る川の棚の上をエメラルドグリーンの水が流れる。天然プールがあり、遊泳も可。

735 アブラハム湖
Abraham Lake

🇨🇦 カナダ

アルバータ州にある人工湖で、湖底の植物などが発するメタンガスが水面にたどり着く前に凍る「アイスバブル」と呼ばれる現象が見られる。見ごろは12〜4月。

北中米

736 イエルベ・エルアグア
Hierve el Agua

メキシコ

「沸騰した水」を意味するオアハカ周辺の名所。ミネラル濃度の高い湧水が長い年月をかけて石化し、滝のような景観に。見学コースからユニークな姿を楽しめる。

737 モレイン湖
Moraine Lake

カナダ

バンフ国立公園内、カナディアン・ロッキーの最大の見どころ。青い湖の後ろに立つ、テン・ピークスと呼ばれる岩峰群のコントラストが美しい。冬は湖までの道路が閉鎖される。

738 アティトラン湖
Atitlán Lake

グアテマラ

標高約1560mの高地にあるカルデラ湖で、対岸にトリマン山など3つの火山がそびえる。世界一美しい湖と称され、周辺にはマヤ系の先住民が暮らす村々がある。

739 ナイアガラの滝
Niagara Falls

アメリカ
カナダ

世界三大瀑布の1つ。馬蹄型のカナダ滝、アメリカ滝、ブライダルベール滝の3つからなる。滝壺へ接近する遊覧船や滝の下の遊歩道、展望台などアトラクション満載。

741 ピッチ湖
Pitch Lake

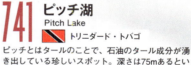

トリニダード・トバゴ

ピッチとはタールのことで、石油のタール成分が湧き出している珍しいスポット。深さは75mあるといい、一部の固まっているところを歩くことができる。

740 ペイトー湖
Peyto Lake

カナダ

バンフ国立公園にある、鮮やかなコバルトブルーの水をたたえる氷河湖。季節や見る時間により色が変化する。展望台から眺めるのが定番だが、トレイルもある。

北中米

氷河
Glacier

目の前で氷河が崩れ落ちる
アラスカ唯一の世界遺産

743 メンデンホール氷河
Mendenhall Ice Caves

アラスカ

アラスカ州の州都ジュノーから約21kmにあり、都市に最も近い氷河と言われる。幅2.4km、高さ30.4m、長さ19.3kmを誇り、内部に広がる青い洞窟を歩くことができる。

742 グレイシャー・ベイ
Glacier Bay

アラスカ

16の氷河が流れ込む巨大な湾。グレイシャー・ベイ国立公園を含む一帯が、アラスカで唯一のユネスコ世界自然遺産に登録されている。特にダイナミックな光景が見られるのが、湾の最奥に位置するマージェリー氷河。クルーズで近づくことができ、目の前で崩れ落ちる氷河が観賞できる。そのほか、クジラやラッコといった海洋ほ乳類やグリズリー（ハイイログマ）などの陸上動物、標高4000m級のフェアーウェザー山脈の山容も船上から楽しめる。

744 コロンビア大氷原
Columbia Icefield

カナダ

総面積325㎢に及ぶ巨大氷河。支流のひとつであるアサバスカ氷河の上を歩ける雪上車ツアーのほか、高さ280mの絶景展望台も楽しめる。ジャスパー国立公園にある。

北中米

オーロラ
Aurora

746 フェアバンクス
Fairbanks

アラスカ

山脈に囲まれた盆地で、北半球で最も明るいオーロラが見える。観測ツアーのほか、人里離れたロッジに滞在して観賞するのも人気。適期は8月上旬〜4月上旬。

745 イエローナイフ
YellowKnife

🍁 カナダ

北極圏まで約400kmの距離に迫るノースウェスト準州の州都。冬の夜はマイナス40度に達することもある極寒の地だ。オーロラが頻繁に発生するオーロラベルトの真下にあることから、世界屈指のオーロラ遭遇率を誇ると言われる。シーズンは8月中旬〜4月。湖面に映る「逆さオーロラ」が見られるのは、湖が凍る前の9月まで。カナダ先住民の住居、ティーピーを模した観賞用施設などが整備されている。

天空から降り注ぐオーロラが頭上に迫る

747 ホワイトホース
Whitehorse

🍁 カナダ

オーロラベルトの真下に位置するユーコン準州の州都で、観賞スポットとして人気。8月下旬〜4月中旬のシーズンには、山並みにかかる神秘的なオーロラが見られる。

北中米

377

花
Flower

ラバーナムが揺れる
黄金のアーチを
くぐり抜ける

748 バンデューセン植物園
VanDusen Botanical Garden

カナダ（バンクーバー）

バンクーバーの郊外にある、広さ22万㎡の広大な敷地を持つ植物園。園内はテーマごとに55のエリアで構成され、6大陸から集められた7500種類の植物が観賞できる。特に人気を集めるのが、5月中旬に見頃を迎えるラバーナム（キバナフジ）のアーチ。金色の花が頭上で揺れるフォトジェニックな空間が広がる。

749 スカジット・バレー・チューリップ・フェスティバル
Skagit Valley Tulip Festival
アメリカ（バーリントン）

カスケード山脈を背景にチューリップの絨毯が一面に広がるワシントン州の名所。毎年4月に1カ月にわたってフェスティバルが開催され、世界中から観光客が訪れる。

750 ワシントン大学
University of Washington
アメリカ（シアトル）

ワシントン州最大の大学で、桜の名所として知られる。春になると、クアッドと呼ばれる広場で29本のソメイヨシノが満開に。構内には、日本から寄贈された桜も多い。

751 ブッチャート・ガーデン
Butchart Gardens
カナダ（ビクトリア）

約22万㎡にわたる敷地に25万株の花が咲き誇る。絵画のような美しさを誇るサンクン・ガーデンをはじめ、ローズ・ガーデンや日本庭園など5つのエリアが楽しめる。

北中米

379

谷・山
Canyon・Mountain

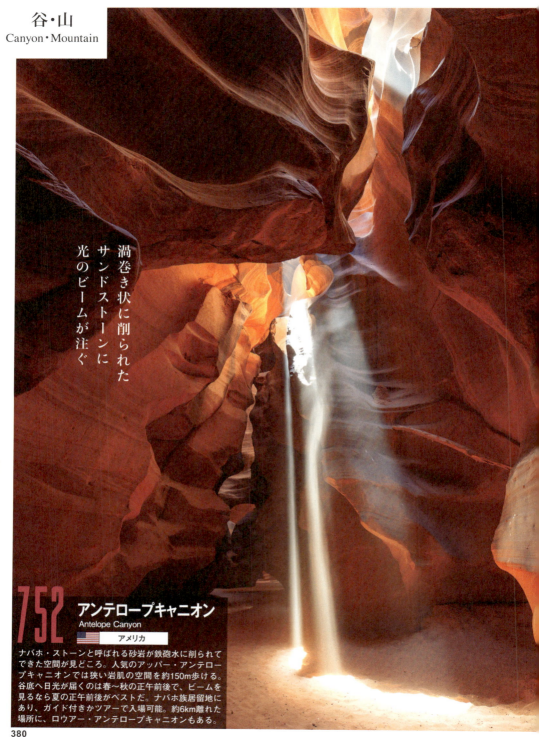

渦巻き状に削られた
サンドストーンに
光のビームが注ぐ

752 アンテロープキャニオン
Antelope Canyon
アメリカ

ナバホ・ストーンと呼ばれる砂岩が鉄砲水に削られてできた空間が見どころ。人気のアッパー・アンテロープキャニオンでは狭い岩肌の空間を約150m歩ける。谷底へ日光が届くのは春～秋の正午前後で、ビームを見るなら夏の正午前後がベストだ。ナバホ族居留地にあり、ガイド付きかツアーで入場可能。約6km離れた場所に、ロウアー・アンテロープキャニオンもある。

753 モニュメントバレー
Monument Valley

アメリカ

1939年公開の西部劇『駅馬車』や『フォレスト・ガンプ 一期一会』など、数々の映画でロケ地となった。アリゾナ州とユタ州の境に広がるナバホ族居留地にあり、荒涼とした大地にビュートと呼ばれる赤い岩山がそびえる。手袋のように見える東西のミトンビュートやメリックビュートが特に有名。モニュメントバレーへと続く国道163号線は、写真撮影のポイントとしても人気だ。

北中米

754 ブライスキャニオン
Bryce Canyon
アメリカ

ユタ州南部の草原にある断崖で、一帯はブライスキャニオン国立公園として整備されている。フードゥーと呼ばれる岩の尖塔群が約1000本立つ光景は圧巻。

755 ホースシューベンド
Horseshoe Bend
アメリカ

アリゾナ州ペイジから南へ約6km。切り立つ赤褐色の断崖の間を、ターコイズブルーのコロラド川が馬蹄形のカーブを描く。断崖の上に展望ポイントがある。

756 アガワ渓谷
Agawa Canyon
🇨🇦 カナダ

深い森の中に現れる深さ約200mのV字谷で、オンタリオ州のスペリオール湖の東に位置。車でのアクセスは不可で、1914年に開通したアルゴマ・セントラル鉄道を利用する。

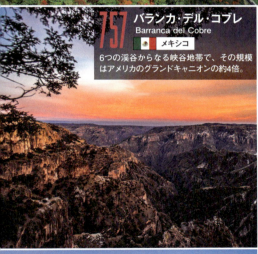

757 バランカ・デル・コブレ
Barranca del Cobre
🇲🇽 メキシコ

6つの渓谷からなる峡谷地帯で、その規模はアメリカのグランドキャニオンの約4倍。

759 マウントシャスタ
Mount Shasta
🇺🇸 アメリカ

カリフォルニア州北部にある標高4322mの火山。昔から、先住民が聖なる山として崇める。

760 サンタ・アナ火山
Santa Ana Volcano
🇸🇻 エルサルバドル

標高2381mは国内最高峰。山頂からエメラルドグリーンの火口湖を眺められる。

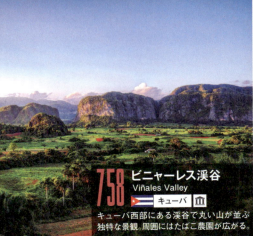

758 ビニャーレス渓谷
Viñales Valley
🇨🇺 キューバ

キューバ西部にある渓谷で丸い山が並ぶ独特な景観。周囲にはたばこ農園が広がる。

北中米

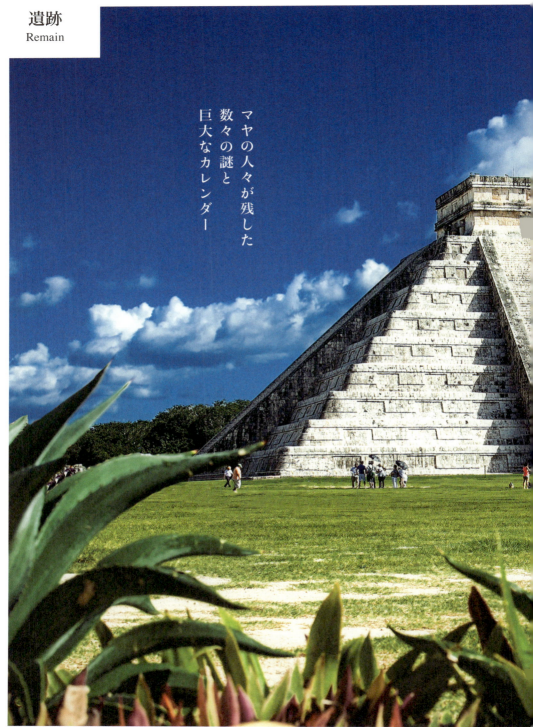

遺跡
Remain

マヤの人々が残した
数々の謎と
巨大なカレンダー

761 チチェン・イツァ
Chichén Itzá

メキシコ

紀元前3000年頃から紀元15世紀にかけて発展し、ユカタン半島では600～900年に最盛期をむかえたマヤ文明の代表的な遺跡。チチェンは「泉」、イツァは「水の魔術師」を意味し、水に関する意味合いをもった宗教的な場所だったとされる。写真はエル・カスティージョ、またはククルカン・ピラミッドと呼ばれるチチェン・イツァの中心的な建物で高さ30m。4面それぞれに90段の階段と1段の台座があり、それに神殿に上がる1段を足すと365段になることから、カレンダーの意味合いがあったと考えられている。ほかにも周辺にはワシとジャガーの神殿、生け贄の台座、球戯場、天文台など、精巧なレリーフや見事な建造物が点在し、マヤの人々にとって重要な場所だったことが分かる。エル・カスティージョ北側の階段には、春分と秋分の日のみヘビの影が浮かび上がる、マヤの神ククルカン（羽毛をもつ蛇）の降臨が見られる。遺跡内は広く、ゆっくり見学すると3時間はかかる。メキシコきってのリゾート地、カンクンを拠点に、帰りツアーで訪れることができる。

北中米

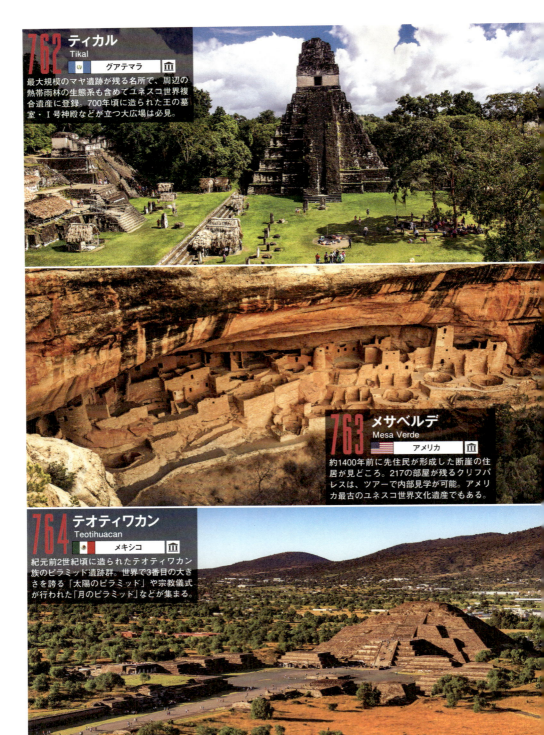

762 ティカル
Tikal

グアテマラ

最大規模のマヤ遺跡が残る名所で、周辺の熱帯雨林の生態系も含めてユネスコ世界複合遺産に登録。700年頃に造られた王の墓室・Ⅰ号神殿などが立つ大広場は必見。

763 メサベルデ
Mesa Verde

アメリカ

約1400年前に先住民が形成した断崖の住居が見どころ。217の部屋が残るクリフパレスは、ツアーで内部見学が可能。アメリカ最古のユネスコ世界文化遺産でもある。

764 テオティワカン
Teotihuacan

メキシコ

紀元前2世紀頃に造られたテオティワカン族のピラミッド遺跡群。世界で3番目の大きさを誇る「太陽のピラミッド」や宗教儀式が行われた「月のピラミッド」などが集まる。

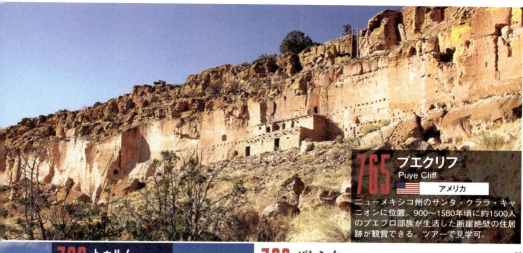

765 プエクリフ
Puye Cliff
アメリカ

ニューメキシコ州のサンタ・クララ・キャニオンに位置。900〜1580年頃に約1500人のプエブロ部族が生活した断崖絶壁の住居跡が観賞できる。ツアーで見学可。

766 トゥルム
Tulum
メキシコ

カリブ海を望む高台に立つマヤ文明の遺跡。城塞に囲まれた「風の神殿」と「海の神殿」からなる。

768 パレンケ
Palenque
メキシコ

7世紀の建造物が残るマヤ古典期後期の遺跡。神殿の下に、王の地下墓標がある。

767 コパン
Copan
ホンジュラス

4世紀から始まるマヤ古典期・コパン王朝の遺跡。高浮き彫りが見事。

769 パナマ・ビエホ
Panama Viejo
パナマ

1519年にスペインが築いた、太平洋岸初の植民都市があった場所。教会の鐘楼や住居の廃墟が残る。

北中米

祭り
Festival

死に親しみ祝う
メキシコが誇る
世界無形文化遺産

778 死者の日
Day of the Dead

🇲🇽 メキシコ

死者の日にあたる11月2日に故人の魂がこの世に戻ると信じられ、前日から各地で大規模な祭りが開催される。2003年には「死者に捧げる先住民の祭礼行事」としてユネスコの無形文化遺産に登録。国内最大のパレードが見られる首都メキシコ・シティや郊外のミスキック、先住民の多いオアハカの祭りが特に有名だ。

期間中はカラフルな切り紙の旗で町が彩られ、各家庭に作られた祭壇や先祖の墓もメキシコ原産のマリーゴールドで装飾。ガイコツの仮装で町を練り歩くパレードが祭りのハイライトとなる。墓地では家族が食事や酒を楽しみ、楽団を呼んで曲を演奏するなど、死者と陽気に交流するメキシコ流のお盆が楽しめる。

北中米

771 トリニダード・カーニバル
Carnival in Trinidad
トリニダード・トバゴ

ブラジルのリオと並ぶ世界三大カーニバルのひとつ。2〜3月に首都のポート・オブ・スペインで開催される。スチールパンが奏でるリズムときらびやかな衣装が印象的。

772 ニュー・イヤーズ・イブ
New Year's Eve
アメリカ

1904年から続くニューヨークのカウントダウンイベント。タイムズ・スクエアに100万人以上が集まる。新年を迎える瞬間に見られるボールドロップや紙吹雪、花火が壮観。

773 セマナ・サンタ
Semana Santa
グアテマラ

1週間にわたって行われる春のキリスト復活祭。特にアンティグアでは中米最大級の規模を誇る。全長25mの山車が登場するパレードやカラフルな路上装飾が見応えあり。

774 ゲラゲッツァ
Guelaguetza
メキシコ

先住民が数多く暮らすオアハカの伝統祭で、通常7月16日以降の2回の月曜に開催。華やかな衣装を身にまとった踊り子が、パイナップルの花の踊りなど郷土舞踊を披露する。

775 サン・セバスティアン通り祭り
San Sebastián Street Festival
プエルトリコ

首都サンファンの旧市街で、毎年1月中旬に5日間にわたって行われる。仮装パレードや地元アーティストによるライブ、ストリートパフォーマンスで盛り上がる。

776 ジャンカヌー
Junkanoo
バハマ

年末年始と6月に、首都ナッソーで開催。華やかな衣装を着て打楽器を手に町を練り歩く。

777 ハロウィン
Halloween
アメリカ

10月31日開催のイベントで、魔除けなどの宗教行事が起源。仮装パーティなどが行われる。

778 パウワウ
Pow-Wow
アメリカ

全米各地で行われている先住民による祭り。鮮やかな羽を使った衣装や伝統舞踊が見どころ。

北中米

コロニアル都市
Colonial City

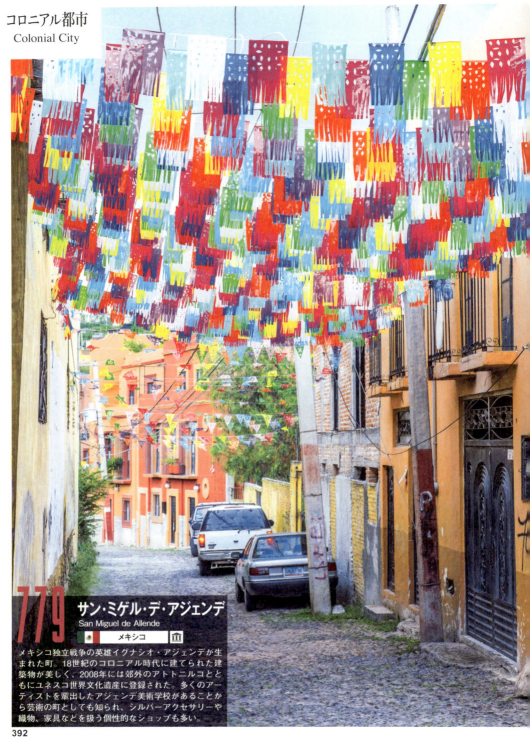

779 サン・ミゲル・デ・アジェンデ
San Miguel de Allende

| メキシコ | 🏛 |

メキシコ独立戦争の英雄イグナシオ・アジェンデが生まれた町。18世紀のコロニアル時代に建てられた建築物が美しく、2008年には郊外のアトトニルコとともにユネスコ世界文化遺産に登録された。多くのアーティストを輩出したアジェンデ美術学校があることから芸術の町としても知られ、シルバーアクセサリーや織物、家具などを扱う個性的なショップも多い。

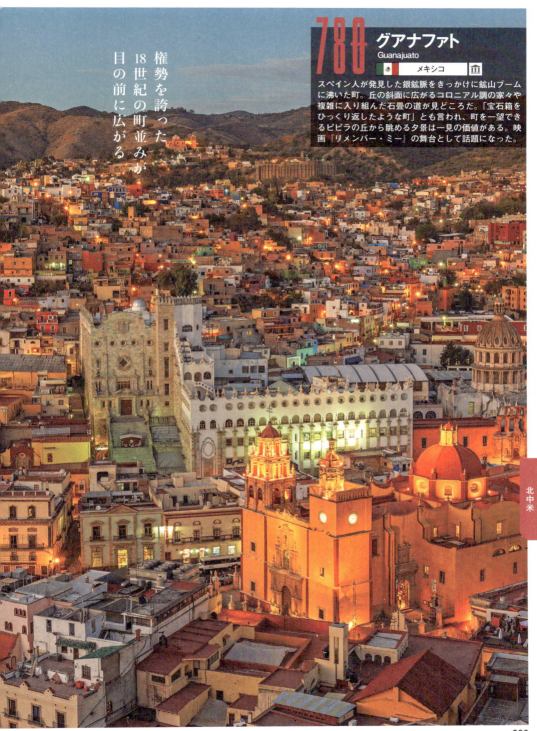

788 グアナファト
Guanajuato

メキシコ

スペイン人が発見した銀鉱脈をきっかけに鉱山ブームに沸いた町。丘の斜面に広がるコロニアル調の家々や複雑に入り組んだ石畳の道が見どころだ。「宝石箱をひっくり返したような町」とも言われ、町を一望できるピピラの丘から眺める夕景は一見の価値がある。映画『リメンバー・ミー』の舞台として話題になった。

権勢を誇った18世紀の町並みが目の前に広がる

北中米

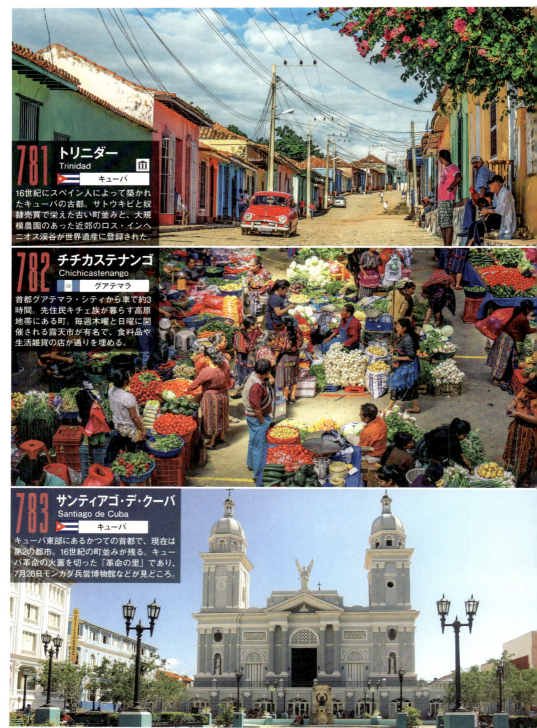

781 トリニダー
Trinidad
キューバ

16世紀にスペイン人によって築かれたキューバの古都。サトウキビと奴隷売買で栄えた古い町並みと、大規模農園のあった近郊のロス・インヘニオス渓谷が世界遺産に登録された。

782 チチカステナンゴ
Chichicastenango
グアテマラ

首都グアテマラ・シティから車で約3時間。先住民キチェ族が暮らす高原地帯にある町。毎週木曜と日曜に開催される露天市が有名で、食料品や生活雑貨の店が通りを埋める。

783 サンティアゴ・デ・クーバ
Santiago de Cuba
キューバ

キューバ東部にあるかつての首都で、現在は第2の都市。16世紀の町並みが残る。キューバ革命の火蓋を切った「革命の里」であり、7月26日モンカダ兵営博物館などが見どころ。

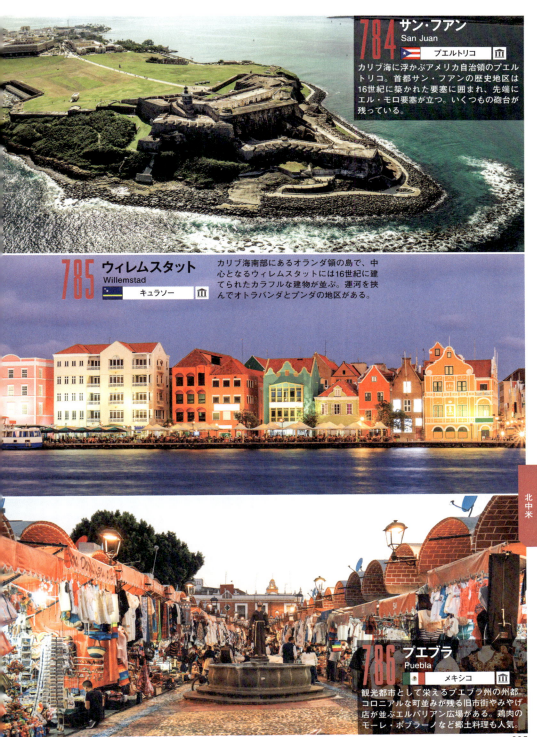

784 サン・フアン
San Juan
プエルトリコ

カリブ海に浮かぶアメリカ自治領のプエルトリコ。首都サン・フアンの歴史地区は16世紀に築かれた要塞に囲まれ、先端にエル・モロ要塞が立つ。いくつもの砲台が残っている。

785 ウィレムスタット
Willemstad
キュラソー

カリブ海南部にあるオランダ領の島で、中心となるウィレムスタットには16世紀に建てられたカラフルな建物が並ぶ。運河を挟んでオトラバンダとプンダの地区がある。

786 プエブラ
Puebla
メキシコ

観光都市として栄えるプエブラ州の州都。コロニアルな町並みが残る旧市街やみやげ店が並ぶエルパリアン広場がある。鶏肉のモーレ・ポブラーノなど郷土料理も人気。

北中米

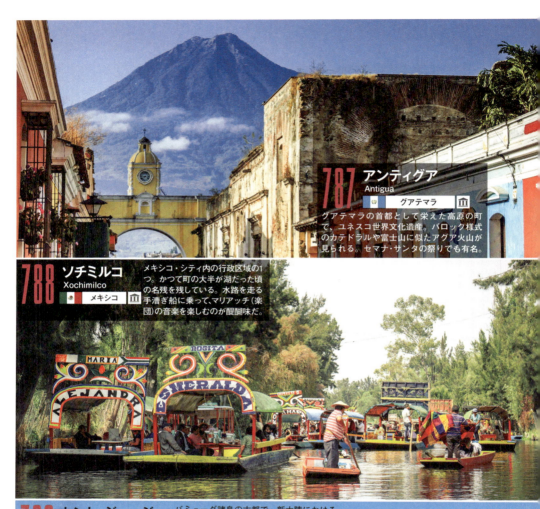

787 アンティグア
Antigua
グアテマラ

グアテマラの首都として栄えた高原の町で、ユネスコ世界文化遺産。バロック様式のカテドラルや富士山に似たアグア火山が見られる。セマナ・サンタの祭りでも有名。

788 ソチミルコ
Xochimilco
メキシコ

メキシコ・シティ内の行政区域の1つ。かつて町の大半が湖だった頃の名残を残している。水路を走る手漕ぎ船に乗って、マリアッチ(楽団)の音楽を楽しむのが醍醐味だ。

789 セント・ジョージ
St. George's
バミューダ諸島

バミューダ諸島の古都で、新大陸におけるイギリス最古の植民地でもある。17〜18世紀に建てられた石灰岩の家々や要塞群が見どころ。

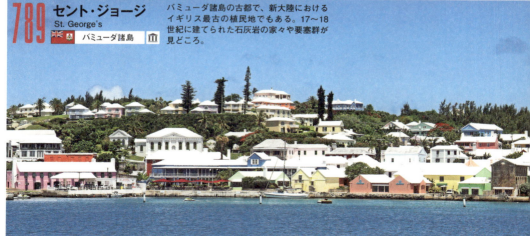

790 マルティニーク
Martiniqu
マルティニーク

「熱帯のパリ」と呼ばれるフランスの海外県。青いカリブ海とフレンチ・コロニアルな町並みが印象的。

791 メキシコ・シティ
Mexico City
メキシコ

アステカ帝国や植民地時代の面影を残す首都。独立の舞台となった国立宮殿など、名所が点在。

792 カマグエイ
Camagüey
キューバ

16世紀の建物が多く残る古い町で、広場と広場を石畳の小路が結び迷路のような造り。

793 パナマ・シティ
Panama City
パナマ

新大陸でのスペイン植民地の基地として発展。旧市街の歴史地区やパナマ運河の河口がある。

794 サン・アントニオ・パロポ
San Antonio Palopó
グアテマラ

アティトラン湖に面したカクチケル族の村。伝統衣装をまとった、先住民の日常生活が見られる。

795 サント・ドミンゴ
Santo Domingo
ドミニカ共和国

1496年にスペイン人が築き植民地の拠点となった。コロンブス一家が住んだ家が残る。

北中米

ドライブ
Drive

796 ルート66
Route 66
🇺🇸 アメリカ

シカゴとロサンゼルスのサンタモニカを結ぶ旧国道。ジョン・スタインベックの小説『怒りの葡萄』から、マザーロードの名でも知られる。8州300以上の町を通過する3755kmの道のりには、国立公園や博物館、名物モーテルなど見どころが点在。特にアリゾナ州セリグマンでは、昔ながらのダイナーやガソリンスタンドが並び、ノスタルジックな風景が堪能できる。

797 カスケード・ループ
Cascade Loop
🇺🇸 アメリカ

カスケード山脈を環状にまたぐ、全長約704kmのドライブコース。カナダと国境を接するノースカスケード国立公園やレイクシュランなどを結ぶ。一部は冬季閉鎖。

ロサンゼルスへ一本線が続く、マザーロード

798 セドナ
Sedona 🇺🇸 アメリカ

ネイティブ・アメリカンの聖地で、赤い岩山に囲まれた美しい町が広がる。

799 メープル街道
Maple Route 🇨🇦 カナダ

オンタリオ州とケベック州にまたがる街道。ルート上に紅葉の名所が点在する。

北中米

橋
Bridge

880 ゴールデンゲート・ブリッジ
Golden Gate Bridge

🇺🇸 アメリカ（サンフランシスコ）

サンフランシスコのシンボルとして親しまれる名所で、世界で最も美しい橋と言われる。全長2737m、主塔の高さは水面から約227m。自転車や徒歩で通行する場合は無料となる。

881 セブンマイル・ブリッジ
Seven Mile Bridge

🇺🇸 アメリカ

アメリカ本土最南端のキーウェストとフロリダ半島を結ぶ。全長約11km（約6.77マイル）に及ぶ橋の両側にはメキシコ湾と大西洋が広がり、サンゴ礁が眺められる。

メキシコ湾と大西洋に延びる7マイルの橋

400

802 キャピラノ吊り橋
Capilano Suspension Bridge
カナダ（バンクーバー）

深い渓谷を流れるキャピラノ川にかかる。全長134m、谷底からの高さ約70mで、ゆらゆらと揺れる吊り橋を渡ることができる。橋の奥に広がる巨木の森で散策も可能。

803 ロイヤルゴージ・ブリッジ
Royal Gorge Bridge
アメリカ

ロイヤル渓谷内のアーカンソー川に架かる木製橋で、約300mの高さは世界一を誇る。名物のロイヤルゴージ鉄道の列車に乗って、谷底から橋を真上に見上げる景色も圧巻。

北中米

401

博物館・美術館
Museum

世界最大の博物館群を有するワシントンD.C.へ

402

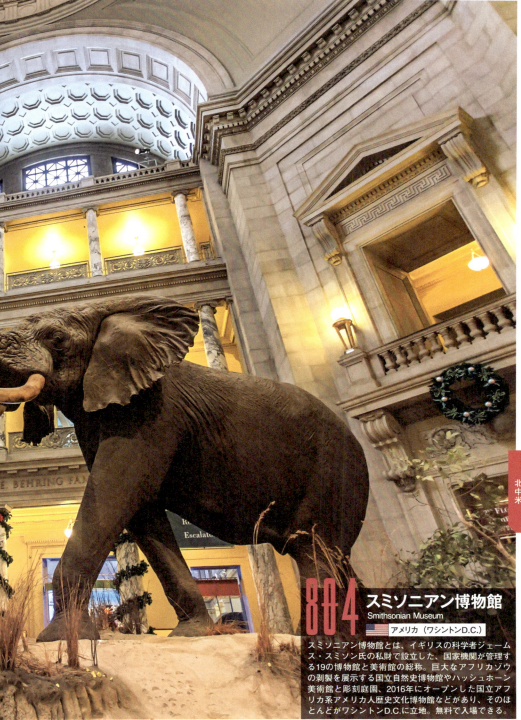

884 スミソニアン博物館
Smithsonian Museum

アメリカ（ワシントンD.C.）

スミソニアン博物館とは、イギリスの科学者ジェームス・スミソン氏の私財で設立した、国家機関が管理する19の博物館と美術館の総称。巨大なアフリカゾウの剥製を展示する国立自然史博物館やハッシュホーン美術館と彫刻庭園、2016年にオープンした国立アフリカ系アメリカ人歴史文化博物館などがあり、そのほとんどがワシントンD.C.に立地。無料で入場できる。

北中米

805 ケネディ・スペース・センター
Kennedy Space Center
アメリカ

人類を月に送るアポロ計画の舞台となったNASAの施設で、一部が観光客向けのテーマパークとなっている。スペースシャトルの実物展示や宇宙飛行疑似体験などがある。

806 ニューヨーク近代美術館
The Museum of Modern Art
アメリカ

モマの愛称で親しまれる1929年創立の美術館。2019年10月には3700㎡を超える展示スペースが新たに加わり、リニューアルオープン。無料のギャラリーもある。

807 国立人類学博物館
National Museum of Anthropology
🇲🇽 メキシコ（メキシコ・シティ）

メキシコ・シティにある世界的規模を誇る博物館。テオティワカンやトルテカなど部屋ごとにテーマが異なり、国内各地の遺跡で発見された壁画や石像を保存展示する。

808 メトロポリタン美術館
The Metropolitan Museum of Art
🇺🇸 アメリカ（ニューヨーク）

5番街に立地する巨大美術館で、メットの通称でも知られる。200万点以上に及ぶコレクションを持ち、ギリシア美術や20世紀のヨーロッパ絵画など著名な作品が揃う。

809 ロイヤル・ティレル古生物博物館
The Royal Tyrrell Museum of Palaeontology
🇨🇦 カナダ

1884年にアルバートサウルスの頭部化石が発見された砂漠地帯にある。ティラノサウルスの骨格標本やシダ類を集めた温室、化石の復元作業場などが見学できる。

北中米

405

世界の秘境

COLUMN_86
アメリカの大地が生んだ摩訶不思議な噴泉塔

818 フライガイザー
Fly Geyser

 アメリカ

ネバダ州にあるブラックロック砂漠に位置する間欠泉。レインボーカラーの岩から熱湯が噴き出す様子は、絶景というよりはむしろ奇景。岩山は高さ約3mで、年々大きく成長している。グロテスクなレインボーカラーは、温水に含まれるミネラル成分や藻類の影響によるもの。
フライガイザーは個人の敷地内にあり、従来は間近に見ることができなかった。しかし、2018年より限定のツアーにより見学できるように。人気なので、予約は早めに。

ACCESS 日本から2日

秘境度 ★★☆☆☆

南米・南極
South America

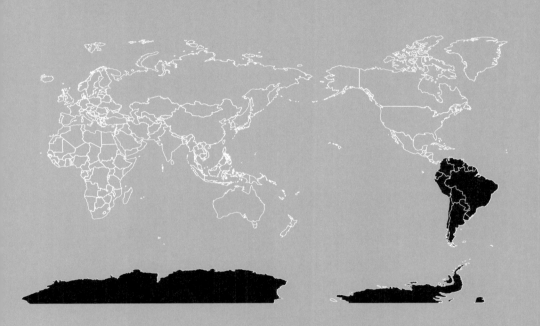

掲載している国々
ペルー
ボリビア
エクアドル
コロンビア
チリ
アルゼンチン
ウルグアイ
パラグアイ
ブラジル
ベネズエラ
スリナム
南極大陸

南米・南極
South America

エリア別ダイジェストガイド

南アメリカ（南米）は世界で4番目に大きな大陸。12の国とフランス領ギアナ、フォークランド諸島などから成る。南にはドレーク海峡を挟み南極大陸が横たわる。

アンデス山地
Andes

南米を貫くアンデス山脈の国々
南北約7500kmの世界最長のアンデス山脈。中心部は北はコロンビア、南はチリの5カ国にまたがる。一帯にはかつてインカ帝国が栄え、マチュピチュをはじめとする遺跡が多く残る。

●自然
太平洋岸からアンデス山脈を越えると、アマゾンのジャングルが広がるという独特な自然環境。1つの国で世界のあらゆる気候が体験できると言われる。山岳地帯に放牧されているリャマやアルパカはアンデス高地のシンボル。

ペルーのレインボー・マウンテンは標高約5000m

ボリビアのウユニ塩湖もアンデスの高地にある

●宗教
インカ帝国を滅ぼしたスペイン人征服者フランシスコ・ピサロは黄金探しと宣教を目的としており、植民地後に先住民はキリスト教に改宗させられた。ただ、インカ時代からの大地の神や太陽を信仰する儀式も残っている。

ピサロの骨が納められているリマ（ペルー）のカテドラル

●アンデス山地の国々
 ペルー　　 ボリビア
　エクアドル　　　コロンビア
　チリ

ラ・プラタ諸国
La Plata

太平洋に注ぐ「銀の川」周辺の国々
ラ・プラタはスペイン語で「銀」を意味する大河で、パラグアイ川などの水を集め大西洋に注ぐ。河口を挟んでアルゼンチンの首都ブエノス・アイレスとウルグアイの首都モンテビデオがある。

●自然
豊かな水と自然が広がるパラグアイとウルグアイ、ラ・プラタ川を挟んだアルゼンチンは南米最北端まで南北約3700kmに及ぶ広大な面積を誇る。北は熱帯地域から南は氷河の大地まで多彩な絶景を見ることができる。

アルゼンチン南部の自然景観は世界遺産

アルゼンチンとブラジル国境のイグアスの滝

●宗教
ラ・プラタ諸国と呼ばれる3国はいずれも16世紀初頭にスペイン人が到達しキリスト教が伝来。パラグアイにいた先住民のグアラニー族宣教のために造られたイエズス会の伝道所、ミッションの遺跡は世界遺産に登録。

パラグアイのトリニダー遺跡はかつてのミッションの1つ

●ラプラタ諸国の国々
 アルゼンチン　　ウルグアイ
　パラグアイ

408　国の名称及びエリアは、一部（中央アジアの国々）を除き外務省のウェブサイトに準ずる。また、物件掲載のある自治領や特別区は国として紹介。

牛肉とポテトの炒め物、ロモサルタードはペルーの庶民料理

ブラジル風シチュー、ムケカは魚介の風味がたまらない！

アンデス地方の定番朝ごはん、エンパナーダ

ブラジルといえばシュハスコ。人気部位はピッカーニャ（牛のお尻部分）

魚介類をレモンでしめたセビッチェはペルーやチリの沿岸部で食べられる

牛肉国アルゼンチンでは、「アサード＝ステーキ」をぜひ！

カリブ海沿岸とブラジル
Caribbean Coastal Area & Brazil

日本の22.5倍の面積をもつブラジル

カリブ海沿岸にはベネズエラと、ギアナ3国と呼ばれる2つの国とフランスの海外県、その下には南米最大で世界で5番目に大きな国ブラジルがある。アマゾン熱帯雨林は60％がブラジルに属する。

● 自然

アマゾン熱帯雨林には地球上の生物の10分の1が生息すると言われる。ブラジルとベネズエラの国境にはテーブルマウンテンが連なるギアナ高地、ブラジル内陸部にはパンタナール大湿原や高原、海岸では砂丘も見られる。

ギアナ高地のエンジェル・フォールは落差世界一

どこまでも砂丘が続くレンソイス・マラニャンセス国立公園

● 宗教

スペインとポルトガルの間で1494年に結ばれたトルデシリャス条約により、南米でブラジルのみがポルトガル領となる。大部分がキリスト教だが、アフリカから連行された黒人奴隷による土着宗教も色濃く残る。

リオ・デ・ジャネイロのモダンなカテドラル・メトロポリターナ

● カリブ海沿岸とブラジルの国々

🇧🇷 ブラジル	ベネズエラ	スリナム
ガイアナ	フランス領ギアナ	

南極大陸
Antarctica

氷で覆われたペンギンの楽園

南米最南端のウシュアイアから南極半島まではドレーク海峡をまたぎ約1000km。南極大陸は最大幅約5000kmあり、98％が氷で覆われている。南極クルーズでは半島を巡りペンギンや氷山を眺められる。

● 南極

 南極

南米・南極
絶景リスト
[全110カ所]
INDEX 811-920

アルゼンチン
- 814 クエバ・デ・ラス・マノス（手の洞窟）
- 834 ペリト・モレノ氷河
- 837 フィッツ・ロイ
- 838 タランパヤ国立公園
- 840 ウマワカ渓谷
- 845 イスラ・コラソン
- 849 イグアスの滝
- 851 イスチグアラスト州立公園
- 854 アコンカグア
- 856 ボスケ・ペトリフィカード（化石の森）
- 879 タンゲリーア
- 880 雲の列車
- 882 世界の果て号
- 885 バルデス半島
- 895 ブエノス・アイレス
- 902 サルタ
- 916 コロン劇場
- 917 エル・アテネオ

ウルグアイ
- 870 プンタ・デル・エステ
- 900 コロニア・デル・サクラメント

パラグアイ
- 823 トリニダー遺跡

ボリビア
- 825 ティワナク遺跡
- 828 オルーロのカーニバル
- 831 グラン・ポデール
- 857 ウユニ塩湖
- 858 ラグナ・ベルデ
- 859 ラグナ・コロラダ
- 862 ティティカカ湖
- 873 ミ・テレフェリコ
- 906 スクレ
- 911 ミラドール・キリキリ

ペルー
- 811 マチュピチュ
- 813 ナスカの地上絵
- 816 太陽のワカ・月のワカ
- 817 カラハイアの棺
- 818 カラル遺跡
- 819 チャンチャン遺跡
- 820 モライ
- 821 マラスの塩田
- 822 オリャンタイタンボ
- 824 チャビン遺跡
- 827 インティ・ライミ
- 833 レインボー・マウンテン
- 842 ブランカ山群
- 853 コルカ渓谷
- 860 ウマンタイ湖
- 862 ティティカカ湖
- 872 ワカチナ
- 874 スカイロッジ・アドベンチャー・スイーツ
- 877 ワンチャコ海岸
- 886 マヌー国立公園
- 888 タンボパタ国立保護区
- 896 クスコ
- 905 アレキパ
- 907 リマ
- 920 ミルプ・ターコイズ・プール

チリ
- 812 イースター島
- 835 マーブル・カテドラル
- 836 パイネ国立公園
- 843 タティオ間欠泉
- 847 月の谷
- 852 オソルノ火山
- 868 マジック・マウンテン・ホテル
- 871 バルパライソ
- 875 サン・アルフォンソ・デル・マル
- 893 マグダレナ島
- 897 チロエ島

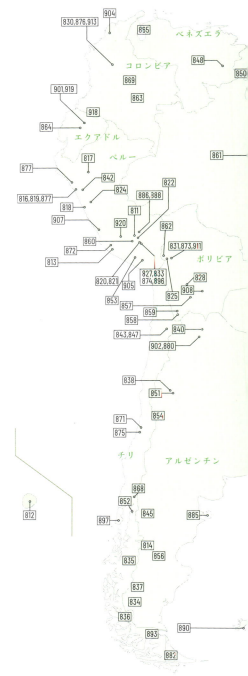

410

エクアドル
- 864 キロトア湖
- 883 サンタ・クルス島
 （ガラパゴス諸島）
- 892 イサベラ島
 （ガラパゴス諸島）
- 901 キト
- 919 ラ・コンパニーア・デ・
 ヘスス教会

コロンビア
- 830 花祭り
- 863 キャノ・クリスタレス
- 869 シパキラの塩の教会
- 876 グアタベ
- 904 カルタヘナ
- 913 ラ・ピエドラ・デル・
 ペニョール
- 918 ラス・ラハス教会

ベネズエラ
- 848 エンジェル・フォール
- 850 ロライマ山
- 865 マラカイボ湖

スリナム
- 909 パラマリボ

南極大陸
- 839 パラダイス・ハーバー
- 887 南極大陸
- 889 ウェッデル海
- 891 ハーフ・ムーン島
- 894 ダンコ島

- 890 フォークランド諸島

ブラジル
- 815 セラ・ダ・カピバラ
 国立公園
- 826 リオのカーニバル
- 829 ボイ・ブンバ
- 832 レンソイス・
 マラニャンセス国立公園
- 841 エマス国立公園
- 844 ギマランエス高原
- 846 シャパーダ・
 ジアマンチーナ
- 849 イグアスの滝
- 850 ロライマ山
- 855 フェルナンド・
 ヂ・ノローニャ諸島
- 861 アマゾン川
- 866 サロブラ川
- 867 ブラジリア
- 878 コパカバーナ
- 881 セラロンの階段
- 884 パンタナール
- 898 サルヴァドール
- 899 オリンダ
- 903 オーロ・プレット
- 906 サン・ルイス
- 910 コルコバードの丘
- 912 ポン・ヂ・アスーカル
- 914 幻想図書館
- 915 ドン・ボスコ聖堂

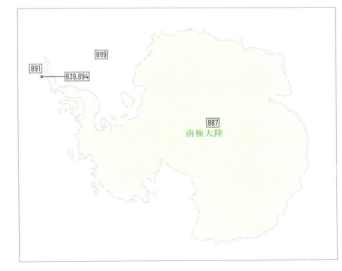

南米・南極

411

遺跡
Remain

811 マチュピチュ
Machu Picchu

ペルー

インカ帝国時代の壮大な遺跡。世界遺産の古都クスコから列車やバスを乗継いで約4時間。アンデスの奥地、ウルバンバ川に削られた深い谷からそそり立つ山上に築かれ、その様子から「空中都市」とも呼ばれる。マチュピチュ山とワイナピチュ山を結ぶ標高約2400mの細長い尾根上に、石を積み重ねた建造物群が立ち並ぶ。1450年頃にインカ王が別荘として建築し、かつては5000人もの人が暮らしていたとされるが、実際のところは謎に包まれたままだ。入口からマチュピチュ全体が見わたせる展望スポットを経て、石壁に囲まれた市街地へと入っていく。メインの広場を中心に太陽の神殿、神聖な広場、王の別荘などと居住区が区画整備され、最高所には巨石を削った柱状のインティワタナ（日時計）が立つ。スペイン人征服者により1532年、インカ帝国は崩壊するが、マチュピチュの存在は1911年まで知られることはなかった。遺跡を歩けば、インカの人々の生活や宗教観、石造技術の高さなどを実感できる。

インカの人々の
メッセージを伝える
謎多き「空中都市」

南米・南極

812 イースター島
Easter Island

🇨🇱 チリ 🏛

モアイ像で知られる、チリ本土から約3700km離れた南太平洋上に浮かぶ島。地元ではラパ・ヌイ、スペイン語でイスラ・デ・パスクアと呼ぶ。島内には約1000体のモアイ像があるが、多くはかつての島内の部族闘争で倒され壊れてしまっている。立っているモアイは復元されたもので、最大は15体のモアイ像が並ぶ「アフ・トンガリキ」。モアイの切り出し跡「ラノ・ララク」、火口湖「ラノ・カウ」などの見どころもある。

813 ナスカの地上絵
Nasca Lines
ペルー

紀元前後〜800年頃のナスカ文明時代に描かれた地上絵。大きなものでは約300mにも及ぶ絵が約30個、ほかにも無数の線が描かれている。セスナに乗って地上絵遊覧ができる。

814 クエバ・デ・ラス・マノス(手の洞窟)
Cueva de las Manos
アルゼンチン

パタゴニア地方中部、人里離れた渓谷の洞窟に残された無数の壁画。9000〜1300年前にわたって描かれており、手形は鉱物の液体を吹き付けることで浮かび上がらせたもの。動物の絵などもある。

815 セラ・ダ・カピバラ国立公園
Serra da Capivara National Park
ブラジル

絶滅した動物や狩猟風景、儀礼など約3万点にのぼる壁画が残る。古いものでは6万年前に遡ることから、旧石器時代からの人類の存在を物語っている。

南米・南極

816 太陽のワカ・月のワカ
Huaca del Sol y de la Luna
ペルー

紀元前後〜700年頃にかけてペルー北部で興ったモチェ文化の広大な遺跡。日干しレンガを積み重ねて造った2つのピラミッドがあり、月のワカにはレリーフが見られる。

817 カラヒアの棺
Sarcófagos kanajia
ペルー

紀元後800年頃にペルー北部に興ったチャチャポヤス文明の墓跡。約2mの棺が並ぶ。

818 カラル遺跡
Caral
ペルー

リマの北、スーペ川の中流で発見された紀元前2800〜2500年頃の石造りの古代遺跡。

819 チャンチャン遺跡
Chan Chan
ペルー

1100年頃からインカに征服される1470年頃まで、ペルー北部沿岸で栄えたチムー王国の都市遺跡。日干しレンガで造られ、壁に彫られた魚や鳥のモチーフが特徴的。

820 モライ / Moray 🇵🇪 ペルー
標高3500mにある、円形の階段状をしたインカ時代の遺跡。高低差が100mあり、農業研究の場だったという説がある。

823 トリニダー遺跡 / La Santísima Trinidad de Paraná 🇵🇾 パラグアイ
先住民族グアラニー族のキリスト教宣教のため、1706年に造られたイエズス会の施設跡。

821 マラスの塩田 / Salineras de Maras 🇵🇪 ペルー
谷底から約2350 m枚の塩田が斜面を覆う。標高約3000mあり、4〜9月の乾季は真っ白に。

824 チャビン遺跡 / Chavín de Huántar 🇵🇪 ペルー
紀元前1500〜500年のチャビン文明は石の加工技術に優れ、地下神殿内に高さ約4mの、神とされる石柱がある。

822 オリャンタイタンボ / Ollantaytambo 🇵🇪 ペルー
インカ時代の遺跡でタンボはケチュア語で旅籠を意味。段々畑の上に巨石の建造物がある。

825 ティワナク遺跡 / Tiwanaku 🇧🇴 ボリビア
標高3900mにある、紀元前〜紀元後1200年にわたるティワナク文化の遺跡。石の巨像や門が残る。

南米・南極

祭り
Festival

サンバのリズムと
どこまでも続く
華やかなパレード

826 リオのカーニバル
Carnival do Rio de Janeiro

ブラジル

ヴェネツィア、トリニダード・トバゴと並ぶ世界三大カーニバルの1つで、スケールの大きさでは世界最大。毎年2月〜3月上旬の、灰の水曜日から復活祭前日までの4日間にわたり、リオの町全体がカーニバル一色となる。もともとはサンバのパレードだったものが次第にグループ化され、エスコーラ・ジ・サンバと呼ばれるチームができ、コンテスト形式で踊りや音楽、装飾、構成などを競うようになり、現在のカーニバルに発展した。チームの数は70〜80あり、大きなチームでは総勢4000人にものぼる。ハイライトはメイン会場のサンボドロモで開催される最上位のスペシャルグループのパレード。飾り付けられた巨大な山車ときらびやかな衣装のダンサー達が、サンバのリズムにのって次々と現れ、観客も一体となって盛り上がる。

南米・南極

827 インティ・ライミ
Inti Raymi

ペルー

ケチュア語で「太陽の祭り」という意味の、インカ帝国時代の宗教儀式を再現したイベント。毎年6月24日にクスコ北西にあるサクサイワマン遺跡を舞台に繰り広げられる。

828 オルーロのカーニバル
Carnival de Oruro

ボリビア

鉱山の町オルーロで2〜3月頃の灰の水曜日に行われるカーニバル。リオのカーニバルやインティ・ライミと並ぶ南米三大祭りの1つ。仮面をつけた「悪魔の踊り」が有名。

829 ボイ・ブンバ
Boi Bumba
🇧🇷 ブラジル

アマゾン川流域にあるパリンチンスで毎年6月最終金・土・日曜に行われるアマゾンの奇祭。町が赤組と青組に分かれ演舞を競い合う。大きな山車や独特な衣装は見応え満点。

830 花祭り
Festival of the Flowers
🇨🇴 コロンビア

7月下旬～8月上旬の約10日間メデジンで開催。花が活けられたシジェタと呼ばれるカゴを背負ってパレードする。サンタ・エレナ村の花農家が花を売り歩いたのが由来。

831 グラン・ポデール
Gran Poder
🇧🇴 ボリビア

5～6月に開催されるラ・パス最大の祭り。「大きな力」を意味し、キリスト教と先住民族の文化が融合した色鮮やかな衣装や仮面を身に着け音楽に合わせてパレードする。

南米・南極

自然
Nature

5〜10月のみ
砂丘に現れる
青い幻の湖

832 レンソイス・マラニャンセス国立公園
Lençóis Maranhenses National Park

ブラジル

ブラジル北東部の、大西洋に面した海岸線に広がる砂丘地帯。レンソイスとはポルトガル語で「シーツ」の意味で、シーツのように波打つ砂の丘がどこまでも続いている。その大きさは15万5000ヘクタールに及び、上空からだと写真のような波状の模様に見える。青い水が溜まるのは、雨季の5〜10月にかけて。降った雨水が岩盤に達すると、水があふれ出して湖の水位が上がってくる。逆に乾季のピークの12〜2月は真っ白な風景となる。無数にある湖の中には、水が溜まると魚が孵化して泳ぎ出す不思議な湖も。拠点となるバヘイリーニャスの町から、四輪駆動で砂地を走り、砂丘を見下ろせる丘の上や砂丘の湖に行くことができる日帰りツアーが出ている。実際の砂丘は大きく、サラサラの砂をよじ上ったり、湖で泳ぐこともできる。

南米・南極

地球上とは思えないカラフルに染まる地層のストライプ

833 レインボー・マウンテン
Rainbow Mountain

ペルー

アンデス山脈の一部を形成する標高5000m級の高地には、乾燥して草木も生えない山々が連なる。住む人もおらず、誰にも知られることなく存在していたこの場所が2015年、1枚の写真をきっかけに注目を集める。翌年にはガイドツアーが組まれ、今ではマチュピチュに次ぐほどの人気スポットになった。レインボー・マウンテンことヴィニクンカ山は標高5029m。アンデスの隆起により持ち上げられた大地が氷河や風により削られ、むき出しになった地層に太陽光が照りつけ酸化。地層に含まれる鉱物などの成分により赤や茶色、グリーンなどの色合いに。尾根を彩るストライプ状のカラフルな地層と、見渡す限り何もない荒涼とした風景は、この世のものとは思えないほど。世界遺産の古都クスコから日帰りツアーで行くことができるが、標高5000mの高地を往復3時間以上歩かなければならず、高山病に注意が必要。

834 ペリト・モレノ氷河
Perito Moreno Glacier

アルゼンチン

パタゴニア地方南部にあるロス・グラシアレス(スペイン語で氷河)国立公園。約4460k㎡の面積を有し、50以上の氷河や無数の氷河湖が点在する。代表的なペリト・モレノ氷河は、全長約35km、先端部の幅が5kmもあるスケールの大きな氷河。正面の展望台からは高さ100m近くもある氷河が崩落するシーンが見られることも。氷河の上を歩くツアーや氷河湖クルーズも楽しめる。

835 マーブル・カテドラル
Marble Cathedral

チリ

SNSで話題となったスポット。氷河湖の中の島にある洞窟で、湖水に浸食された岩は滑らかなカーブを描き、光が当たると湖水に反射して青いマーブル模様が浮かび上がる。

836 パイネ国立公園
Torres del Paine National Park
チリ

正式名はシンボルの3つの岩峰を表すトーレス・デル・パイネ国立公園。グアナコが生息する。

837 フィッツ・ロイ
Mount Fitz Roy
アルゼンチン

先住民がエル・チャルテン（煙を吐く山）と呼んでいた標高3405mの岩峰。周囲に氷河や氷河湖が点在。

南米・南極

838 タランパヤ国立公園
Talampaya National Park
アルゼンチン

三畳紀の真っ赤な砂岩に覆われた大地。太古の川や強い風により削られた高さ約100mの断崖がどこまでも続く。恐竜や哺乳類などの化石が見つかる貴重な場所でもある。

840 ウマワカ渓谷
Quebrada de Humahuaca
アルゼンチン

アルゼンチン北部の砂漠地帯にある、南北約150kmの渓谷。鉱物がカラフルな地層を見せる波打つような山が印象的。標高4300mにあるオルノカルでは14色もの山肌が広がる。

839 パラダイス・ハーバー
Paradise Harbor
南極大陸

かつては捕鯨船の避難所として使われていた南極半島にある湾。アルゼンチンの観測基地があり、小高い丘からは湾を一望できる。周辺のクルーズでは巨大な氷山も見られる。

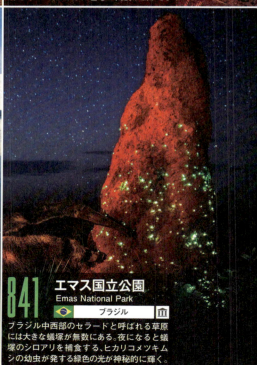

841 エマス国立公園
Emas National Park
ブラジル

ブラジル中西部のセラードと呼ばれる草原には大きな蟻塚が無数にある。夜になると蟻塚のシロアリを捕食する、ヒカリコメツキムシの幼虫が発する緑色の光が神秘的に輝く。

842 ブランカ山群
Cordillera Blanca
ペルー

アンデス山脈の一部、約200kmにわたる山塊で標高6768mのペルー最高峰ワスカランほか6000m級の山々が連なる。

845 イスラ・コラソン
Is a Corazón
アルゼンチン

北部パタゴニアのリゾート地、バリローチェ南西のマスカルディ湖に浮かぶハート型の島。

843 タティオ間欠泉
El Tatio Geysers
チリ

アタカマ砂漠の標高4500mに位置する世界最高所の間欠泉。温泉水が溜まった池に浸かることもできる。

846 シャパーダ・ジアマンチーナ
Chapada Diamantina
ブラジル

テーブルマウンテン、鍾乳洞、洞窟がある国立公園。地下水が溜まった青い池は泳ぐことも。

844 ギマランエス高原
Chapada dos Guimarães
ブラジル

北パンタナールのテーブル状の山が連なる高原。断崖を流れ落ちる滝「花嫁のベール」で有名。

847 月の谷
Valle de la luna
チリ

アタカマ砂漠にあり、月面のような荒涼とした風景が広がる。風化した岩や砂丘が見られる。

南米・南極

848 エンジェル・フォール
Angel Falls

ベネズエラ

ベネズエラ南東部からブラジル、ガイアナにまたがって広がるギアナ高地には100以上のテーブル状の山、テーブルマウンテンがある。中心となるカナイマ国立公園にはギアナ高地最大規模のテーブルマウンテン、アウヤン・テプイがあり、その山頂から流れ落ちる滝の1つが、落差979mの落差世界一の滝エンジェル・フォールだ。川の水量が増す6〜11月の間、滝の下までボートとトレッキングで行くことができる。

849 イグアスの滝
Iguazu Falls

アルゼンチン
ブラジル

全長約1320mのイグアス川の下流にかかるイグアスの滝。陥没した大地に吸い込まれるように流れ落ちる滝は最大落差こそ約80mだが、幅は約4kmにわたり、毎秒6500トンもの膨大な水量を誇る。アルゼンチンとブラジルの国境に位置し、双方から見学ルートが設けられている。ハイライトは「悪魔ののどぶえ」で、轟音を立てて落ちる滝は大迫力。滝の下まで行くスピードボートも人気。

850 ロライマ山
Mount Roraima

ベネズエラ
ブラジル

ギアナ高地の東、ベネズエラ、ブラジル、ガイアナの3国国境にそびえる標高2723mのテーブルマウンテン。コナン・ドイルのSF小説『失われた世界』の舞台として一躍有名になった。周囲を1000m近い断崖に囲まれた山頂には浸食された奇岩が連なり、独自の進化を遂げた植物や生き物が生息。麓に位置するブラジルのサンタ・エレナ・デ・ヴアイレンから5泊6日程度でトレッキングが可能。

851 イスチグアラスト州立公園
Ischigualasto Provincial Park

アルゼンチン

三畳紀の地表がむき出しになった地域。丸い石が転がる場所や、風化した奇岩が多数見られる。

852 オソルノ火山
Volcán Osorno

チリ

チリ南部、ジャンキウエ湖の湖畔にそびえる美しいシルエットが印象的な標高2652mの成層火山。

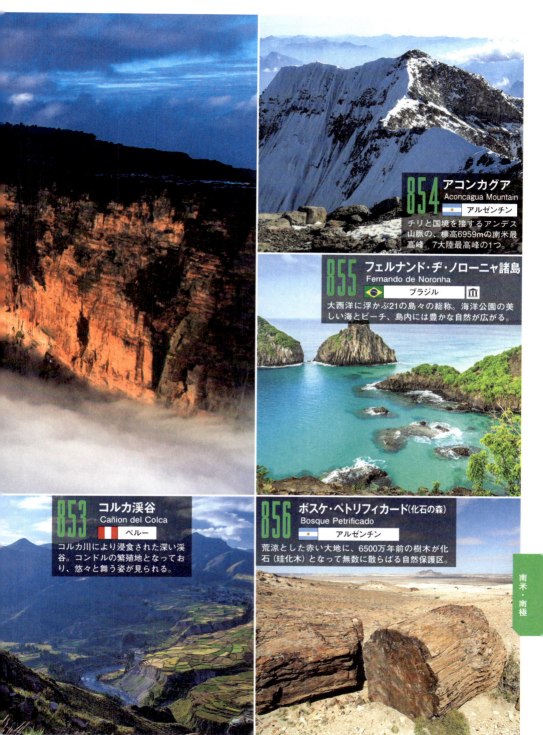

854 アコンカグア
Aconcagua Mountain
アルゼンチン

チリと国境を接するアンデス山脈の、標高6959mの南米最高峰。7大陸最高峰の1つ。

855 フェルナンド・ヂ・ノローニャ諸島
Fernando de Noronha
ブラジル

大西洋に浮かぶ21の島々の総称。海洋公園の美しい海とビーチ、島内には豊かな自然が広がる。

853 コルカ渓谷
Cañion del Colca
ペルー

コルカ川により浸食された深い渓谷。コンドルの繁殖地となっており、悠々と舞う姿が見られる。

856 ボスケ・ペトリフィカード（化石の森）
Bosque Petrificado
アルゼンチン

荒涼とした赤い大地に、6500万年前の樹木が化石（珪化木）となって無数に散らばる自然保護区。

南米・南極

湖・川
Lake・River

857 ウユニ塩湖
Salar de Uyuni
ボリビア

標高3760mにある世界最大級の塩湖で、大きさは約120km×100km、面積は約1万km²。アンデス山脈の隆起により海水が取り残され干上がったもので、埋蔵量は100億トンとも言われる。普段は真っ白な塩の大地だが、12～3月の雨季には薄く水が張り、天空を映す鏡のようになる。この不思議で美しい光景をひと目見ようと、世界中から観光客が集まる。近郊のウユニ村から日帰りツアーが出ている。

858 ラグナ・ベルデ
Laguna Verde
ボリビア

標高5960mのリカンカブール山を映す、スペイン語で「緑の湖」。ウユニ塩湖の南、チリ国境の標高4300mの高地にあり、真っ青な色は鉱物に含まれるミネラル分による。

天と地がひとつになる高地に広がる真っ白な世界

859 ラグナ・コロラダ Laguna Colorada ボリビア
藻類やプランクトンなどにより赤い色をした、その名も「赤い湖」。フラミンゴが生息する。

860 ウマンタイ湖 Humantay Lake ペルー
雪をかぶったアンデスの山と氷河を望む、標高約3850mの高地にあるコバルトブルーの湖。

南米・南極

861 アマゾン川
Amazon River

 ブラジル

アフリカのナイル川に次ぐ世界で第2位の河川で、全長約6500km、流域面積は南米6カ国にまたがる650万km²と世界一。周囲に広がる熱帯雨林は多種多様な生命を育んでいる。アマゾナス州の州都マナウスを拠点に、アマゾンクルーズやジャングル探検で自然と触れ合える。

862 ティティカカ湖
Titicaca Lake
ペルー / ボリビア

船が航行する湖としては世界最高地点の標高3890mにある南米最大級の湖。湖内にタキーレ島、太陽の島などの島々と、トトラという植物を積み重ねた浮島のウロス島がある。

863 キャノ・クリスタレス
Caño Cristales
コロンビア

川底の水性植物により赤、青、緑などに見える川。雨季のピークの9〜10月に見られる。

865 マラカイボ湖
Maracaibo Lake
ベネズエラ

南北約160kmの南米最大級の湖。世界で最も稲妻の多い場所としてギネス登録されている。

864 キロトア湖
Quilotoa Lake
エクアドル

標高約3900mにある、ターコイズブルーの水をたたえた直径約3kmの神秘的なカルデラ湖。

866 サロブラ川
Salobra River
ブラジル

南パンタナールの拠点、ボニート周辺にある川で、天然のアクアリウムと呼ばれるほど透明。

南米・南極

437

話題
Topic

867 ブラジリア
Brasília

ブラジル 🏛

1960年にリオ・デ・ジャネイロから遷都されたブラジルの首都。パイロット・プランをコンセプトに全体がジェット機形をしており、政府機関、公共施設、ホテルや居住区が区画整備されている。建物はブラジルを代表する建築家オスカー・ニーマイヤーらが手がけ、写真のカテドラル・メトロポリターナもその1つ。

868 マジック・マウンテン・ホテル
Magic Mountain Hotel

チリ

パタゴニア奥地のウイロウイロ私設保護区の、深い森の中にあるユニークな宿泊施設。火山をイメージした建物で上から滝が流れる。板張りのナチュラルな客室は全9室。

869 シパキラの塩の教会
Salt Cathedral of Zipaquirá

コロンビア

首都のボゴタから約50kmの、岩塩鉱山の中にある教会。巨大な空洞が広がる聖堂には、岩塩を掘り出した十字架がある。縦16m、横10mと地下にあるものとしては世界最大級。坑道にもキリスト受難と復活を表した塩のモニュメントが多数あり、いずれもライトアップされ幻想的に浮かび上がる。

870 プンタ・デル・エステ
Punta del Este

ウルグアイ

ラ・プラタ川と大西洋に挟まれた細長い岬。ビーチリゾートとして人気があり、シンボルのオブジェ「プンタ・デル・エステの手」はチリのアーティストによるもの。

南米・南極

871 バルパライソ
Valparaíso

チリ 🏛

首都のサンティアゴから約120kmにあるチリ最大の港町。港の背後にはいくつもの丘が連なり、その斜面に家が積み重なるように並ぶ。カラフルに塗られた家の壁はまるで絵の具箱のよう。港と丘の上を結ぶ、アセンソールと呼ばれるケーブルカーのような乗り物があり、130年以上前のものが今も約10基運行している。

872 ワカチナ
Huacachina
ペルー

海岸沿いの砂漠地帯に現れる、自然の水が湧き出すオアシス。湖の周りだけに植物が茂る不思議な光景。砂漠でのサンドバギー、湖ではボート遊びが楽しめる。

873 ミ・テレフェリコ
Mi Teleférico
ボリビア（ラ・パス）

標高3650m、世界最高所の首都ラ・パスの新交通システム。10路線あるロープウェイがすり鉢状に広がる市街を縦横無尽に走る。標高の高い地域を結ぶ路線は展望も楽しめる。

874 スカイロッジ・アドベンチャー・スイーツ
Skylodge Adventure Suites
ペルー

崖からケーブルでつるされた透明なカプセルが宿泊施設になっている。崖をよじ登り、ロープに確保されてカプセル内へ。眼下にウルバンバ川、夜は頭上に満天の星が輝く。

南米・南極

441

875 サン・アルフォンソ・デル・マル
San Alfonso del Mar

チリ

首都のサンティアゴの西約100kmの、サン・アルフォンソの海岸沿いにあるホテル。海沿いに横たわる話題の海水ラグーン（プール）は長さ約1kmありギネスに認定。

877 ワンチャコ海岸
Huanchaco

ペルー

北部の海岸で夕日とサーフィンで知られる人気のスポット。トトラという植物を束ねた舟に乗って魚をとる、プレ・インカの時代から続く伝統的な漁風景が見られる。

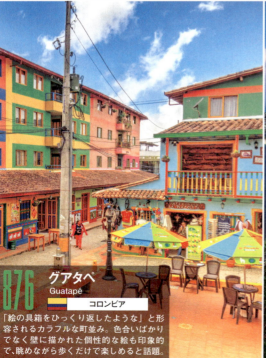

876 グアタペ
Guatapé

コロンビア

「絵の具箱をひっくり返したような」と形容されるカラフルな町並み。色合いばかりでなく壁に描かれた個性的な絵も印象的で、眺めながら歩くだけで楽しめると話題。

878 コパカバーナ
Copacabana

ブラジル（リオ・デ・ジャネイロ）

リオ・デ・ジャネイロにあるブラジルきってのビーチリゾート。約3kmの海岸沿いにはホテルやレストランが立ち並ぶ。砂浜ではフットサルやビーチバレーが盛ん。

879 タンゲリーア
Tanguería

アルゼンチン

タンゴ発祥の地、ブエノス・アイレスにはタンゴの生演奏と踊りが楽しめるタンゲリーアがたくさんある。ショーが始まるのはたいてい深夜。食事ができるところもある。

881 セラロンの階段
Escadaria Selarón

ブラジル（リオ・デ・ジャネイロ）

リオの旧市街にある、チリ人のアーティスト、セラロン氏が手がけたタイル張りの階段。世界各国から集めたカラブルなタイルが張られ、記念撮影スポットとして人気。

880 雲の列車
Tren a las Nubes

アルゼンチン

アルゼンチン北部のサルタとチリ国境を結ぶ観光列車。ハイライトで終点のラ・ポルボリージャ高架橋は標高4220mにある高さ63mの鉄橋で、最高所の鉄道区間。

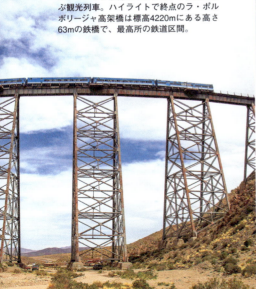

882 世界の果て号
Tren del Fin del Mundo

アルゼンチン

世界最南端の都市ウシュアイア郊外、フエゴ鉄道が運行する観光列車。かわいい蒸気機関車に牽引され、ティエラ・デル・フエゴ国立公園まで約7kmの区間を走る。

南米・南極

動物
Animal

絶海の孤島で独自に進化を遂げた生き物たち

883 サンタ・クルス島（ガラパゴス諸島）
Santa Cruz Island (Galápagos Islands)

エクアドル

ガラパゴス諸島の有人島でメインの島、サンタ・クルス島にあるトルトゥーガ・ベイは白砂の美しいビーチ。町から歩いて行くことができる。ビーチの外れの岩場にはウミイグアナのコロニーがあり、砂浜でくつろぐウミイグアナやガラパゴスアシカを間近に見られる。

885 バルデス半島
Península Valdés

アルゼンチン

大西洋に突き出した半島で鳥類や海洋生物の繁殖地となっている。ペンギン、ゾウアザラシ、オタリアのコロニーがあるほか、時季によりシャチやクジラが見られる。

884 パンタナール
Pantanal Conservation Area

ブラジル

ブラジルを中心にパラグアイとボリビアにまたがる大湿原。雨季になると水が氾濫し、乾季になると草原が現れる。約460種類の鳥類、約130種の哺乳類などが生息する。

886 マヌー国立公園
Manú National Park

ペルー

熱帯雨林のジャングルから標高約4200mの高地にかけて広がるペルー最大の国立公園。約850種の鳥類、約160種類の哺乳類など生物多様性に富み、絶滅の危機に瀕する生き物も多数生息する。土に含まれる成分を食べに集まるコンゴウインコの珍しい光景が見られる。

887 南極大陸
Antarctica

南極大陸

南極海には豊富なオキアミや魚類を求めてマッコウクジラ、シロナガスクジラ、ザトウクジラなどさまざまなクジラやイルカが回遊してくる。かつては捕鯨基地もあった。

888 タンボパタ国立保護区
Tambopata National Reserve

ペルー

マヌー国立公園に隣接する自然保護区。川の流域に広がるアマゾンの熱帯雨林に貴重な生態系が育まれている。体長1mにもなるオオカワウソの生息域で知られる。

南米・南極

ペンギン
Penguin

極寒の地で
たくましく生きる
世界最大のペンギン

889 ウェッデル海
Weddell Sea

南極大陸

体長約110cmにもなるエンペラーペンギン（コウテイペンギン）が唯一生息しているのが南極大陸。マイナス60℃にもなる厳しい自然環境の中で卵を産み、ヒナを育てる。オスが足にのせて抱卵し、メスは100kmも離れた海へ餌をとりにいく。餌は魚やクリルと呼ばれるオキアミ、イカなど。南極大陸へはチリ南部からのチャーターフライトでのみ行ける。

890 フォークランド諸島
Falkland Islands
イギリス実効支配

アルゼンチンではマルビナス諸島と呼ばれる、沖合い700kmの洋上に浮かぶ島々。5種類のペンギンが生息するペンギンの宝庫で、キングペンギンの多くはここに生息。

891 ハーフ・ムーン島
Half Moon Island
南極大陸

ムーンベイにある三日月形の島。ガレ場の斜面に3000羽以上ものヒゲペンギンの営巣地がある。

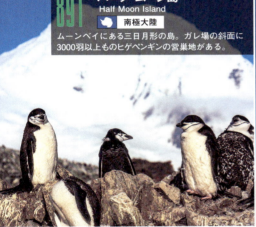

893 マグダレナ島
Magdalena Island
チリ

南部パタゴニア、マゼラン海峡に浮かぶ小島。35万羽に及ぶマゼランペンギンの大営巣地がある。

892 イサベラ島(ガラパゴス諸島)
Isabela Island (Galápagos Islands)
エクアドル

イサベラ島南部の海に点在する岩場、ティントレーラスには小型のガラパゴスペンギンが生息。

894 ダンコ島
Danco Island
南極大陸

入り組んだエレラ海峡にある全長1.6kmの島。頭の白が特徴的なジェンツーペンギンが営巣する。

南米・南極

447

コロニアル都市
Colonial City

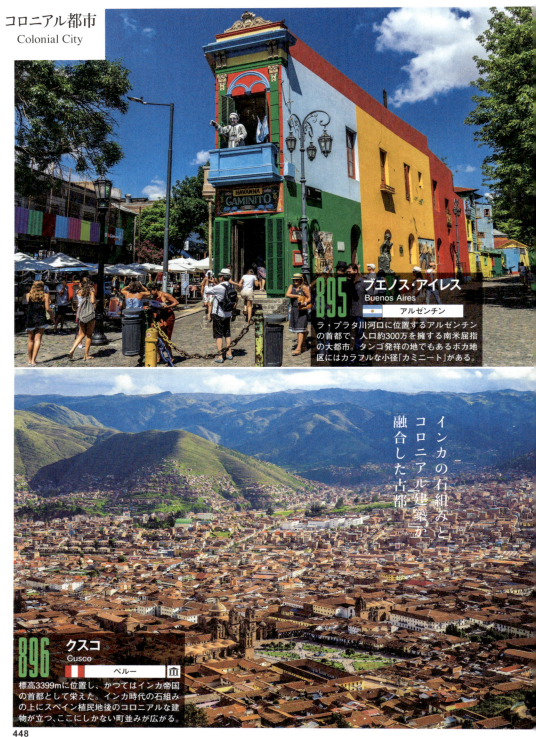

895 ブエノス・アイレス
Buenos Aires

アルゼンチン

ラ・プラタ川河口に位置するアルゼンチンの首都で、人口約300万を擁する南米屈指の大都市。タンゴ発祥の地でもあるボカ地区にはカラフルな小径「カミニート」がある。

インカの石組みとコロニアル建築が融合した古都

896 クスコ
Cusco

ペルー

標高3399mに位置し、かつてはインカ帝国の首都として栄えた。インカ時代の石組みの上にスペイン植民地後のコロニアルな建物が立つ、ここにしかない町並みが広がる。

897 チロエ島
Chiloé Island

| チリ |

南北250km、東西50kmの島内に17世紀に建てられた約160棟の木造教会が残り、うち16棟が世界遺産に登録されている。風土を生かした造りとカラフルな色合いが印象的。

898 サルヴァドール
Salvador

| ブラジル |

東部に位置するブラジル最初の首都。砂糖産業で栄えた歴史を持ち、豪華絢爛な教会が立つ。黒人奴隷が持ち込んだ音楽や宗教、衣裳に至るまで独特な文化が色濃く残る。

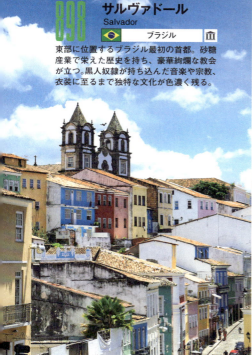

899 オリンダ
Olinda

| ブラジル |

ポルトガルとオランダの植民地として栄え、双方の特徴がある建物が混在する。1585年のブラジル初の修道院をはじめ、20以上の教会や修道院が残る。

南米・南極

449

900 コロニア・デル・サクラメント
Colonia del Sacramento
ウルグアイ

ラ・プラタ川河口にあり、ポルトガルやスペイン様式の古い建物が立ち並ぶ古都。

902 サルタ
Salta
アルゼンチン

1582年にスペイン人により建設された町で、当時の石畳の道やコロニアルな建物が見られる。

901 キト
Quito
エクアドル

スペイン語で赤道という名のエクアドル。首都キトの旧市街にはコロニアルな建物が多数残る。

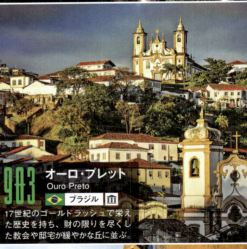

903 オーロ・プレット
Ouro Preto
ブラジル

17世紀のゴールドラッシュで栄えた歴史を持ち、財の限りを尽くした教会や邸宅が緩やかな丘に並ぶ。

904 カルタヘナ
Cartagena
コロンビア

カリブ海に面し、周囲を要塞に囲まれた都市。16世紀に海上交易や奴隷貿易で栄えた。

985 アレキパ
Arequipa
🇵🇪 ペルー 🏛

リマに次ぐペルー第2の都市。周辺で採掘される白い火山岩が使われた「白い町」で知られる。

986 サン・ルイス
São Luís
🇧🇷 ブラジル 🏛

財を成したポルトガル人により建てられたタイル"アズレージョ"張りの建物が保存されている。

987 リマ
Lima
🇵🇪 ペルー 🏛

インカ帝国を征服したピサロにより1535年に築かれた。アルマス広場には大統領府や大聖堂がある。

988 スクレ
Sucre
🇧🇴 ボリビア 🏛

1825年にボリビア独立の調印が行われた憲法上の首都。16世紀に建てられた白い建物群が特徴。

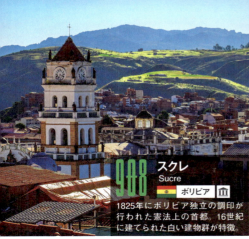

989 パラマリボ
Paramaribo
🇸🇷 スリナム 🏛

オランダ領ギアナだったスリナムの首都。スリナム川沿いの歴史地区にはコロニアルな建物が立ち並ぶ。

南米・南極

眺望
View

918 コルコバードの丘
Morro do Corcovado
ブラジル（リオ・デ・ジャネイロ）

リオのシンボルでもある白いキリスト像。海抜709mの小山の上に立つ高さ30mの巨大な石像で、635トンもの重さがあるという。像の周囲からは湖に浮かぶ岩山のポン・デ・アスーカル、湾曲する海岸線とホテル群など、「山と海との間のカリオカの景観群」として世界遺産に登録された絶景が広がる。なお、カリオカとはポルトガル語で「リオの住民」を意味。山頂へは登山列車トレム・ド・コルコバードで約20分。

911 ミラドール・キリキリ
Mirador Killi killi
ボリビア（ラ・パス）

ボリビアの首都ラ・パスの町並みを一望できる展望スポットで特に夜景は絶景。中心部に高層ビル、周囲の斜面に民家が立ち並ぶすり鉢状の町の様子がよくわかる。

魅力的な都市
リオ・デ・ジャネイロを
象徴する絶景

912 ポン・ヂ・アスーカル
Pão de Açúcar

🇧🇷 ブラジル（リオ・デ・ジャネイロ）

「砂糖パン」という意味の岩山。海抜396mの頂上までロープウェイで行ける。

913 ラ・ピエドラ・デル・ペニョール
La Piedra del Peñol

🇨🇴 コロンビア

自然の岩山で約220mの山頂まで740段もの階段が、岩の隙間にジグザグに付けられている。

南米・南極

建築物
Architecture

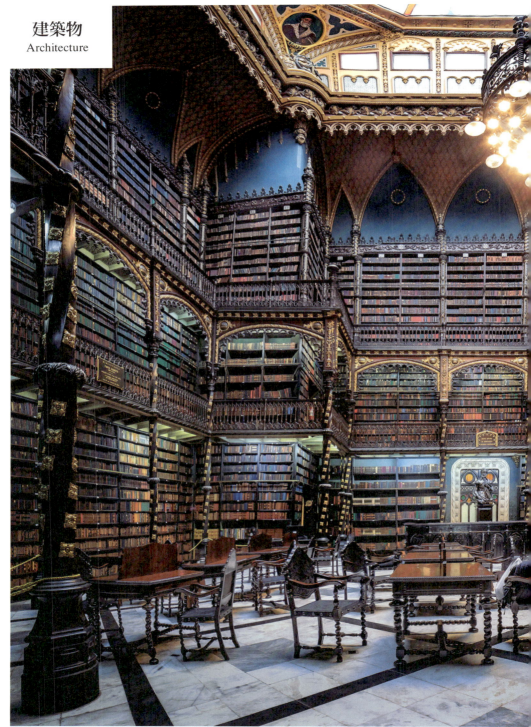

歴史ある本に囲まれ
時代を旅する
幻想的な図書館

914 幻想図書館
The Royal Portuguese Cabinet of Reading

🇧🇷 ブラジル（リオ・デ・ジャネイロ）

リオ・デ・ジャネイロの旧市街にある、世界でも最も美しい図書館の1つと言われる王室ポルトガル図書館。ポルトガル植民地時代の1880年に建てられ、ポルトガル移民の文化や文学の普及の場となってきた。現在もポルトガルから毎年約6000冊の本が送られてきており、約35万冊もの蔵書があるという。中には歴史的、文化的な価値の高い貴重な図書も多い。建物はポルトガル独特のネオ・マヌエル様式で外観は彫刻の施された白い石灰岩、内部も柱や天井周りが精緻な装飾で飾られている。高い天井のすぐ下までぎっしり並ぶ飴色の本が壁と一体化し、芸術的な美しい空間を創り出している。一般に開放されており見学可。

南米・南極

915 ドン・ボスコ聖堂
Santuario Dom Bosco

ブラジル（ブラジリア）

ブラジリアにある、聖人ドン・ボスコを祀る教会。天井まであるステンドグラスを通して入る光と、直径5mのヴェネチアングラスのシャンデリアが聖堂内を照らし出す。

916 コロン劇場
Colón Theatre

アルゼンチン（ブエノス・アイレス）

ミラノのスカラ座、パリのオペラ座と並ぶ世界三大劇場の1つ。スペイン語でテアトロ・コロン。1908年に完成したイタリア・ルネッサンス様式で観客席が6階まである。

917 エル・アテネオ
El Ateneo Grand Splendid

アルゼンチン（ブエノス・アイレス）

1919年に建てられた劇場、テアトロ・グラン・スプレンディッドを利用した芸術的な店内に70万冊以上の本やCD/DVDが並ぶ。2019年に「世界で最も美しい書店」に選ばれた。

918 ラス・ラハス教会
Santuario de Las Lajas

コロンビア

ラス・ラハスの聖母ロザリオを祀る大聖堂として巡礼者が絶えない聖地。コロンビア南部の渓谷に立つネオゴシック建築で「世界一美しい教会」と話題に。高さ50mに付けられた長さ20mの橋を渡って行く。

919 ラ・コンパニーア・デ・ヘスス教会
Iglesia de la Compañía de Jesús

エクアドル（キト）

首都キトの旧市街に立つイエズス会の教会。完成までに160年かかったという教会内部は祭壇から天井までまばゆいほどの金箔でおおわれ、黄金の教会と呼ばれている。

南米・南極

457

世界の秘境

COLUMN_87
険しい断崖に守られし ターコイズの谷

928
ミルプ・ターコイズ・プール
Aguas Turquesas Millpu

ペルー

ペルーでここ数年話題となっている秘境スポットといえばここ。標高約3500mの峡谷にあり、垂直に切り立った断崖の底に約20の天然プールが500mにわたり続いている。谷底を流れる川は見事なターコイズブルー。同じ石灰華段は世界中に数あれど、ここまで狭い範囲にあるのは珍しい。駐車場からミルプ・ターコイズ・プールまでは、徒歩30分。しかし、ただの30分ではない。なにしろ、ここは3000mオーバーの高地。歩くだけでも苦しいのに、山道を登ることになる。
地元ペルー人にもほとんど知られていないとっておきの秘境。これからブレイクすること間違いなし。

ACCESS 日本から3日

秘境度 ★★★★☆

太平洋・オセアニア
Pacific Ocean & Oceania

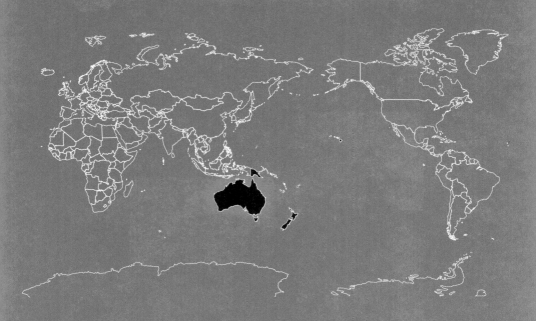

掲載している国々

オーストラリア
ニュージーランド
ハワイ
グアム
北マリアナ諸島
パラオ
バヌアツ
フィジー
サモア

クック諸島
ツバル
ミクロネシア連邦
パプアニューギニア
フランス領ポリネシア
ニューカレドニア

太平洋・オセアニア
Pacific Ocean & Oceania

エリア別ダイジェストガイド

太平洋に浮かぶ島々の総称がオセアニア。英語の「Ocean」から変化したと言われ、どこも海と密接な関わりをもつ海洋国。リゾートライフを思う存分楽しみたい。

オセアニア
Oceania

メインとなる2つの島国
世界六大州の1つ。広義ではオーストラリア大陸およびニュージーランド、ほか太平洋の島々も含まれるが、ここではメインとなるオーストラリアとニュージーランドのみを分類。

●自然
グレート・バリア・リーフに代表される海から山、原生林の森など、オーストラリアは雄大な自然の宝庫。ここにしか生息しない固有種も多く、動物ウオッチングも盛ん。北と南、2つの島をメインとするニュージーランドは、南島は氷河やフィヨルド、北島は温暖なリゾートとなっている。

オーストラリアのへそと呼ばれるエアーズ・ロック（ウルル）

ニュージーランドには氷河も存在している

●宗教
キリスト教。宗派はカトリックやプロテスタント、英国国教会などさまざま。アボリジニやマオリなどの先住民族の間には、昔ながらの信仰が残っている。

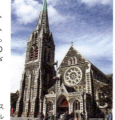
ニュージーランドのクライスト・チャーチにあるカテドラル

●オセアニアの国々

オーストラリア　ニュージーランド

太平洋の島々
Pacific Islands

個性豊かな太平洋の島々
ミクロネシアやポリネシア、メラネシアという3つのエリアに点在する島々。アメリカの州（準州）であるグアムとハワイ諸島もここに含む。どの島も、世界に名だたるリゾートとして名を馳せる。

●自然
各島の周辺にはサンゴ礁の海が広がり、ニューカレドニアなど世界遺産に登録されているものも。ダイビングやスノーケルなどマリンアクティビティも多彩。ハワイは豊かな自然があり、特にハワイ島は変化に富む。

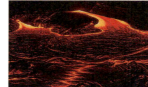
ハワイ島のキラウエア火山。近年噴火により話題となった

エメラルドグリーンの海でめいっぱい泳ごう！

●太平洋の島々の国々
ハワイ　グアム　北マリアナ諸島
パラオ　バヌアツ　ソロモン
フィジー　サモア　トンガ
クック諸島　ツバル　キリバス
ミクロネシア連邦　ナウル
ニウエ　パプアニューギニア
マーシャル諸島　フランス領ポリネシア
ニューカレドニア

太平洋・オセアニア絶景リスト

[全80カ所]

INDEX
921-1000

フィジー
- 934 タバルア島
- 945 メケ・ダンス
- 985 クラウド・ナイン
- 993 ナバラ村

バヌアツ
- 963 ヤスール火山
- 964 ブルーホール

クック諸島
- 933 アイツタキ島

サモア
- 924 トスア・オーシャン・トレンチ

オーストラリア
- 921 グレート・バリア・リーフ
- 922 ホワイトヘブン・ビーチ
- 925 ハート・リーフ
- 928 サーファーズ・パラダイス・ビーチ
- 931 ケーブル・ビーチ
- 932 シェル・ビーチ
- 937 ロード・ハウ島
- 946 ニンガルー・コースト
- 947 ロットネスト島
- 948 ローン・パイン・コアラ・サンクチュアリ
- 949 カンガルー島
- 950 タスマニア
- 952 モンキー・マイア
- 953 エアーズ・ロック（ウルル）
- 955 グレート・オーシャン・ロード
- 956 ウェーブ・ロック
- 958 バヌルル国立公園
- 966 ヒリアー湖
- 969 エア湖
- 970 ピナクルズ
- 971 ミッチェル竜
- 972 ワイルドフラワー街道
- 973 デインツリー国立公園
- 974 デビルズ・マーブル
- 977 キュランダ
- 979 カタ・ジュタ
- 980 ブルー・マウンテンズ
- 981 クレイドル・マウンテン国立公園
- 982 オペラハウス
- 995 ザ・ガン

ニュージーランド
- 944 ハカ
- 951 カイコウラ
- 960 ワイトモ洞窟
- 962 レディ・ノックス・ガイザー
- 965 フォックス氷河
- 967 アオラキ／マウント・クック国立公園
- 968 ミルフォード・サウンド
- 975 カウリ・コースト
- 978 トンガリロ国立公園
- 983 マタマタ
- 986 レイク・テカポ
- 994 スロープ・ポイント
- 997 クライストチャーチ
- 999 ケープ・レインガ

人気のガーリックシュリンプはご飯と一緒に食べる

フィッシュマーケットで食べたいのはクリーミーなオイスター

ココンダは白身魚をココナッツミルクとライムでマリネした料理

ニュージーランドの国民食はお肉たっぷりのミートパイ

グアム
- 996 パガット・ケーブ

北マリアナ諸島
- 939 マニャガハ島

パラオ
- 923 ロック・アイランド
- 989 ジェリーフィッシュ・レイク

パプアニューギニア
- 988 ゴロカ
- 1000 チンブー族

ニューカレドニア
- 929 ニューカレドニア・バリア・リーフ
- 935 ノカンウィ島
- 938 ウベア島
- 998 ヴォーのハート

フランス領ポリネシア
- 940 ヒバオア島
- 942 タヒチアン・ダンス
- 990 水上コテージ

ミクロネシア連邦
- 936 ジープ島

ツバル
- 941 ツバル

ハワイ
- 926 ワイキキ・ビーチ
- 927 ラニカイ・ビーチ
- 930 ナ・パリ・コースト
- 943 フラ
- 954 ワイメア渓谷
- 957 ダイヤモンド・ヘッド
- 959 マウナケア
- 961 キラウエア火山
- 976 チェーン・オブ・クレーターズ・ロード
- 984 ロイヤルハワイアンホテル
- 987 ピルボックス
- 991 スカイ・ワイキキ
- 992 カカアコ

リーフ・ビーチ
Reef・Beach

宇宙空間からも視認できるサンゴと熱帯魚の楽園

921 グレート・バリア・リーフ
Great Barrier Reef
オーストラリア

オーストラリアの東海岸に広がる、世界最大のサンゴ礁群。全長2300km、総面積は約35万km²にも及び、世界のサンゴ礁の2/3にあたる400種類ものサンゴが生息している。1981年にはサンゴ礁としてははじめて世界遺産に登録された。リーフ内には約900の島が浮かび、アクティビティやツアーの拠点となっている。観光エリアは北部、中部、南部の3つに大きく分かれ、それぞれに有人のリゾートアイランドがある。有名なのはケアンズからフェリーで行くグリーン島やハート・リーフのそばにあるハミルトン島など。島ではダイビングやスノーケルなどのアクティビティが楽しめ、最高級5つ星のリゾートホテルも多い。
近年、温暖化やエルニーニョなど異常気象によるサンゴの白化やサンゴを餌にするオニヒトデの異常発生によりダメージを受け、面積が縮小しつつある。

太平洋・オセアニア

923 ロック・アイランド
Rock Islands

パラオ

南ラグーンに点在する石灰岩質でできた445の島々。多様な海洋生物を見られるダイビングスポットが点在するほか、古代パラオ人の遺跡も残されている。

922 ホワイトヘブン・ビーチ
Whitehaven Beach
オーストラリア

ウィットサンデー諸島にある、全長約6kmのビーチ。砂は純度98%のシリカ（ガラスの素になる二酸化ケイ素の結晶）で、驚くほどに白くてサラサラ。ビーチへはボートツアーも出ているが、上空から一望したいなら対岸にあるヒルインレット展望台や遊覧飛行を利用しよう。上空から眺めるビーチは、「白い安息地」と呼ぶにふさわしい美しさ。

924 トスア・オーシャン・トレンチ
To Sua Ocean Trench
サモア

ウポル島の岩場にある深さ約27mの天然プール。天気のいい日には神秘的なターコイズブルーが見られる。水面近くに足場が設けられており、泳ぐことも可能

太平洋・オセアニア

465

925 ハート・リーフ
Heart Reef
オーストラリア

ハミルトン島の約50km北東に位置する、巨大なサンゴ礁群に含まれるハート型のボミー（サンゴの固まり）。上陸は禁止されており、飛行機などで上空から観賞する。

926 ワイキキ・ビーチ
Waikiki Beach
ハワイ

オアフ島の南岸に広がる約3kmの三日月形をした砂浜。ハワイの王族の行楽地として栄えた歴史があり、ビーチ沿いには高級ホテルやコンドミニアムが立ち並ぶ。

927 ラニカイ・ビーチ
Lanikai Beach
ハワイ

「天国の海」を意味する、オアフ島東海岸に位置するビーチ。沖には双子の島が浮かぶ。

928 サーファーズ・パラダイス・ビーチ
Surfers Paradise Beach
オーストラリア

ゴールドコーストの中心部に広がる一帯。白砂のビーチが続き、多くのサーファーでにぎわう。

929 ニューカレドニア・バリア・リーフ
New Caledonia Barrier Reef

ニューカレドニア

ニューカレドニア島をはじめ周辺の小さな島々を取り巻く、総延長1600kmにも及ぶ巨大なバリアリーフ。ジュゴンやアオウミガメなど貴重な生物も生息している。

930 ナ・パリ・コースト
Na Pali Coast

ハワイ

カウアイ島の北西部に連なる全長約25kmの海岸線。海底火山の隆起や風雨の浸食によって生み出された断崖絶壁が見られる。上空または海上からの観光が一般的。

931 ケーブル・ビーチ
Cable Beach

オーストラリア

インド洋に面する全長約22kmのビーチ。ラクダに乗ってビーチを散策するツアーが名物。

932 シェル・ビーチ
Shell Beach

オーストラリア

小さな貝殻が敷き詰められたビーチ。4000年以上にわたって貝殻が堆積し形成された。

太平洋・オセアニア

467

小さな島
Little Island

遠浅の海が生み出した輝くネオンブルー

934 タバルア島
Tavarua Island
フィジー

フィジーを形成する島の1つで、ハート型をしているのが特徴。サンゴ礁に囲まれており、サーフィンやダイビングなどのマリンアクティビティが楽しめる。

933 アイツタキ島
Aitutaki

クック諸島

周囲を45kmものラグーンに囲まれた群島で、1つの有人島と無数の無人島から成る。見渡す限りに広がる遠浅の海は、どこまでも青く透明なネオンブルー。スノーケリングなどのアクティビティが楽しめるほか、周りに点在する無人島を回るボートツアーも人気。ボートツアーでは、無人島なのに郵便局があるワンフット島で限定のスタンプをもらうのが定番となっている。

935 ノカンウィ島
Nokanhui

ニューカレドニア

「天国に最も近い島」と称されるイル・デ・パン島から船で約30分の距離にある無人島。浅瀬に位置しているため、満潮時には水没してしまい行くことができない。

太平洋・オセアニア

936 ジープ島
Jeep Island

ミクロネシア連邦

トラック環礁に浮かぶ小島。直径わずか34m、外周110mで、島内にはコテージがぽつんと立つ。周囲の海はサンゴや熱帯魚の宝庫。島のオーナーは日本人の吉田さん。自然環境を最大限楽しんでもらえるよう、原則、コテージに宿泊できるのは日本人のみ。

937 ロード・ハウ島
Lord Howe Island

オーストラリア

人口350人未満の小さな島。三日月形をしており、自然豊かな山岳地帯を擁する。

938 ウベア島
Ouvea

ニューカレドニア

ロイヤルティ諸島西部に位置する全長約45kmの島。島の西側には白砂のビーチが広がる。

939 マニャガハ島
Mañagaha
北マリアナ諸島

サイパン沖の無人島。周辺の海が国定海中公園になっており、透明度の高さは随一。島を上空から一望できるパラセーリングなどさまざまなマリンアクティビティが楽しめる。かつては日本軍が駐屯し、「軍艦島」と呼ばれた。島内各所に痕跡が見られる。

940 ヒバオア島
Hiva Oa
フランス領ポリネシア

マルケサス諸島を構成する島。火山島のため標高差が大きく、最高峰は1200mに及ぶ。

941 ツバル
Tuvalu
ツバル

南太平洋に浮かぶサンゴ礁の島。温暖化による海面上昇の影響が懸念されている。

太平洋・オセアニア

伝統舞踊
Traditional Dance

942 タヒチアン・ダンス
Tahitian Dance
フランス領ポリネシア

ポリネシア諸島に伝わる伝統的な舞踊。キリスト教の伝来によって禁止されていた時代もあったが、現在は伝統芸能として人々の間で受け継がれている。

943 フラ
Hula
ハワイ

ハワイ語で「踊り」を意味するフラ。古来、宗教儀式の一部として踊られていた。周辺の島々の踊りがもととなっており、独自の発展を遂げて現在のようなフラが定着した。

島に古くから伝わる
神にささげる
聖なる踊り

944 ハカ
Haka
ニュージーランド

先住民族であるマオリ族の民族舞踊で、相手への敬意や感謝を込めて披露される。足を踏みならして相手を威嚇する舞は、ラグビーの試合前に行うことでも有名。

945 メケ・ダンス
Meke Dance
フィジー

歌と踊りで構成される伝統的な舞踊。男女で振りや踊りの意味合いが異なり、男性は自らを鼓舞するための力強い舞、女性は客人を接遇するしなやかな舞となっている。

太平洋・オセアニア

動物
Animal

世界最大の魚類ジンベエザメと遭遇する

946 ニンガルー・コースト
Ningaloo Coast

オーストラリア

西オーストラリア州の北西部に広がる、約60万ヘクタールの海岸＆海洋域。エリア内にあるサンゴ礁はニンガルー・リーフと呼ばれ、多種多様なサンゴ礁や魚が生息している。クジラをはじめ、オニイトマキエイ（マンタ）、ジュゴンなど大型生物の姿がよく見られ、4〜7月にかけてはジンベエザメも集まってくる。ツアーでジンベエザメと泳ぐことができる。

947 ロットネスト島
Rottnest Island
オーストラリア

オーストラリア西部の中心都市、パースの沖合い18kmに浮かぶ島で、「世界一幸せな動物」と呼ばれるクオッカが棲む。口角が上がり笑顔に見えることからこの愛称が付いた。島内では野生のクオッカがそこかしこで見られる。クオッカは人間に慣れているのであまり逃げない。笑顔のクオッカとのツーショット写真をSNSなどにアップするのが流行になっている。

太平洋・オセアニア

948 ローン・パイン・コアラ・サンクチュアリ
Lone Pine Koala Sanctuary

オーストラリア（ブリスベン）

国内初かつ最大規模のコアラの動物園。130頭以上のコアラをはじめ、ワラビーやウォンバットなど貴重な動物を飼育。コアラとの写真撮影体験ができる。

949 カンガルー島
Kangaroo Island

オーストラリア

州都アデレードの南西部の沖に位置する島。野生動物の宝庫として知られており、カンガルーやコアラ、アシカなどが見られるほか、手つかずの大自然が残されている。

950 タスマニア
Tasmania

🇦🇺 オーストラリア

本土から240kmほど南に離れた、豊かな自然に恵まれた島。島内には大小20近くの国立公園があり、原生林での散策ではウォンバットやタスマニアデビルとの出合いも。

951 カイコウラ
Kaikoura

🇳🇿 ニュージーランド

南島の東部に位置する海岸沿いの町。近海にはクジラやイルカといった野生生物が生息しており、ウォッチングクルーズが人気。新鮮なシーフードも名物。

952 モンキー・マイア
Monkey Mia

🇦🇺 オーストラリア

ペロン半島の東部に位置する一帯。野生のバンドウイルカが毎日ビーチに訪れ、餌付け体験を行うことができる。ほかジュゴンやクジラなどの海洋生物も生息。

太平洋・オセアニア

477

自然
Nature

953 エアーズ・ロック（ウルル）
Ayers Rock (Uluru)

オーストラリア 🏛

オーストラリア大陸のほぼ中央にある。高さ約335m、周囲約9.4kmの、世界で2番目に大きな一枚岩。古くから先住民族アボリジニの聖地として敬われ、「ウルル」とは彼らの言葉での呼び名。岩肌には風食による窪みや穴が空いており、岩絵なども残されている。エアーズ・ロックを眺めるサンライズやサンセットツアーが定番。周囲9kmに渡るトレイルもあり、徒歩のほかセグウェイ、ラクダによるツアーなども催行されている。
以前はエアーズ・ロックに登頂することもできたが、アボリジニの聖地に対する配慮から、2019年10月25日をもって恒久的に禁止された。

太陽で燃える
灼熱の赤き巨岩
聖なる"ウルル"

954 ワイメア渓谷
Waimea Valley
ハワイ

「太平洋のグランドキャニオン」とも称される、カウアイ島内にある渓谷。地底火山の噴火によって生み出された全長約16kmの渓谷で、ダイナミックな断層が点在。

955 グレート・オーシャン・ロード
Great Ocean Road
オーストラリア

メルボルンの中心部から車で約1時間30分の距離にある海岸道路。サーフスポットが点在するほか、「12使徒」と呼ばれる石灰岩の奇石群を見ることができる。

956 ウェーブ・ロック
Wave Rock
オーストラリア

西オーストラリア州、ハイデンの町にある巨大な奇岩。花崗岩が風雨によって浸食され形成されたもので、高波がそのまま固まったかのような不思議な景観だ。

957 ダイヤモンド・ヘッド
Diamond Head
ハワイ

オアフ島、ワイキキの東部にそびえる標高232mの山。火山だが、現在は活動していない。直径1kmほどの巨大なクレーターがあり、なだらかな登山道でのトレッキングが楽しめる。

958 パヌルル国立公園
Purnululu National Park
オーストラリア

西オーストラリア州のキンバリー地区にある国立公園。アボリジニ語で砂岩という意味の「バングル・バングル」と呼ばれる、黒とオレンジのシマ模様をした奇石群が名物。

太平洋・オセアニア

959 マウナケア
Mauna Kea

ハワイ

標高4205m、ハワイ島にある5つの火山のうちの1つ。ハワイ語で「白い山」を意味し、冬に山頂付近に雪が降ることに由来。山頂には日本の「すばる」をはじめ世界11ヵ国の天文台が設置されている。ここから望む星空やサンライズは言葉にならないほどの美しさ。

960 ワイトモ洞窟
Waitomo Caves

ニュージーランド

北島のワイカト地方にある鍾乳洞。洞窟内部は迷路のようになっており、青白く発光する土ボタルが生息している。ボートに乗って土ボタルを見学するツアーが人気。

961 キラウエア火山
Kilauea
ハワイ

ハワイ島の南東部に位置する標高約1250mの活火山。現在もなお火山活動が続いており、噴き出す溶岩や煙などを見学できる。展望台や博物館といった施設も充実している。

962 レディ・ノックス・ガイザー
Lady Knox Geyser
ニュージーランド

北島の観光地として有名なロトルアの近くにある、ワイオタプ・サーマル・ワンダーランドそばの間欠泉。人工の間欠泉で、20mもの高さまで噴き上がる温泉が見られる。

963 ヤスール火山
Mount Yasur
バヌアツ

太平洋南部に位置するタンナ島にある標高361mの活火山。火口から火柱が上がり、マグマが噴き流れる様子を間近で見学することが可能。火山へは四輪駆動車でアクセスする。

太平洋・オセアニア

964 ブルーホール
Blue Holes in Espritu Santo

バヌアツ

エスピリトゥサント島の東部には、透明度の高い水が湖底から湧き出ているブルーホールが点在。中でも「リリ・ブルーホール」は屈指の美しさ。現地へはカヌーで行き、スノーケリングを楽しむことも。

965 フォックス氷河
Fox Glacier

ニュージーランド

南島のウェストランド国立公園内にある、4つの氷河が流れ込む全長約13kmの氷河。氷河の上を歩く氷河ウォークや上空から氷河の眺めを望むヘリツアーが人気。

966 ヒリアー湖
Lake Hillier
オーストラリア

ルシェルシュ群島に属するミドル島内にある、鮮やかなピンク色をした湖。インド洋と隣接しており、その境界には緑の森が茂っている。湖上または上空から見学可能。

967 アオラキ／マウント・クック国立公園
Aoraki/Mount Cook National Park
ニュージーランド

南島のサザンアルプスに属する国立公園。マオリ語で「雲を突き抜ける山」を意味しており、最高峰のマウント・クックは標高3724m。周辺にはトレッキングルートが点在。

968 ミルフォード・サウンド
Milford Sound
ニュージーランド

南島のフィヨルドランド国立公園内にあるフィヨルド。氷河に削られてできた特徴的な地形。

969 エア湖
Lake Eyre
オーストラリア

アデレードの北約700kmに位置する塩湖。雨季には鏡のような湖面が見られる。

太平洋・オセアニア

978 ピナクルズ
The Pinnacles
オーストラリア

ナンバン国立公園内で見られる、砂漠に立ち並ぶ奇岩。その数は1000以上にのぼる。

973 デインツリー国立公園
Daintree National Park
オーストラリア

クイーンズランド州の国立公園。緑豊かなレインフォレストでの散策が名物。

971 ミッチェル滝
Mitchell Falls
オーストラリア

ミッチェル・リバー国立公園内にある階段状の滝。トレッキングまたは上空からの見学。

974 デビルズ・マーブル
Devil's Marbles
オーストラリア

アリススプリングスの約400km北にある奇岩。巨大な丸い岩、割れた岩が一帯で見られる。

972 ワイルドフラワー街道
Wild Flower Trails
オーストラリア

西オーストラリア州にある11の街道。街道沿いに咲くワイルドフラワーの観賞を楽しめる。

975 カウリ・コースト
Kauri Coast
ニュージーランド

北島の西海岸に広がる一帯。固有の巨木であるカウリの木の保護区となっている。

976 チェーン・オブ・クレーターズ・ロード
Chain of Craters Road
ハワイ

ハワイ火山国立公園内にある観光用の舗装道路。旧噴火口付近をドライブすることが可能。

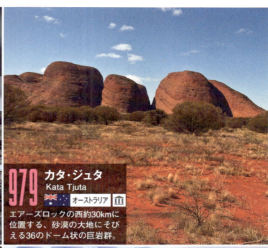

979 カタ・ジュタ
Kata Tjuta
オーストラリア

エアーズロックの西約30kmに位置する、砂漠の大地にそびえる36のドーム状の巨岩群。

977 キュランダ
Kuranda
オーストラリア

クイーンズランド州に属する熱帯雨林の村。観光鉄道やスカイレールでの観光が主流。

980 ブルー・マウンテンズ
Blue Mountains
オーストラリア

シドニーから車で約2時間の国立公園。100万ヘクタールもの敷地にユーカリの森が広がる。

978 トンガリロ国立公園
Tongariro National Park
ニュージーランド

北島の中央部に位置する国立公園。最高峰のルアペフ山をはじめ3つの火山がそびえる。

981 クレイドル・マウンテン国立公園
Cradle Mountain National Park
オーストラリア

タスマニア島内にある国立公園。原生林でのトレッキングや野生動物の観賞が楽しめる。

太平洋・オセアニア

話題
Topic

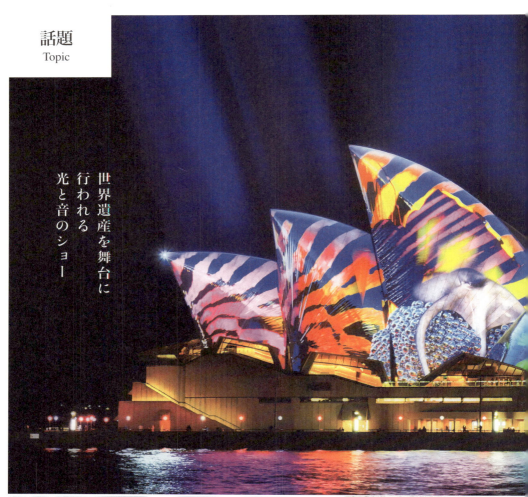

世界遺産を舞台に行われる光と音のショー

983 マタマタ
Matamata
ニュージーランド

映画『ロード・オブ・ザ・リング』や『ホビット』の世界観が再現された観光地。緑豊かな牧場には44ものホビット穴が掘られており、ツアーに参加して見学する。

982 オペラハウス
Opera House

オーストラリア（シドニー）

船の帆のような形のオペラハウスは、シドニーのシンボル。設計はデンマーク人のヨーン・ウッツォンで、世界中からのコンペの末選ばれた。1959年に着工、14年の歳月を経て完成。オペラやバレエ、コンサートが行われるほか、内部見学ツアーも人気。毎年秋（5月下旬〜6月中旬頃）にはビビッド・シドニーというプロジェクションマッピングのショーが行われる。

984 ロイヤルハワイアンホテル
The Royal Hawaiian Hotel

ハワイ（ワイキキ）

ピンク色の外観が特徴的な、ホノルルを代表する高級ホテル。1927年のオープン以降度々のリニューアルを重ねており、上品な内装の客室で滞在を堪能できる。

太平洋・オセアニア

985 クラウド・ナイン
CLOUD 9
フィジー

アウターリーフの海上に浮かぶバー。テラスでドリンクを飲みながらくつろげるほか、海水浴を楽しむことも。デナラウの港から片道1時間ほどかけてアクセスする。

986 レイク・テカポ
Lake Tekapo
ニュージーランド

南島の中央部に位置する、ニュージーランドを代表する湖。日中はコバルトブルーの湖面の眺め、夜には満天の星の眺めを楽しめる。星空保護区にも指定。

987 ピルボックス
Pillbok

ハワイ

オアフ島の高台に点在する展望台で、もともとは海上から近づいてくる敵を見張るために造られた。美しい海を一望できるほか、展望台までのトレッキングも楽しみ。

988 ゴロカ
Goroka

パプアニューギニア

ハイランド地方の中心に位置するゴロカ。独自の文化を持つゴロカ族がアサロ渓谷を中心に村を形成して暮らしており、観光客向けのショーを見ることができる。

989 ジェリーフィッシュ・レイク
Jellyfish Lake

パラオ

マカラカル島内にある塩湖。地下のトンネルを通じて外海と繋がっており、数百万匹ものクラゲが回遊している。間近で観察できるスノーケリングツアーが人気。

太平洋・オセアニア

990 水上コテージ
Overwater cottage
フランス領ポリネシア

青々とした海の上に立つ水上コテージは世界中の人々の憧れ。一棟独立型のスイートタイプの客室が主流で、海を間近に眺めながらのプライベートな滞在が楽しめる。

991 スカイ・ワイキキ
SKY Waikiki
ハワイ（ワイキキ）

ワイキキビジネスプラザの19階にあるルーフトップバー。空中庭園のような眺め。

992 カカアコ
Kaka'ako
ハワイ

ワイキキからほど近いアートスポット。倉庫やビルに描かれたウォールアートが点在。

993 ナバラ村
Navala Village
フィジー

ビチレブ本島にある伝統的な農村集落。「ブレ」という、フィジー伝統の茅葺き住居が山間部に立ち並ぶ。ツアーではホームステイなども体験できる。

994 スロープ・ポイント / Slope Point
ニュージーランド
南島の南端に位置するポイント。強い風によって、木が折れ曲がった状態で成長する。

997 クライストチャーチ / Christchurch
ニュージーランド
南島最大の都市。街の随所でモニュメントやウォールアートを見ることができる。

995 ザ・ガン / The Ghan
オーストラリア
アデレード〜ダーウィン間を結ぶ旅客列車。約3日間かけて2979kmを横断する。

998 ヴォーのハート / The Heart of Voh
ニューカレドニア
グランドテール島の西部に位置。マングローブの林に囲まれたハート型の土地。

996 パガット・ケーブ / Pagat Cave
グアム
北東部のジーゴ村にある天然の洞窟。奥は天然プールとなっており、入ることも可能。

999 ケープ・レインガ / Cape Reinga
ニュージーランド
北島の最北端にある白い灯台が佇む岬。目前では2つの海流がぶつかり合う。

太平洋・オセアニア

世の秘境

COLUMN_88
死者の姿で相手を脅かす
ジャングルに住む少数民族

1000 チンブー族
Chimbu

 パプアニューギニア

パプアニューギニアには今も多くの少数民族が暮らす。有名なのは泥を全身に塗った「マッドマン」ことゴロカ族だが、彼らよりもより強いインパクトがある部族が、標高4000mを超える山奥の村、チンブーにいる。全身を白黒に化粧し、ガイコツを模した部族の通称は「スケルトンマン」。なぜこのような格好をしているかは、悪霊との戦いに自らも悪霊と化して挑むため、対立部族を脅かし威嚇するためなど諸説ある。
生活拠点が山奥であるため、普段の生活はあまり知られていない。一方、近年では徐々に観光客との交流がもたれるようになっている。

ACCESS 日本から3日

ルート

東京 → 飛行機(経由便) 17時間30分〜 → ゴロカ → 車 40分 → チンブー地方

機内&ゴロカ泊

秘境度 ★★★☆☆

DATA BOOK

世界遺産 INDEX	P.496
世界を比べてみたら	P.498
INDEX　50音別	P.499
国別	P.505

世界遺産 III
INDEX

国	物件名	No.

アジア
中国
- 泰山 006
- 万里の長城 131
- 北京と瀋陽の明・清朝の皇宮群 141
- 莫高窟 126
- 秦の始皇帝陵 115
- 黄山 111
- 九寨溝の渓谷の景観と歴史地域 065
- 黄龍の景観と歴史地域 067
- 武陵源の自然景観と歴史地域 100
- ラサのポタラ宮歴史地区 001
- 峨眉山と楽山大仏 021
- 麗江旧市街 052
- 天壇：北京の皇帝の廟壇 005
- 龍門石窟 019
- 四川ジャイアントパンダ保護区群 148
- 中国南方カルスト 070,109
- 福建の土楼 139
- 三清山国立公園 110
- 河南登封の文化財"天地之中" 188
- 杭州西湖の文化的景観 062
- 紅河ハニ棚田群の文化的景観 158
- シルクロード：長安−天山回廊の交易路網 125

韓国
- 宗廟 007
- 石窟庵と仏国寺 018
- 済州火山島と溶岩洞窟群 069

マカオ
- マカオ歴史地区 054

タイ
- 古都アユタヤ 118
- 古代都市スコタイと周辺の古代都市群 123

ベトナム
- フエの建造物群 056
- ハロン湾 077
- 古都ホイアン 050
- チャン・アン複合景観 085

ラオス
- ルアン・パバンの町 186

フィリピン
- フィリピン・コルディリェーラの棚田群 159
- 古都ビガン 060
- プエルト - プリンセサ地下河川国立公園 083

カンボジア
- アンコール 112,127,129
- プレア・ヴィヘア寺院 124

マレーシア
- キナバル自然公園 105
- マラッカとジョージタウン、マラッカ海峡の古都群 055,059

インドネシア
- ボロブドゥル寺院遺跡群 121
- コモド国立公園 153
- プランバナン寺院遺跡群 128

ミャンマー
- バガン 116

インド
- アジャンター石窟群 117
- エローラ石窟群 114
- アーグラ城塞 133
- タージ・マハル 138
- カジュラーホの建造物群 130
- ハンピの建造物群 122
- インドの山岳鉄道群 108
- ブッダガヤの大菩提寺 004
- ジャイプールにあるジャンタル・マンタル 144
- ル・コルビュジエの建築作品 - 近代建築運動への顕著な貢献 203
- ラージャスターンの丘陵要塞群 047

ネパール
- カトマンズの谷 044
- サガルマータ国立公園 098

スリランカ
- 古代都市シギリヤ 113
- ゴール旧市街とその要塞群 058
- 聖地キャンディ 057
- ダンブッラの黄金寺院 028
- スリランカ中央高原 008,084

パキスタン
- モヘンジョダロの遺跡群 120
- ラホールの城塞とシャーリマール庭園 146
- ロータス城塞 143

カザフスタン
- ホンジャ・アフメッド・ヤサウィ廟 145

ウズベキスタン
- イチャン・カラ 064
- サマルカンド - 文化交差路 043

中東
イエメン
- シバームの旧城壁都市 269
- サナア旧市街 260
- ソコトラ諸島 253

サウジアラビア
- アル・ヒジュル古代遺跡（マダイン・サーレハ）245
- ジェッダ歴史地区：メッカへの玄関口 238
- サウジアラビアのハイール地方のロック・アート 247

トルコ
- ギョレメ国立公園とカッパドキアの岩窟群 251
- ディヴリイの大モスクと病院 216
- イスタンブール歴史地域 211,235,275,276
- ハットゥシャ：ヒッタイトの首都 243
- ネムルット・ダー 248
- ヒエラポリス - パムッカレ 249
- サフランボル市街 261
- エフェソス 240

シリア
- 古都ダマスクス 215,268
- パルミラの遺跡 246

レバノン
- バールベック 230

イスラエル
- エルサレム旧市街とその城壁群 227,228,229,232,233
- マサダ 290
- 香料の道 - ネゲヴ砂漠都市 258

パレスチナ
- イエス生誕の地：ベツレヘムの聖誕教会と巡礼路 231

ヨルダン
- ペトラ 239
- ワディ・ラム保護地域 257

アフガニスタン
- バーミヤン渓谷の文化的景観と古代遺跡群 241

イラン
- イスファハンのイマーム広場 218,237
- ペルセポリス 242
- タブリーズの歴史的バザール複合体 222
- ペルシャ庭園 278,280
- ゴレスターン宮殿 274
- 古都ヤズド 263

イラク
- 都市遺跡サーマッラー 217
- エルビル城塞 265

ヨーロッパ①
デンマーク
- クロンボー城 340

スウェーデン
- ドロットニングホルムの王領地 334
- スクーグスシュルコゴーデン 316
- ハンザ同盟都市ヴィスビュー 373
- ラポニアン・エリア 291

アイスランド
- シングヴェトリル国立公園 361,363
- ヴァトナヨークトル国立公園 297

ノルウェー
- ブリッゲン 371
- 西ノルウェーフィヨルド群 - ガイランゲルフィヨルドとネーロイフィヨルド 303

グリーンランド
- イルリサット・アイスフィヨルド 299

イギリス
- ジャイアンツ・コーズウェーとコーズウェー海岸 364
- ストーンヘンジ、エーヴベリーと関連する遺跡群 321
- ウェストミンスター宮殿、ウェストミンスター大寺院及び聖マーガレット教会 308,345
- カンタベリー大聖堂、聖オーガスティン大修道院及び聖マーティン教会 344
- エディンバラの旧市街と新市街 309
- イギリス湖水地方 357

エストニア
- タリン歴史地区（旧市街）312

ラトビア
- リガ歴史地区 310

ロシア
- サンクト・ペテルブルグ歴史地区と関連建造物群 311,328,336,348,350,384
- キジ島の木造教会 349
- モスクワのクレムリンと赤の広場 305,352,355
- ウラジーミルとスーズダリの白い建造物群 342,376
- バイカル湖 360

ヨーロッパ②
イタリア
- レオナルド・ダ・ヴィンチの「最後の晩餐」があるサンタ・マリア・デッレ・グラツィエ教会とドメニコ会修道院 502
- ローマ歴史地区、教皇領とサン・パオロ・フオーリ・レ・ムーラ大聖堂 397,541,542
- フィレンツェ歴史地区 398,451
- ヴェネツィアとその潟 392,437
- ナポリ歴史地区 405
- アルベロベッロのトゥルッリ 431
- ポンペイ、エルコラーノ及びトッレ・アヌンツィアータの遺跡地域 545
- アマルフィ海岸 435
- ポルトヴェーネレ、チンクエ・テッレ及び小島群（パルマリア、ティーノ及びティネット島）443
- ヴィッラ・アドリアーナ（ティヴォリ）546
- ティヴォリのエステ家別荘 483
- ドロミーティ 529
- ピエモンテの葡萄畑景観：ランゲ・ロエロ・モンフェッラート 524
- 16-17 世紀ヴェネツィア共和国の軍事防衛施設群：スタート・ダ・テッラー西部スタート・ダ・マーレ 489

バチカン
- バチカン市国 393,444,495

スペイン
- グラナダのアルハンブラ、ヘネラリーフェ、アルバイシン地区 476
- アントニ・ガウディの作品群 518,520,521
- セゴビア旧市街とローマ水道橋 479,540
- サンティアゴ・デ・コンポステーラ（旧市街）507
- 古都トレド 416
- 歴史的城壁都市クエンカ 465
- イビサ、生物多様性と文化 550

ポルトガル
- マデイラ諸島のラウリシルヴァ 555
- コインブラ大学 - アルタとソフィア 427

マルタ
- ヴァレッタ市街 488,503
- ハル・サフリエニ地下墳墓 544

クロアチア
- スプリットの史跡群とディオクレティアヌス宮殿 412
- ドゥブロヴニク旧市街 487
- プリトヴィチェ湖群国立公園 527

ボスニア・ヘルツェゴビナ
- モスタル旧市街の古橋地区 406

モンテネグロ
- コトルの自然と文化 - 歴史地域 493

北マケドニア
- オフリド地域の自然遺産及び文化遺産 535

アルバニア
- ベラトとギロカストラの歴史地区 410

コソボ
- コソヴォの中世建造物群 510

ギリシャ
- アテネのアクロポリス 538
- メテオラ 496
- ロードス島の中世市街 556
- デロス島 543

ドイツ
- アーヘン大聖堂 517
- ヴィースの巡礼教会 499
- ポツダムとベルリンの宮殿群と公園群 414,478

496

	ケルン大聖堂	498
オーストリア	ザルツブルク市街の歴史地区	394
	シェーンブルン宮殿と庭園群	474
	ハルシュタット - ダッハシュタイン・ザルツカンマーグートの文化的景観	400
	ゼメリング鉄道	569
	ウィーン歴史地区	401,446,448
スイス	ベルン旧市街	415
	スイス・アルプス ユングフラウ - アレッチュ	533
	ラヴォー地区の葡萄畑	526
	レーティシュ鉄道アルブラ線・ベルニナ線と周辺の景観	565
フランス	シャルトル大聖堂	516
	モン・サン・ミッシェルとその湾	494
	ヴェルサイユの宮殿と庭園	472
	パリのセーヌ河岸	395,445,513
	ランスのノートル - ダム大聖堂、サン・レミ旧大修道院及び宮殿	515
	ブールジュ大聖堂	500
	歴史的城塞都市カルカッソンヌ	491
	リヨン歴史地区	408
	シュリー・シュル - ロワールとシャロンヌ間のロワール渓谷	475, 477
	ル・コルビュジエの建築作品 - 近代建築運動への顕著な貢献	519,522, 523
ルクセンブルク	ルクセンブルク市: その古い街並みと要塞群	490
ベルギー	ブリュッセルのグラン・プラス	468
	ベルギーとフランスの鐘楼群	402
	ブリュージュ歴史地区	442
チェコ	チェスキー・クルムロフ歴史地区	433
	プラハ歴史地区	391,511
	テルチ歴史地区	434
ポーランド	クラクフ歴史地区	404
	ヴィエリチカ・ボフニア王立岩塩坑	559
	マルボルクのドイツ騎士団の城	481
	ヤヴォルとシフィドニツァの平和教会群	505
スロバキア	レヴォチャ歴史地区、スピシュスキー城及びその関連する文化財	539
	アグテレク・カルストとスロバキア・カルストの洞窟群	561
ハンガリー	ドナウ河岸、ブダ城地区及びアンドラーシ通りを含むブダペスト	399, 504
	ホローケーの古村落とその周辺地区	440
	トカイワイン産地の歴史的文化的景観	525
ブルガリア	リラ修道院	497
ジョージア	アッパー・スヴァネティ	570

アフリカ

モロッコ	フェス旧市街	635
	マラケシ旧市街	632
	アイット - ベン - ハドゥの集落	633
	ヴォルビリスの古代遺跡	596
	エッサウィラのメディナ (旧名モガドール)	637
アルジェリア	ムザブの谷	639
	タッシリ・ナジェール	600
チュニジア	カルタゴ遺跡	599
	エル・ジェムの円形闘技場	594
リビア	レプティス・マグナの古代遺跡	477
エジプト	古代都市テーベとその墓地遺跡	589,593
	カイロ歴史地区	636
	メンフィスとその墓地遺跡 - ギーザからダハシュールまでのピラミッド地帯	588, 592
	アブ・シンベルからフィラエまでのヌビア遺跡群	591
	聖カトリーナ修道院地域	652
スーダン	ゲベル・バルカルとナパタ地域の遺跡群	597
エチオピア	ラリベラの岩窟教会群	595
	シミエン国立公園	581
	ファジル・ゲビ、ゴンダール地域	653
ウガンダ	ブウィンディ原生国立公園	585

ケニア	ケニアグレート・リフト・バレーの湖群の生態系	582
タンザニア	ンゴロンゴロ保全地域	587
	セレンゲティ国立公園	571
	キリマンジャロ国立公園	613
	ザンジバル島のストーン・タウン	638
マダガスカル	チンギ・デ・ベマラ厳正自然保護区	612
マラウイ	マラウイ湖国立公園	583
ザンビア	モシ・オ・トゥニャ / ヴィクトリアの滝	602
ジンバブエ	マナ・プールズ国立公園、サビとチュウォールのサファリ地域	579
	大ジンバブエ国立記念物	601
	モシ・オ・トゥニャ / ヴィクトリアの滝	602
	マトボの丘群	614
ナミビア	ナミブ砂海	622,624
ボツワナ	オカバンゴ・デルタ	574
南アフリカ	ケープ植物区保護地域群	618
コンゴ民主共和国	ヴィルンガ国立公園	608
セネガル	ジュッジ国立鳥類保護区	580
マリ	ジェンネ旧市街	655

北中米

アメリカ	メサ・ヴェルデ国立公園	763
	イエローストーン国立公園	661
	エヴァグレーズ国立公園	674
	グランド・キャニオン国立公園	667
	レッドウッド国立及び州立公園	681
	オリンピック国立公園	670
	ヨセミテ国立公園	662
	シャーロットヴィルのモンティセロとヴァージニア大学	701
	タオス・プエブロ	705
	カールズバッド洞窟群国立公園	672
カナダ	恐竜州立公園	676
	スカン・グアイ	706
	ウッド・バッファロー国立公園	664
	カナディアン・ロッキー山脈自然公園群	737,740,744
	ケベック旧市街の歴史地区	722
アラスカ	クルアーニー / ランゲル - セント・イライアス / グレーシャー・ベイ / タッチェンシニー - アルセク	742
メキシコ	古代都市パレンケと国立公園	768
	メキシコ・シティ歴史地区とソチミルコ	788, 791
	古代都市テオティワカン	764
	プエブラ歴史地区	786
	古都グアナフアトとその銀鉱群	780
	古代都市チチェン - イッツァ	761
	ルイス・バラガン邸と仕事場	703
	メキシコ国立自治大学 (UNAM) の中央大学都市キャンパス	696
	サン・ミゲルの要塞都市とヘスス・デ・ナサレノ・デ・アトトニルコの聖地	779
グアテマラ	アンティグア・グアテマラ	787
	ティカル国立公園	762
ホンジュラス	コパンのマヤ遺跡	767
パナマ	パナマ・ビエホ古代遺跡とパナマの歴史地区	769, 793
キューバ	オールド・ハバナとその要塞群	684
	トリニダードと ロス・インヘニオス渓谷	781
	ビニャーレス渓谷	758
	カマグエイの歴史地区	792
プエルトリコ	プエルト・リコのラ・フォルタレサとサン・ファン国定史跡	784
キュラソー	港町ヴィレムスタット歴史地域、キュラソー島	785
ドミニカ共和国	サント・ドミンゴ植民都市	795
バミューダ諸島	バミューダ島の古都セント・ジョージと関連要塞群	789

南米

ペルー	クスコ市街	896

	マチュ・ピチュの歴史保護区	811
	チャビン (古代遺跡)	824
	ワスカラン国立公園	842
	チャン・チャン遺跡地帯	819
	マヌー国立公園	886
	リマ歴史地区	907
	ナスカとパルパの地上絵	813
	アレキーパ市歴史地区	905
	聖地カラル - スーペ	818
ボリビア	古都スクレ	908
	ティワナク:ティワナク文化の宗教的・政治的中心地	825
エクアドル	キト市街	901,919
	ガラパゴス諸島	883,892
コロンビア	カルタヘナの港、要塞群と建造物群	904
チリ	ラパ・ヌイ国立公園	812
	チロエの教会群	897
	バルパライーソの海港都市の歴史的街並み	871
アルゼンチン	ロス・グラシアレス国立公園	834,837
	イグアス国立公園	849
	リオ・ピントゥラスのクエバ・デ・ラス・マノス	814
	バルデス半島	885
	イスチグアラスト / タランパジャ自然公園群	838,851
	ケブラーダ・デ・ウマワーカ	840
ウルグアイ	コロニア・デル・サクラメントの歴史的街並み	900
パラグアイ	ラ・サンティシマ・トリニダード・デ・パラナとヘスース・デ・タバランゲのイエズス会伝道施設群	823
ブラジル	古都オウロ・プレト	903
	オリンダ歴史地区	899
	サルヴァドール・デ・バイア歴史地区	898
	イグアス国立公園	849
	ブラジリア	867,915
	カピバラ山地国立公園	815
	サン・ルイス歴史地区	906
	中央アマゾン保全地域	861
	パンタナル保全地域	884
	ブラジルの大西洋諸島: フェルナンド・デ・ノローニャとロカス環礁保護区群	855
	セラード保護地域群:ヴェアデイロス平原国立公園とエマス国立公園	841
	リオデジャネイロ:山と海の間のカリオッカの景観	910,912
ベネズエラ	カナイマ国立公園	848,850
スリナム	パラマリボ市街歴史地区	909

太平洋・オセアニア

オーストラリア	グレート・バリア・リーフ	921,925
	タスマニア原生地域	950,981
	ロード・ハウ諸島	937
	ウルル・カタ・ジュタ国立公園	953,979
	クイーンズランドの湿潤熱帯地域	973,977
	西オーストラリアのシャーク湾	932,952
	グレーター・ブルー・マウンテンズ地域	980
	パーヌルル国立公園	958
	シドニー・オペラハウス	982
	ニンガルー・コースト	946
ニューカレドニア	ニューカレドニアのラグーン: リーフの多様性とその生態系	929,935,938
ニュージーランド	テ・ワヒポウナム - 南西ニュージーランド	965,967,968
	トンガリロ国立公園	978
ハワイ	ハワイ火山国立公園	961,976
パラオ	南ラグーンのロックアイランド群	923

497

世界を比べてみたら

山、砂漠、川などの自然物から建築物のサイズ比較や、有名な「世界三大●●」をピックアップ。本誌掲載ページと合わせてご紹介。

● 七大陸の最高峰

- エベレスト（ユーラシア）
  8848m 中国、ネパール ▶ P.068
- エルブルス（ヨーロッパ）
  5642m ロシア
- キリマンジャロ（アフリカ）
  5895m タンザニア ▶ P.314
- アコンカグア（南アメリカ）
  6959m アルゼンチン ▶ P.433
- デナリ（北アメリカ） 6190m アラスカ ▶ P.344
- コジオスコ（オーストラリア） 2228m オーストラリア
- ヴィンソン・マシフ（南極） 4892m 南極

● 世界三大砂漠（広さ）

1 サハラ砂漠
   907万㎢ モロッコ、エジプト、アルジェリアなど ▶ P.316
2 アラビア砂漠
   246万㎢ サウジアラビア、アラブ首長国連邦など ▶ P.145
3 ゴビ砂漠
   130万㎢ 中国、モンゴル ▶ P.060

● 世界三大河川（長さ）

1 ナイル川
   6695km エジプト、スーダンなど ▶ P.315
2 アマゾン川
   6516km ブラジル、ペルーなど ▶ P.436
3 長江
   6380km 中国

● 世界三大陵墓（大きさ）

1 仁徳天皇陵
   全長486m 日本
2 秦の始皇帝陵（兵馬俑）
   全長350m 中国 ▶ P.076
3 クフ王のピラミッド
   全長230m エジプト ▶ P.304

● 世界三大瀑布

1 イグアスの滝
   幅約4000m
   アルゼンチン、ブラジル ▶ P.431
2 ビクトリアの滝
   幅約1700m
   ザンビア、ジンバブエ ▶ P.310
3 ナイアガラの滝
   幅約1020m
   アメリカ、カナダ ▶ P.373

● 世界三大建造物（高さ）

1 ブルジュ・ハリファ
   828m アラブ首長国連邦（ドバイ）
   ▶ P.137
2 東京スカイツリー
   634m 日本
3 上海タワー
   632m
   中国（上海） ▶ P.045

● 世界三大美術館

- メトロポリタン美術館
  アメリカ ▶ P.405
- ルーヴル美術館
  フランス ▶ P.235
- エルミタージュ美術館
  ロシア ▶ P.208

● 世界三大夜景

- 香港 ▶ P.042
- ナポリ
  イタリア ▶ P.222
- 函館
  日本

［50音順］INDEX

ア

133	アーグラ城塞	インド	84
669	アーチーズ国立公園	アメリカ	347
517	アーヘン大聖堂	ドイツ	265
319	アアルト自邸	フィンランド	179
089	藍月谷	中国	63
933	アイツタキ島	クック諸島	468
633	アイト・ベン・ハッドゥ	モロッコ	326
417	愛のトンネル	ウクライナ	224
967	アオラキ／マウント・クック国立公園	ニュージーランド	485
756	アガワ渓谷	カナダ	383
538	アクロポリス	ギリシャ	276
420	アゲダの傘祭り	ポルトガル	226
854	アコンカグア	アルゼンチン	433
117	アジャンター	インド	79
486	アックシュタイン城	オーストリア	251
341	アデア・マナー	アイルランド	187
738	アティトラン湖	グアテマラ	372
296	アビスコ	スウェーデン	169
591	アブ・シンベル神殿	エジプト	307
654	アブジャ国立モスク	ナイジェリア	333
660	アブナ・イエマタ教会	エチオピア	336
262	アブヤーネ	イラン	149
735	アブラハム湖	カナダ	371
266	アマスラ	トルコ	150
861	アマゾン川	ブラジル	436
435	アマルフィ海岸	イタリア	232
276	アヤソフィア	トルコ	154
118	アユタヤ	タイ	79
479	アルカサル	スペイン	250
673	アルゴンキン州立公園	カナダ	348
651	アル・サハバ・モスク	エジプト	333
462	アルバラシン	スペイン	240
476	アルハンブラ宮殿	スペイン	249
265	アルビール	イラク	150
431	アルベロベッロ	イタリア	230
905	アレキパ	ペルー	451
112	アンコール・ワット	カンボジア	74
467	アンダルシア	スペイン	244
787	アンティグア	グアテマラ	396
752	アンテロープキャニオン	アメリカ	380
402	アントワープ	ベルギー	221
573	アンボセリ国立公園	ケニア	300
234	アンマン	ヨルダン	136

イ

812	イースター島	チリ	414
736	イエルベ・エルアグア	メキシコ	372
661	イエローストーン国立公園	アメリカ	342
745	イエローナイフ	カナダ	376
849	イグアスの滝	アルゼンチン、ブラジル	431
892	イサベラ島（ガラパゴス諸島）	エクアドル	447
102	イジェン火山	インドネシア	71
074	イシク・クル	キルギス	52
235	イスタンブール	トルコ	136
851	イスチグアラスト州立公園	アルゼンチン	432
845	イスラ・コラソン	エクアドル	430
318	イッタラ・ガラス工場	フィンランド	179
550	イビサ島	スペイン	283
299	イルリサット・アイスフィヨルド	グリーンランド	171
227	岩のドーム	イスラエル	131

ウ

714	ヴァージン・ゴルダ	イギリス領ヴァージン諸島	361
279	ヴァーンク教会	イラン	155
686	ヴァスコンセロス図書館	メキシコ	353
297	ヴァトナヨークトル氷河	アイスランド	170
488	ヴァレッタ	マルタ	254
229	ヴィア・ドロローサ	イスラエル	132
386	ヴィーゲラン公園	ノルウェー	209
499	ヴィース教会	ドイツ	260
401	ウィーン	オーストリア	221
459	ウィーン少年合唱団	オーストリア	239
559	ヴィエリチカ岩塩坑	ポーランド	288
373	ヴィスビー	スウェーデン	202
546	ヴィッラ・アドリアーナ	イタリア	279
483	ヴィッラ・デステ	イタリア	251
475	ヴィランドリー城	フランス	249
785	ウィレムスタット	キュラソー	395
536	ウヴァツ自然保護区	セルビア	275
956	ウェーブ・ロック	オーストラリア	481
345	ウエストミンスター寺院	イギリス	190
889	ウェッデル海	南極大陸	446
392	ヴェネツィア	イタリア	218
183	ウェリガマ	スリランカ	108
472	ヴェルサイユ宮殿	フランス	246
998	ヴォーのハート	ニューカレドニア	493
699	ウォルト・ディズニー・コンサートホール	アメリカ	356
596	ヴォルビリス	モロッコ	309
570	ウシュグリ	ジョージア	292
066	ウズベキスタン台地	ウズベキスタン、カザフスタン	58
352	ウスペンスキー大聖堂	ロシア	193
383	歌と踊りの祭典	エストニア、ラトビア、リトアニア	207
664	ウッド・バッファロー国立公園	カナダ	345
568	ヴッパータール空中鉄道	ドイツ	291
451	ウフィッツィ美術館	イタリア	237
938	ウベア島	ニューカレドニア	470
215	ウマイヤ・モスク	シリア	126
840	ウマワカ渓谷	アルゼンチン	428
860	ウマンタイ湖	ペルー	435
605	海の滝	モーリシャス	312
857	ウユニ塩湖	ボリビア	434
376	ウラジーミル	ロシア	203
096	ウルグット	ウズベキスタン	65
216	ウル・モスク	トルコ	126
009	ウルン・ダヌ・ブラタン寺院	インドネシア	32
439	ヴロツワフ	ポーランド	233

エ

953	エアーズ・ロック（ウルル）	オーストラリア	478
969	エア湖	オーストラリア	487
139	永定	中国	88
196	益發大厦	香港	114
329	エジンバラ	イギリス	176
237	エスファハーン	イラン	137
637	エッサウィラ	モロッコ	327
590	エドフ神殿	エジプト	306
674	エバーグレーズ国立公園	アメリカ	348
707	インサニティ	アメリカ	357
827	インティ・ライミ	ペルー	420
182	インド刺繍	インド	107
108	インドの山岳鉄道群	インド	73
240	エフェソス	トルコ	139
098	エベレスト	ネパール、中国	68
218	エマーム・モスク	イラン	127
841	エマス国立公園	ブラジル	428
278	エラム庭園	イラン	155
317	エル・アテネオ	アルゼンチン	457
233	エルサレム	イスラエル	134
598	エル・ジェム	チュニジア	309
165	エル・ニド	フィリピン	99
384	エルミタージュ美術館	ロシア	208
155	エレファントキャンプ	タイ	93
114	エローラ	インド	77
848	エンジェル・フォール	ベネズエラ	430

オ

372	オーデンセ	デンマーク	202
202	オールドヒル・ストリート・ポリス・ステーション	シンガポール	116
375	オーレスン	ノルウェー	203
903	オーロ・プレット	ブラジル	450
574	オカバンゴ湿地帯	ボツワナ	301
168	オスロブ	フィリピン	100
852	オソルノ火山	チリ	432
432	オビドス	ポルトガル	255
535	オフリド	北マケドニア	275
972	オペラハウス	オーストラリア	488
455	オペラ座（オペラ・ガルニエ）	フランス	238
567	オリエント・エクスプレス	フランス、イタリア	291
822	オリャンタイタンボ	ペルー	417
899	オリンダ	ブラジル	449
670	オリンピック国立公園	アメリカ	348
828	オルーロのカーニバル	ボリビア	420

カ

030	ガーデンズ・バイ・ザ・ベイ	シンガポール	41
014	カーパーレーシュワラ寺院	インド	36
672	カールスバッド洞穴群国立公園	アメリカ	348
951	カイコウラ	ニュージーランド	477
303	ガイランゲルフィヨルド	ノルウェー	173
193	カイラン水上マーケット	ベトナム	67
636	カイロ	エジプト	327
975	カウリ・コースト	ニュージーランド	486
992	カカアコ	ハワイ	492
520	カサ・ミラ	スペイン	268
130	カジュラーホー	インド	81
678	化石の森国立公園	アメリカ	349
979	カタ・ジュタ	オーストラリア	487
119	カックー	ミャンマー	79
251	カッパドキア	トルコ	144
044	カトマンズ	ネパール	48
195	カトン	シンガポール	114
792	カプリ島の青の洞窟	イタリア	397
792	カマグエイ	キューバ	397
327	カラニッシュ立石	イギリス	183
817	カカオの棺	ペルー	415
678	カラフル墓地	グアテマラ	350
818	カラル遺跡	ペルー	416
491	カルカソンヌ	フランス	255
597	カルタゴ	チュニジア	309
904	カルタヘナ	コロンビア	450
551	ガレシュニャク島	クロアチア	284

499

731	カロニー・スワンプ・バード・サンクチュアリ	トリニダード・トバゴ 369	955	グレート・オーシャン・ロード	オーストラリア 480		サ	
949	カンガルー島	オーストラリア 476	601	グレート・ジンバブエ遺跡	ジンバブエ 309	995	ザ・ガン	オーストラリア 493
003	ガンジス川	インド 30	921	グレート・バリア・リーフ	オーストラリア 462	928	サーファーズ・パラダイス・ビーチ	オーストラリア 466
344	カンタベリー大聖堂	イギリス 188	582	グレート・リフト・バレーの湖群	ケニア 303	295	サーリセルカ	フィンランド 169
194	甘川文化村	韓国 114	552	グレコ岬	キプロス 284	432	ザーンセ・スカンス	オランダ 231
267	カンドヴァン	イラン 151	331	グレンフィナン陸橋	イギリス 183	677	ザイオン国立公園	アメリカ 349
	キ		340	クロンボー城	デンマーク 187	193	彩虹眷村	台湾 113
728	キー・カーカー島	ベリーズ 368	072	クンパウピー	タイ 59	522	サヴォア邸	フランス 269
588	ギザの三大ピラミッド	エジプト 304		ケ		548	ザキントス島	ギリシャ 282
901	キト	エクアドル 450	362	ゲイシール地熱地帯	アイスランド 198	518	サグラダ・ファミリア	スペイン 266
105	キナバル山	マレーシア 72	070	桂林	中国 59	260	サナア	イエメン 148
648	キベラ・スラム	ケニア 331	099	ケーツー	パキスタン、中国 70	073	サ・ナム・プット	タイ 59
610	喜望峰	南アフリカ 314	584	ケープ・クロス	ナミビア 303	161	サパ	ベトナム 97
844	ギマランエス高原	ブラジル 429	647	ケープタウン	南アフリカ 331	621	サハラ砂漠	モロッコ 316
863	キャノ・クリスタレス	コロンビア 437	999	ケープ・レインガ	ニュージーランド 493	261	サフランボル	トルコ 149
802	キャピラノ吊り橋	カナダ 401	931	ケーブル・ビーチ	オーストラリア 467	043	サマルカンド	ウズベキスタン 46
057	キャンディ	スリランカ 54	378	夏至祭	スウェーデン 204	560	サリーナ・トゥルダ	ルーマニア 288
469	キューケンホフ公園	オランダ 245	180	ケチャ	インドネシア 106	436	ザリピエ	ポーランド 232
085	九寨溝	中国 55	170	月牙泉	中国 118	898	サルヴァドール	ブラジル 449
063	九份	台湾 55	805	ケネディ・スペース・センター	アメリカ 404	902	サルタ	アルゼンチン 450
419	旧ブルガリア共産党本部	ブルガリア 226	722	ケベック・シティ	カナダ 365	394	ザルツブルク	オーストリア 219
977	キュランダ	オーストラリア 487	774	ゲベル・バルカル	スーダン 309	682	サルベーション・マウンテン	アメリカ 350
961	キラウエア火山	ハワイ 483	774	ゲラッツァ	メキシコ 391	866	サロブラ川	ブラジル 437
613	キリマンジャロ	タンザニア 314	498	ケルン大聖堂	ドイツ 260	875	サン・アルフォンソ・デル・マル	チリ 437
864	キロトア湖	エクアドル 437	914	幻想図書館	ブラジル 454	794	サン・アントニオ・パロポ	グアテマラ 397
330	キングス・クロス駅	イギリス 183		コ		514	ザンクト・シュテファン教会	ドイツ 265
	ク		078	紅海灘	中国 61	311	ザンクトペテルブルク	ロシア 177
876	グアタペ	コロンビア 442	158	紅河ハニ棚田群	中国 94	658	ザンジバル島	タンザニア 335
780	グアナファト	メキシコ 393	111	黄龍	中国 73	110	三清山国立公園	中国 73
039	クアラルンプール	マレーシア 45	097	広蔵市場	韓国 67	478	サンスーシ宮殿	ドイツ 250
080	クアンシーの滝	ラオス 62	067	高美湿地	台湾 62	411	サン・セバスティアン	スペイン 223
586	クイーン・エリザベス国立公園	ウガンダ 303	067	黄龍	中国 58	775	サン・セバスティアン通り祭り	プエルトリコ 391
289	クウェート・タワー	クウェート 159	058	ゴール	スリランカ 54	760	サンタ・アナ火山	エルサルバドル 383
814	クエバ・デ・ラス・マノス（手の洞窟）	アルゼンチン 415	800	ゴールデンゲート・ブリッジ	アメリカ 400	883	サンタ・クルス島（ガラパゴス諸島）	エクアドル 444
521	グエル公園	スペイン 268	192	ゴールデン・ブリッジ	ベトナム 113	502	サンタ・マリア・デッレ・グラツィエ教会	イタリア 261
465	クエンカ	スペイン 241	807	国立人類学博物館	メキシコ 405	509	サンタ・ロザリア教会	オランダ 262
896	クスコ	ペルー 448	449	国立美術館	オランダ 236	480	サンタンジェロ城	イタリア 250
317	グスタフスベリ陶磁器工場	スウェーデン 179	429	コスタ・ノヴァ	ポルトガル 230	783	サンティアゴ・デ・クーバ	キューバ 394
359	グトルフォス	アイスランド 197	726	コスタリカ各地	コスタリカ 368	507	サンティアゴ・デ・コンポステーラ大聖堂	スペイン 262
880	雲の列車	アルゼンチン 415	037	コタイ地区	マカオ 39	500	サン・テティエンヌ大聖堂	フランス 260
997	クライストチャーチ	ニュージーランド 493	370	コッツウォルズ	イギリス 200	513	サント・シャペル	フランス 264
985	クラウド・ナイン	フィジー 490	453	ゴッホ美術館	オランダ 237	795	サント・ドミンゴ	ドミニカ共和国 397
404	クラクフ	ポーランド 221	493	コトル	モンテネグロ 255	547	サントリーニ島	ギリシャ 280
732	グラン・セノーテ	メキシコ 370	878	コパカバーナ	ブラジル 442	495	サン・ピエトロ大聖堂	バチカン 258
831	グラン・ポデール	ボリビア 421	767	コパン	ホンジュラス 387	784	サン・フアン	プエルトリコ 395
667	グランドキャニオン国立公園	アメリカ 346	075	ゴビ砂漠	モンゴル 60	779	サン・ミゲル・デ・アジェンデ	メキシコ 392
671	グランドティトン国立公園	アメリカ 348	306	コペンハーゲン	デンマーク 174	199	三游洞の絶壁レストラン	中国 115
220	グランド・バザール	トルコ 128	153	コモド島	インドネシア 96	906	サン・ルイス	ブラジル 451
219	グランド・モスク	カタール 127	853	コルカ渓谷	ペルー 433		シ	
205	グランド・リスボア（新葡京酒店）	マカオ 117	910	コルコバードの丘	ブラジル 452	113	シーギリヤ	スリランカ 76
198	クリシュナのバターボール	インド 115	438	コルディリェーラの棚田群	フィリピン 96	936	ジープ島	ミクロネシア連邦 470
135	クリスタル洞窟	メキシコ 354	274	ゴレスターン宮殿	イラン 154	212	シェイク・ザイード・グランド・モスク	アラブ首長国連邦 124
135	クリスタル・モスク	マレーシア 86	988	ゴロラ	パプアニューギニア 491	474	シェーンブルン宮殿	オーストリア 248
454	クリスマス・マーケット	ドイツ 238	541	コロッセオ	イタリア 72	244	ジェラシュ	ヨルダン 140
572	クルーガー国立公園	南アフリカ 300	900	コロニア・デル・サクラメント	ウルグアイ 450	989	ジェリーフィッシュ・レイク	パラオ 491
742	グレイシャー・ベイ	アラスカ 374	744	コロンビア大氷原	カナダ 375	932	シェル・ビーチ	オーストラリア 467
981	クレイドル・マウンテン国立公園	オーストラリア 487	916	コロン劇場	アルゼンチン 456	470	ジェンツァーノ	イタリア 245
679	クレーターレイク国立公園	アメリカ 349						

［50音順］INDEX

250	死海	ヨルダン、イスラエル	144
716	シカゴ	アメリカ	362
141	紫禁城	中国	88
770	死者の日	メキシコ	388
148	四川ジャイアントパンダ保護区群	中国	90
238	ジッダ	サウジアラビア	137
656	シディ・ブ・サイド	チュニジア	334
609	シナイ山（ガバル・ムーサ）	エジプト	314
269	シバーム	イエメン	151
869	シパキラの塩の教会	コロンビア	439
505	シフィドニツァの平和教会	ポーランド	262
332	シベリア鉄道	ロシア	183
581	シミエン国立公園	エチオピア	302
273	シャー・チェラーグ廟	イラン	152
364	ジャイアンツ・コーズウェー	イギリス	199
047	ジャイプル	インド	49
631	シャウエン	モロッコ	324
167	ジャコ島	東ティモール	100
846	シャパーダ・ジアマンチーナ	ブラジル	429
516	シャルトル大聖堂	フランス	265
776	ジャンカヌー	バハマ	391
144	ジャンタル・マンタル	インド	48
042	上海	中国	45
477	シャンボール城	フランス	248
325	十字架の丘	リトアニア	182
017	シュエダゴン・パゴダ	ミャンマー	37
441	シュタイン・アム・ライン	スイス	233
580	ジュジ国立鳥類保護区	セネガル	302
301	シュラーフボルテン	ノルウェー	173
427	ジョアニナ図書館	ポルトガル	227
204	上環～中環	香港	117
094	饒河街夜市	台湾	67
045	ジョードプル	インド	48
422	ジョン・レノンの壁	チェコ	227
642	ジラフ・マナー・ホテル	ケニア	329
361	シルフラ	アイスランド	198
623	白砂漠	エジプト	318
157	シンガポール動物園	シンガポール	93
363	シンクヴェトリル国立公園	アイスランド	198

ス

298	スヴァールバル諸島	ノルウェー	170
224	スーク・ハミディーエ	シリア	129
221	スーク・ワキーフ	カタール	128
342	スーズダリのクレムリン	ロシア	187
990	水上コテージ	フランス領ポリネシア	492
163	水上コテージ群	モルディブ	98
691	水中美術館	メキシコ	354
201	水中レストラン	モルディブ	116
188	嵩山少林寺	中国	109
991	スカイ・ワイキキ	ハワイ	492
874	スカイロッジ・アドベンチャー・スイーツ	ペルー	441
749	スカジット・バレー・チューリップ・フェスティバル	アメリカ	379
388	スカンセン	スウェーデン	209
316	スクーグシュコゴーデン	スウェーデン	179
908	スクレ	ボリビア	451
358	スコウガフォス	アイスランド	196
123	スコータイ	タイ	80

727	スティングレイ・シティ	ケイマン諸島	368
638	ストーンタウン	タンザニア	327
321	ストーンヘンジ	イギリス	180
307	ストックホルム	スウェーデン	175
539	スピシュ城	スロバキア	276
592	スフィンクス	エジプト	307
412	スプリット	クロアチア	223
804	スミソニアン博物館	アメリカ	402
281	スメラ修道院	トルコ	155
008	スリー・パーダ	スリランカ	31
211	スルタンアフメト・モスク	トルコ	122
137	スルタン・オマール・アリ・サイフディン・モスク	ブルネイ	86
214	スルタン・カブース・グランド・モスク	オマーン	126
994	スロープ・ポイント	ニュージーランド	493
482	スワローズ・ネスト城	ウクライナ	251

セ

350	聖イサアク大聖堂	ロシア	192
511	聖ヴィート大聖堂	チェコ	263
652	聖カタリーナ修道院	エジプト	333
062	西湖	中国	55
053	西塘	中国	53
228	聖墳墓教会	イスラエル	132
249	生命の木	バーレーン	73
503	聖ヨハネ准司教座聖堂	マルタ	261
379	聖ルチア祭	スウェーデン	206
355	聖ワシリイ大聖堂	ロシア	193
425	セーチェニ温泉	ハンガリー	229
382	世界サンタクロース会議	デンマーク	207
882	世界の果て号	アルゼンチン	443
109	石林	中国	73
540	セゴビアの水道橋	スペイン	277
798	セドナ	アメリカ	399
501	セドレツ納骨堂	チェコ	261
733	セノーテ・イキル	メキシコ	371
611	セブン・カラード・アース・オブ・シャマレル	モーリシャス	314
356	セブン・シスターズ	イギリス	194
801	セブンマイル・ブリッジ	アメリカ	400
773	セマナ・サンタ	グアテマラ	390
734	セムク・チャンペイ	グアテマラ	371
569	ゼメリング鉄道	オーストリア	291
815	セラ・ダ・カピバラ国立公園	ブラジル	415
881	セラロンの階段	ブラジル	443
154	セリンガン島	マレーシア	92
730	セレストゥン自然保護区	メキシコ	369
571	セレンゲティ国立公園	タンザニア	298
789	セント・ジョージ	バミューダ諸島	396
713	セント・ジョン	アメリカ領ヴァージン諸島	366
380	セント・パトリック・デイ	アイルランド	206
351	セント・ポール大聖堂	イギリス	193

ソ

007	宗廟	韓国	31
040	ソウル	韓国	45
253	ソコトラ島	イエメン	145
788	ソチミルコ	メキシコ	396
175	ソンクラーン	タイ	105

タ

138	タージ・マハル	インド	87

140	タージ・レイク・パレス	インド	88
061	大澳	香港	55
385	大英博物館	イギリス	208
013	泰山	中国	31
675	ダイナソー州立公園	カナダ	349
032	台北	台湾	42
957	ダイヤモンド・ヘッド	ハワイ	481
772	太陽のワカ・月のワカ	ペルー	389
705	タオス・プエブロ	アメリカ	357
208	高雄地下鉄「美麗島駅」	台湾	117
011	タクツァン僧院	ブータン	34
197	タシケントの地下鉄	ウズベキスタン	115
950	タスマニア	オーストラリア	477
600	タッシリ・ナジェール	アルジェリア	309
185	タティオ間欠泉	チリ	429
172	タナ・トラジャ	インドネシア	109
172	タナ・ロット寺院	インドネシア	109
657	ダハブ	エジプト	334
934	タバルア島	フィジー	468
942	タヒチアン・ダンス	フランス領ポリネシア	472
222	タブリーズのバザール	イラン	129
129	タ・プローム	カンボジア	81
268	ダマスカス	シリア	151
092	ダムヌン・サドゥアック水上マーケット	タイ	66
090	タラート・ロットファイ・ラチャダー	タイ	64
838	タランパヤ国立公園	アルゼンチン	428
312	タリン	エストニア	177
190	ダルヴァザ	トルクメニスタン	110
612	ダロール	エチオピア	313
101	丹霞地質公園	中国	71
209	タン・テンニア邸	シンガポール	117
879	タンゲリーア	アルゼンチン	443
894	ダンコ島	南極大陸	447
028	ダンブッラの黄金寺院	スリランカ	39
024	タンボチェ・ゴンパ	ネパール	39
873	タンボバタ国立保護区	ペルー	445

チ

461	チヴィタ・ディ・バーニョレージョ	イタリア	240
976	チェーン・オブ・クレーターズ・ロード	ハワイ	487
069	済州島	韓国	59
433	チェスキー・クルムロフ	チェコ	231
160	チェンマイ	タイ	96
702	チキンバス	グアテマラ	357
761	チチェン・イツァ	メキシコ	384
765	チチカステナンゴ	グアテマラ	385
348	血の上の救世主教会	ロシア	191
324	チボリ公園	デンマーク	182
723	チャーチル	カナダ	366
822	チャイティーヨー・パゴダ	ミャンマー	417
824	チャビン遺跡	ペルー	417
819	チャンチャン遺跡	ペルー	416
203	チャンディーガル	インド	116
147	チャンド・バオリの階段井戸	インド	91
184	中国雑技団	中国	109
152	長隆海洋王国	中国	92
787	チョコレート・ヒルズ	フィリピン	395
576	チョベ国立公園	ボツワナ	301
897	チロエ島	チリ	449

501

番号	項目	国	ページ
443	チンクエテッレ	イタリア	233
1000	チンブー族	パプアニューギニア	494

ツ

612	ツィンギー・ド・ベマラハ厳正自然保護区	マダガスカル	314
847	月の谷	チリ	429
941	ツバル	ツバル	471

テ

762	ティカル	グアテマラ	386
862	ティティカカ湖	ペルー、ボリビア	437
016	ティルタ・ウンプル寺院	インドネシア	37
543	ディロス	ギリシア	279
825	ティワナク遺跡	ボリビア	417
973	テインツリー国立公園	オーストラリア	486
764	テオティワカン	メキシコ	386
162	テガララン・ライステラス	インドネシア	97
206	デコトラ	パキスタン	117
665	デスバレー国立公園	アメリカ	345
622	デッドフレイ	ナミビア	318
663	デナリ国立公園	アラスカ	344
207	大学路	韓国	117
646	デビルズ・プール	ザンビア	331
974	デビルズ・マーブル	オーストラリア	486
035	デリー	インド	44
434	テルチ	チェコ	231
426	テルメ・ヴァルス	スイス	227
005	天壇	中国	19
353	テンペリアウキオ教会	フィンランド	193
313	デンマーク・デザイン博物館	デンマーク	178
104	天門山	中国	72

ト

629	トゥアレグ族	マリ	322
512	ドゥオーモ	イタリア	264
457	闘牛	スペイン	239
487	ドゥブロヴニク	クロアチア	252
766	トゥルム	メキシコ	387
255	トゥワイク崖地	サウジアラビア	146
525	トカイ	ハンガリー	270
924	トスア・オーシャン・トレンチ	サモア	465
615	ドバイ渓谷		315
050	ドバイ	アラブ首長国連邦	137
223	ドバイの三大スーク	アラブ首長国連邦	129
283	ドバイ・ファウンテン	アラブ首長国連邦	158
282	ドバイ・フレーム	アラブ首長国連邦	158
286	ドバイ・ミラクル・ガーデン	アラブ首長国連邦	159
275	トプカプ宮殿	トルコ	154
561	ドブシンスカ氷穴	スロバキア	288
421	ドミニカネン書店	オランダ	226
564	ドラック洞窟	スペイン	289
781	トリニダー	キューバ	394
771	トリニダード・カーニバル	トリニダード・トバゴ	390
823	トリニダー遺跡	パラグアイ	417
322	トリニティー・カレッジ図書館	アイルランド	181
630	ドルゼ族	エチオピア	323
277	ドルマバフチェ宮殿	トルコ	155
396	ドレスデン	ドイツ	219
456	トレド	スペイン	223
334	ドロットニングホルム宮殿	スウェーデン	184
655	泥のモスク	マリ	333

529	ドロミーティ	イタリア	273
294	トロムソ	ノルウェー	169
304	トロルトゥンガ	ノルウェー	173
978	トンガリロ国立公園	ニュージーランド	487
915	ドン・ボスコ聖堂	ブラジル	456

ナ

930	ナ・パリ・コースト	ハワイ	467
377	ナーンタリ	フィンランド	203
739	ナイアガラの滝	カナダ、アメリカ	373
616	ナイル川	エジプト	315
366	ナウマフィヤットル地熱地帯	アイスランド	199
232	嘆きの壁	イスラエル	133
272	ナザレ	イスラエル	151
213	ナスィーロル・モルク・モスク	イラン	125
813	ナスカの地上絵	ペルー	415
700	ナパバレー・ワイントレイン	アメリカ	356
993	ナバラ村	フィジー	492
405	ナポリ	イタリア	222
604	ナマクワランド	南アフリカ	312
624	ナミブ砂漠(ソッサスフレイ)	ナミビア	319
862	南極大陸	南極大陸	445
166	ナン・ユアン島	タイ	100

ニ

608	ニーラゴンゴ山	コンゴ民主共和国	313
772	ニュー・イヤーズ・イブ	アメリカ	390
721	ニューオーリンズ	アメリカ	365
932	ニューカレドニア・バリア・リーフ	ニューカレドニア	467
717	ニューヨーク	アメリカ	364
806	ニューヨーク近代美術館	アメリカ	404
946	ニンガルー・コースト	オーストラリア	474
085	ニンビン	ベトナム	63

ヌ

034	ヌルスルタン	カザフスタン	43

ネ

029	彌敦道(ネイザン・ロード)	香港	40
258	ネゲヴ砂漠	イスラエル	147
248	ネムルト・ダーウ	トルコ	141

ノ

473	ノイシュヴァンシュタイン城	ドイツ	248
511	ノートルダム大聖堂	フランス	265
693	ノートルダム大聖堂	カナダ	355
519	ノートルダム・デュ・オー礼拝堂	フランス	267
935	ノカンウィ島	ニューカレドニア	469

ハ

247	ハーイルの岩絵	サウジアラビア	141
701	バージニア大学	アメリカ	356
925	バートルスウォルト湖の氷の道	オーストラリア	225
891	ハーフ・ムーン島	南極大陸	447
241	バーミヤン渓谷	アフガニスタン	139
668	バーミリオンクリフス国定公園	アメリカ	340
284	パーム・アイランド	アラブ首長国連邦	158
230	バールベック	レバノン	132
360	バイカル湖	ロシア	197
706	ハイダ・グアイ	カナダ	357
836	バイネ国立公園	チリ	427

778	バウワウ	アメリカ	391
603	バオバブの並木道	マダガスカル	311
944	ハカ	ニュージーランド	473
996	バガット・ケーブ	グアム	493
116	バガン	ミャンマー	78
125	麦積山石窟	中国	81
393	バチカン	バチカン	218
394	バチカン博物館	バチカン	234
333	バッキンガム宮殿	イギリス	184
093	パックハー日曜市	ベトナム	66
126	莫高窟	中国	81
649	ハッサン2世モスク	モロッコ	332
243	ハットゥシャ	トルコ	140
339	ハットフィールド・ハウス	イギリス	187
354	ハットグリムス教会	アイスランド	193
002	バトゥ洞窟	マレーシア	30
593	ハトシェプスト女王葬祭殿	エジプト	307
787	ハドソンヤード・ベッセル	アメリカ	353
793	パナマ・シティ	パナマ	397
830	花祭り	コロンビア	421
769	パナマ・ビエホ	パナマ	387
961	バヌアツ国立公園	オーストラリア	481
046	ハノイ	ベトナム	49
684	ハバナ	キューバ	351
285	ハマム	トルコ	159
627	ハマル族、バンナ族	エチオピア	321
249	ハムッカレ	トルコ	142
839	パラダイス・ハーバー	南極大陸	428
712	バラデロ	キューバ	360
471	バラの谷	ブルガリア	245
909	パラマリボ	スリナム	451
757	ブランカ・デル・コブレ	メキシコ	383
698	バランシング・ロック	カナダ	356
395	パリ	フランス	219
191	バリ・スイング	インドネシア	112
181	バリ舞踊	インドネシア	107
675	バルースフォールズ州立公園	アメリカ	348
544	ハル・サフリエニの地下墳墓	マルタ	279
400	ハルシュタット	オーストリア	221
885	バルデス半島	アルゼンチン	444
871	パルパライソ	チリ	440
178	ハルビン氷祭り	中国	105
489	パルマノーヴァ	イタリア	254
246	パルミラ	シリア	141
768	パレンケ	メキシコ	387
777	ハロウィン	アメリカ	391
077	ハロン湾	ベトナム	61
719	バンクーバー	カナダ	364
725	バンクーバー島	カナダ	367
039	バンコク	タイ	45
088	バンゴン・ツォ	インド	63
884	バンデューセン植物園	ブラジル	444
748	バンデューセン植物園	カナダ	378
189	バン・ナイ・ソイ	タイ	109
122	ハンピ	インド	80
704	ハンブー・アベニュー	ジャマイカ	357
343	ハンプトン・コート宮殿	イギリス	187
131	万里の長城	中国	82

ヒ

176	ピーターコーン・フェスティバル	タイ	105
064	ヒヴァ	ウズベキスタン	55

502

[50音順] INDEX

524	ピエモンテ州	イタリア	270
532	ビガーの滝	ルーマニア	274
452	ビガ美術館	スペイン	237
060	ビガン	フィリピン	55
602	ビクトリアの滝	ザンビア、ジンバブエ	310
031	ビクトリア・ピーク	香港	42
446	美術史美術館	オーストリア	235
531	ピック・デュ・ミディ	フランス	274
715	ピッグ・ビーチ	バハマ	361
741	ピッチ湖	トリニダード・トバゴ	373
970	ピナクルズ	オーストラリア	486
758	ビニャーレス渓谷	キューバ	383
940	ビバオア島	フランス領ポリネシア	471
170	ピピ島	タイ	101
200	ビョルマダン図書館	韓国	116
966	ヒリアー湖	オーストラリア	485
987	ピルボックス	ハワイ	491
697	ビンガムキャニオン鉱山	アメリカ	356
711	ピンクサンド・ビーチ	バハマ	360
142	ピンクパレス	バングラデシュ	89
690	ピンクレイク	メキシコ	395
626	ヒンバ族	ナミビア	321

フ

653	ファジル・ゲビ	エチオピア	333
280	フィーン庭園	イラン	155
837	フィッツ・ロイ	アルゼンチン	427
398	フィレンツェ	イタリア	220
367	フィンガルの洞窟	イギリス	199
618	フィンボス	南アフリカ	315
553	フヴァル島	クロアチア	285
585	ブウィンディ原生国立公園	ウガンダ	303
169	フーコック島	ベトナム	101
056	フエ	ベトナム	54
746	フェアバンクス	アラスカ	376
765	フエクリフ	アメリカ	387
635	フェズ	モロッコ	326
895	ブエノス・アイレス	アルゼンチン	427
786	プエブラ	メキシコ	395
083	プエルト・プリンセサ地下河川国立公園	フィリピン	62
855	フェルナンド・デ・ノローニャ諸島	ブラジル	433
890	フォークランド諸島		447
965	フォックス氷河	ニュージーランド	484
542	フォロ・ロマーノ	イタリア	279
023	ブサキ寺院	インドネシア	39
399	ブダペスト	ハンガリー	220
018	仏国寺	韓国	38
004	ブッダガヤ	インド	31
751	ブッチャート・ガーデン	カナダ	379
136	プトラ・モスク	マレーシア	86
086	フブスグル湖	モンゴル	63
943	フラ	ハワイ	472
437	ブラーノ島	イタリア	232
810	フライガイザー	アメリカ	406
754	ブライスキャニオン	アメリカ	382
620	ブライデ・リバー・キャニオン自然保護区	南アフリカ	315
867	ブラジリア	ブラジル	438
685	フラットアイアン・ビル	アメリカ	352
450	プラド美術館	スペイン	237
391	プラハ	チェコ	216

460	フラメンコ	スペイン	239
709	プラヤ・エスコンディーダ	メキシコ	360
707	プラヤー・ナコーン洞窟	タイ	63
842	ブランカ山群	ペルー	429
128	ブランバナン	インドネシア	81
485	ブラン城	ルーマニア	251
527	プリトヴィツェ湖群国立公園	クロアチア	273
468	ブリュッセル	ベルギー	244
100	武陵源	中国	70
695	プリンス・エドワード島	カナダ	355
694	プリンセス・ジュリアナ国際空港	セント・マーティン	355
980	ブルー・マウンテンズ	オーストラリア	487
320	ブルーラグーン	アイスランド	180
442	ブルージュ	ベルギー	233
708	ブルーホール	ベリーズ	358
964	ブルーホール	バヌアツ	484
688	ブルーボックス・カフェ	アメリカ	353
068	フルンボイル草原	中国	58
124	プレア・ヴィヘア寺院	カンボジア	80
349	プレオブラジェンスカヤ教会	ロシア	192
528	ブレッド湖	スロベニア	272
335	フレデリクスボー城	デンマーク	185
466	プロヴァンス	フランス	242
407	プロヴディフ	ブルガリア	222
554	ブローチダ島	イタリア	285
107	フンザ	パキスタン	73
870	プンタ・デル・エステ	ウルグアイ	439
147	文武廟	香港	89

ヘ

179	平渓天燈祭	台湾	105
740	ヘイトー湖	カナダ	373
534	ヘーヴィーズ温泉湖	ハンガリー	275
116	兵馬俑	中国	76
041	北京	中国	45
231	ベツレヘム	パレスチナ	133
336	ペテルゴフ	ロシア	186
239	ペトラ	ヨルダン	131
059	ペナン島	マレーシア	55
510	ペヤ総主教修道院	コソボ	262
410	ベラティ	アルバニア	222
173	ペラヘラ祭	スリランカ	104
834	ペリト・モレノ氷河	アルゼンチン	426
448	ベルヴェデーレ宮殿	オーストリア	236
371	ベルゲン	ノルウェー	200
242	ペルセポリス	イラン	140
565	ベルニナ・エクスプレス	スイス	290
315	ベルビュー・ビーチ	デンマーク	178
414	ベルリン	ドイツ	223
415	ベルン	スイス	223
575	ベレンティ保護区	マダガスカル	301
127	ベン・メリア	カンボジア	81

ホ

645	ボ・カープ	南アフリカ	330
050	ホイアン	ベトナム	52
829	ボイ・ブンバ	ブラジル	421
182	鳳凰古城	中国	105
484	ホーエンツォレルン城	ドイツ	251
177	ボーサーン傘祭り	タイ	105
145	ホージャ・アフマド・ヤサヴィ廟	カザフスタン	89
755	ホースシューベンド	アメリカ	382

033	ホーチミン	ベトナム	43
374	ポートリー	イギリス	202
084	ホートン・プレインズ国立公園	スリランカ	63
172	ホーリー祭	インド	102
106	ポカラ	ネパール	73
381	ホグマニー	イギリス	207
856	ポストイナ・ペトリフィカード（化石の森）	アルゼンチン	433
563	ポストイナ鍾乳洞	スロベニア	289
390	北極点	北極	210
440	ホッローケー	ハンガリー	233
264	ボドルム	トルコ	150
464	ボニファシオ	フランス	241
156	ボホール島	フィリピン	93
164	ボラカイ島	フィリピン	98
508	ホル・ヴィラップ修道院	アルメニア	261
346	ホルグン・スターブ教会	ノルウェー	190
578	ボルダーズ海岸	南アフリカ	302
149	ボルネオ島	マレーシア	91
121	ボロブドゥール	インドネシア	80
922	ホワイトヘブン・ビーチ	オーストラリア	464
747	ホワイトホース	カナダ	377
912	ポン・チ・アスーカル	ブラジル	453
545	ポンペイ	イタリア	279

マ

504	マーチャーシュ教会	ハンガリー	261
835	マーブル・カテドラル	チリ	426
132	マイソール宮殿	インド	84
959	マウナケア	ハワイ	482
447	マウリッツハイス美術館	オランダ	236
759	マウントシャスタ	アメリカ	383
680	マウントレーニア国立公園	アメリカ	349
054	マカオ歴史地区	マカオ	54
893	マグダレナ島	チリ	447
577	マサイ・マラ国立保護区	ケニア	302
625	マサイ族	ケニア、タンザニア	320
290	マサダ国立公園	イスラエル	160
868	マジック・マウンテン・ホテル	チリ	438
650	マジョレル庭園	モロッコ	332
174	マスカラ・フェスティバル	フィリピン	104
245	マダイン・サーレハ	サウジアラビア	141
271	マダバ	ヨルダン	151
983	マタマタ	ニュージーランド	488
811	マチュピチュ	ペルー	412
530	マッターホルン	スイス	274
555	マデイラ諸島	ポルトガル	285
614	マトボの丘	ジンバブエ	314
634	マトマタ	チュニジア	325
724	マドレーヌ島	カナダ	366
579	マナプールズ国立公園	ジンバブエ	303
939	マニャガハ島	北マリアナ諸島	471
886	マヌー国立公園	ペルー	445
557	マヨルカ島	スペイン	285
583	マラウイ湖国立公園	マラウイ	303
865	マラカイボ湖	ベネズエラ	437
632	マラケシュ	モロッコ	325
821	マラスの塩田	ペルー	417
055	マラッカ	マレーシア	54
036	マリーナベイ・サンズ	シンガポール	44
328	マリインスキー劇場	ロシア	183
458	マリオネット	ベルギー	239

503

217	マルウィヤ・ミナレット	イラク	126
790	マルティニーク	マルティニーク	397
481	マルボルク城	ポーランド	251
326	マンセル要塞	イギリス	182

ミ
873	ミ・テレフェリコ	ボリビア	441
369	ミーヴァトン湖	アイスランド	199
971	ミッチェル滝	オーストラリア	486
048	ミャウー	ミャンマー	49
644	ミューゼンバーグ・ビーチ	南アフリカ	330
347	ミュールマキ教会	フィンランド	191
619	ミラドゥーロ・ダ・ルーア	アンゴラ	315
911	ミラドール・キリキリ	ボリビア	452
920	ミルブ・ターコイズ・プール	ペルー	458
968	ミルフォード・サウンド	ニュージーランド	485

ム
639	ムザブの谷	アルジェリア	327
254	ムサンダム	オマーン	146
628	ムルシ族	エチオピア	322
387	ムンク美術館	ノルウェー	209

メ
091	メークロン市場	タイ	66
799	メープル街道	カナダ	356
696	メキシコ国立自治大学	メキシコ	397
791	メキシコ・シティ	メキシコ	397
945	メケ・ダンス	フィジー	473
763	メサベルデ	アメリカ	386
225	メッカ	サウジアラビア	130
496	メテオラ	ギリシャ	259
808	メトロポリタン美術館	アメリカ	405
562	メリッサニ洞窟	ギリシャ	259
743	メンデンホール氷河	アラスカ	374

モ
305	モスクワ	ロシア	174
323	モスクワの地下鉄	ロシア	182
406	モスタル	ボスニア・ヘルツェゴビナ	222
753	モニュメントバレー	アメリカ	381
368	モハーの断崖	アイルランド	199
120	モヘンジョダロ	パキスタン	77
820	モライ	ペルー	417
423	モラヴィア大草原	チェコ	223
737	モレイン湖	カナダ	372
952	モンキー・マイア	オーストラリア	477
409	モンサント	ポルトガル	222
494	モン・サン・ミッシェル	フランス	256
506	モンセラート修道院	スペイン	262
537	モンブラン	フランス	275

ヤ
103	亜丁自然保護区	中国	72
151	ヤーラ国立公園	スリランカ	92
963	ヤスール火山	バヌアツ	483
263	ヤズド	イラン	149
082	野柳地質公園	台湾	62

ユ
292	ユッカシャルヴィ	スウェーデン	168
533	ユングフラウ	スイス	274
566	ユングフラウ鉄道	スイス	291

ヨ
226	預言者のモスク	サウジアラビア	130
662	ヨセミテ国立公園	アメリカ	344

ラ
919	ラ・コンパニーア・デ・ヘスス教会	エクアドル	457
659	ラ・ディーグ島	セーシェル	335
523	ラ・トゥーレット修道院	フランス	269
456	ラ・トマティーナ(トマト投げ祭り)	スペイン	239
913	ラ・ピエドラ・デル・ペニョール	コロンビア	453
526	ラヴォー地区	スイス	271
021	楽山大仏	中国	38
001	ラサ	中国	28
859	ラグナ・コロラダ	ボリビア	435
858	ラグナ・ベルデ	ボリビア	434
918	ラス・ラハス教会	コロンビア	457
718	ラスベガス	アメリカ	364
607	ラック・ローズ	セネガル	313
291	ラップランド	フィンランド、スウェーデン、ノルウェー、ロシア	166
314	ラディソン・コレクション・ロイヤル・ホテル	デンマーク	178
927	ラニカイ・ビーチ	ハワイ	466
146	ラホール城塞	パキスタン	89
595	ラリベラ	エチオピア	308
049	ラルンガル・ゴンパ	中国	50
424	ランダ吊り橋	スイス	227
150	ランタンボール国立公園	インド	91
549	ランペドゥーザ島	イタリア	282

リ
300	リーセフィヨルド	ノルウェー	172
826	リオのカーニバル	ブラジル	418
310	リガ	ラトビア	177
430	リクヴィル	フランス	230
270	リジャール・アルマ	サウジアラビア	151
187	リシュケーシュ	インド	107
403	リスボン	ポルトガル	221
907	リマ	ペルー	451
640	リヤド	モロッコ	328
413	リュブリャナ	スロベニア	223
022	龍山寺	台湾	38
019	龍門石窟	中国	38
408	リヨン	フランス	222
497	リラの修道院	ブルガリア	259

ル
186	ルアンパバーン	ラオス	109
389	ルイジアナ現代美術館	デンマーク	209
703	ルイス・バラガン邸	メキシコ	357
288	ルーヴル・アブダビ	アラブ首長国連邦	159
445	ルーヴル美術館	フランス	235
796	ルート 66	アメリカ	398
490	ルクセンブルク	ルクセンブルク	255
589	ルクソール神殿	エジプト	306
252	ルブ・アル・ハーリー砂漠	アラブ首長国連邦	145
617	ルムシキ	カメルーン	315
365	ルヌン	エストニア	199

レ
986	レイク・テカポ	ニュージーランド	490
052	麗江古城	中国	53
833	レインボー・マウンテン	ペルー	424
171	レダン島	マレーシア	101
681	レッドウッド国立・州立公園	アメリカ	349
803	レディ・ノックス・ガイザー	ニュージーランド	483
594	レプティス・マグナ	リビア	308
832	レンソイス・マラニャンセス国立公園	ブラジル	422

ロ
710	ロアタン島	ホンジュラス	360
809	ロイヤル・ティレル古生物博物館	カナダ	405
803	ロイヤルゴージ・ブリッジ	アメリカ	401
984	ロイヤルハワイアンホテル	ハワイ	489
293	ロヴァニエミ	フィンランド	168
329	ロウリュ	フィンランド	183
143	ロータス寺院	インド	39
556	ロータス城塞	パキスタン	89
428	ローテンブルク	ドイツ	228
556	ロードス島	ギリシャ	285
937	ロード・ハウ島	オーストラリア	470
397	ローマ	イタリア	220
948	ローン・パイン・コアラ・サンクチュアリ	オーストラリア	476
692	ロザリオ教会	エルサルバドル	355
720	ロサンゼルス	アメリカ	365
729	ロス・ケツーレス国立公園	コスタリカ	369
333	ロストのクレムリン	ロシア	187
928	ロック・アイランド	パラオ	464
641	ロック・レストラン	タンザニア	328
947	ロットネスト島	オーストラリア	475
071	蘆笛岩	中国	59
302	ロフォーテン諸島	ノルウェー	173
850	ロライマ山	ベネズエラ、ブラジル	432
337	ロングリート庭園	イギリス	186
463	ロンダ	スペイン	240
308	ロンドン	イギリス	176

ワ
256	ワーバ・クレーター	サウジアラビア	146
926	ワイキキ・ビーチ	ハワイ	466
960	ワイトモ洞窟	ニュージーランド	482
954	ワイメア渓谷	ハワイ	480
972	ワイルドフラワー街道	オーストラリア	486
643	ワインランド	南アフリカ	329
872	ワカチナ	ペルー	441
750	ワシントン大学	アメリカ	379
020	ワット・アルン	タイ	38
012	ワット・パークナム	タイ	35
010	ワット・プラ・ケオ	タイ	34
013	ワット・ロン・クン	タイ	36
015	ワット・ロン・スア・テン	タイ	37
258	ワディ・バニ・ハリッド	オマーン	147
257	ワディ・ラム	ヨルダン	147
081	ワハーン回廊	タジキスタン	62
877	ワンチャコ海岸	ペルー	442

ン
587	ンゴロンゴロ保全地域	タンザニア	303

[国別] INDEX

アジア

中国
089	藍月谷	63
139	永定	88
098	エベレスト	68
099	ケーツー	70
111	黄山	73
067	黄龍	58
065	九寨溝	56
070	桂林	59
210	月牙泉	118
078	紅海灘	61
158	紅河ハニ棚田群	94
110	三清山国立公園	73
199	三游洞の絶壁レストラン	115
148	四川ジャイアントパンダ保護区群	90
141	紫禁城	88
042	上海	45
188	嵩山少林寺	109
062	西湖	55
053	西塘	53
109	石林	73
006	泰山	31
101	丹霞地質公園	71
184	中国雑技団	109
152	長隆海洋王國	92
005	天壇	31
104	天門山	72
125	麦積山石窟	81
126	莫高窟	81
178	ハルビン氷祭り	105
131	万里の長城	82
068	フルンボイル草原	58
100	武陵源	70
115	兵馬俑	76
051	鳳凰古城	53
041	北京	45
103	亜丁自然保護区	72
021	楽山大仏	38
001	ラサ	28
049	ラルンガル・ゴンパ	50
019	龍門石窟	38
052	麗江古城	53
071	蘆笛岩	59

韓国
194	甘川文化村	114
097	広蔵市場	67
007	宗廟	31
040	ソウル	45
069	済州島	59
207	大学路	117
200	ピョルマダン図書館	116
018	仏国寺	38

モンゴル
075	ゴビ砂漠	60
086	フブスグル湖	63

香港
196	益發大廈	114
204	上環〜中環	117
031	ビクトリア・ピーク	42
061	大澳	55
029	彌敦街道（ネイザン・ロード）	40
017	文武廟	89

マカオ
205	グランド・リスボア（新葡京酒店）	117
037	コタイ地区	44
054	マカオ歴史地区	54

台湾
063	九份	55
079	高美湿地	62
193	彩虹眷村	113
094	饒河街夜市	67
032	台北	42
208	高雄地下鉄「美麗島駅」	117
179	平溪天燈祭	105
081	野柳地質公園	62
022	龍山寺	38

タイ
118	アユタヤ	79
155	エレファントキャンプ	93
072	クンパウピー	59
073	サ・ナム・プット	59
123	スコータイ	80
175	ソンクラーン	105
092	ダムヌン・サドゥアック水上マーケット	66
090	タラート・ロットファイ・ラチャダー	64
160	チェンマイ	96
166	ナン・ユアン島	100
038	バンコク	45
189	バン・ナイ・ソイ	109
176	ピーターコーン・フェスティバル	105
170	ピピ島	101
087	プラヤー・ナコーン洞窟	63
177	ボーサーン傘祭り	105
091	メークロン市場	66
034	ワット・アルン	43
012	ワット・パークナム	35
010	ワット・プラ・ケオ	34
013	ワット・ロン・クン	36
015	ワット・ロン・スア・テン	37

ベトナム
095	カイラン水上マーケット	67
192	ゴールデン・ブリッジ	113
161	サパ	97
085	ニンビン	63
093	バックハー日曜市	66
046	ハノイ	49
077	ハロン湾	61
169	フーコック島	101
056	フエ	54
050	ホイアン	52
033	ホーチミン	43

ラオス
080	クアンシーの滝	62
186	ルアンパバーン	109

フィリピン
165	エル・ニド	99
168	オスロブ	100
159	コルディリェーラの棚田群	96
076	チョコレート・ヒルズ	60
060	ビガン	55
083	プエルト・プリンセサ地下河川国立公園	62
156	ボホール島	93
164	ボラカイ島	98
174	マスカラ・フェスティバル	104

カンボジア
112	アンコール・ワット	74
129	タ・プローム	81
124	プレア・ヴィヒア寺院	80
127	ベン・メリア	81

マレーシア
105	キナバル山	72
039	クアラルンプール	45
135	クリスタル・モスク	86
154	セリンガン島	93
007	バトゥ洞窟	30
136	プトラ・モスク	86
059	ペナン島	55
149	ボルネオ島	91
055	マラッカ	54
171	レダン島	101

インドネシア
102	イジェン火山	71
009	ウルン・ダヌ・ブラタン寺院	32
180	ケチャ	106
153	コモド島	92
187	タナ・トラジャ	109
027	タナ・ロット寺院	39
016	ティルタ・ウンプル寺院	37
162	テガラランライステラス	97
179	バリ・スイング	112
181	バリ舞踊	107
023	ブサキ寺院	39
128	プランバナン	81
121	ボロブドゥール	80

シンガポール
202	オールドヒル・ストリート・ポリス・ステーション	116
030	ガーデンズ・バイ・ザ・ベイ	41
195	カトン	114
157	シンガポール動物園	93
209	タン・テンニア邸	117
036	マリーナベイ・サンズ	44

ブルネイ
137	スルタン・オマール・アリ・サイフディン・モスク	86

東ティモール
167	ジャコ島	100

ミャンマー
119	カッケー	79
017	シュエダゴン・パゴダ	37
026	チャイティーヨー・パゴダ	39
116	バガン	78
048	ミャウー	49

インド
133	アーグラ城塞	84
117	アジャンター	79
182	インド刺繍	107
108	インドの山岳鉄道群	73
114	エローラ	75
014	カーパーレーシュワラ寺院	36
130	カジュラーホー	81
003	ガンジス川	30
198	クリシュナのバターボール	115
047	ジャイプル	49
144	ジャンタル・マンタル	89
045	ジョードプル	48
138	タージ・マハル	87
140	タージ・レイク・パレス	88
203	チャンディーガル	116
134	チャンド・バオリの階段井戸	85
035	デリー	44
088	バンゴン・ツォ	63
122	ハンピ	80
004	ブッダガヤ	31
172	ホーリー祭	102
132	マイソール宮殿	84
150	ランタンボール国立公園	91
187	リシュケーシュ	109
025	ロータス寺院	39

ネパール
098	エベレスト	68
044	カトマンズ	48
024	タンボチェ・ゴンパ	39
106	ポカラ	73

ブータン
011	タクツァン僧院	34

バングラデシュ
142	ピンクパレス	89

スリランカ
183	ウェリガマ	108
057	キャンディ	54
058	ゴール	54
113	シーギリヤ	76
008	スリー・パーダ	31
028	ダンブッラの黄金寺院	39
173	ペラヘラ祭	104
084	ホートン・プレインズ国立公園	63

505

151 ヤーラ国立公園	92		

パキスタン
099 ケーツー	70		
206 デコトラ	117		
107 フンザ	73		
120 モヘンジョダロ	79		
146 ラホール城塞	89		
143 ロータス城塞	89		

モルディブ
163 水上コテージ群	98
201 水中レストラン	116

カザフスタン
066 ウスチュルト台地	58
034 ヌルスルタン	43
145 ホージャ・アフマド・ヤサヴィ廟	89

キルギス
074 イシク・クル	59

タジキスタン
081 ワハーン回廊	62

トルクメニスタン
190 ダルヴァザ	110

ウズベキスタン
066 ウスチュルト台地	58
096 ウルグット	67
043 サマルカンド	46
197 タシケントの地下鉄	115
064 ヒヴァ	55

中東

アラブ首長国連邦
212 シェイク・ザーイド・グランド・モスク	124
236 ドバイ	137
223 ドバイの三大スーク	129
283 ドバイ・ファウンテン	158
282 ドバイ・フレーム	156
286 ドバイ・ミラクル・ガーデン	159
294 パーム・アイランド	158
288 ルーヴル・アブダビ	159
252 ルブ・アル・ハーリー砂漠	145

オマーン
214 スルタン・カブース・グランド・モスク	126
254 ムサンダム	146
259 ワディ・バニ・ハリッド	147

イエメン
260 サナア	148
269 シバーム	151
253 ソコトラ島	145

サウジアラビア
238 ジッダ	137
255 トゥワイク崖地	146
247 ハーイルの岩絵	141
245 マダイン・サーレハ	141
225 メッカ	130
226 預言者のモスク	130
270 リジャール・アルマ	151
250 ワーバ・クレーター	146

カタール
219 グランド・モスク	127
221 スーク・ワーキフ	128

バーレーン
287 生命の木	159

クウェート
299 クウェート・タワー	159

トルコ
266 アマスラ	150
276 アヤソフィア	154
235 イスタンブール	136
216 ウル・モスク	126
240 エフェソス	139
251 カッパドキア	144
228 グランド・バザール	128
261 サフランボル	149
281 スメラ修道院	158
211 スルタンアフメット・モスク	122
275 トプカプ宮殿	154
278 ドルマバフチェ宮殿	155
248 ネムルト・ダー	141
243 ハットゥシャ	140
285 ハマ	159
249 パムッカレ	142
264 ボドルム	150

シリア
215 ウマイヤ・モスク	126
224 スーク・ハミディーエ	129
231 ダマスカス	131
246 パルミラ	141

レバノン
230 バールベック	132

イスラエル
227 岩のドーム	131
229 ヴィア・ドロローサ	132
233 エルサレム	134
250 死海	144
232 聖墳墓教会	132
234 嘆きの壁	133
272 ナザレ	151
258 ネゲブ砂漠	147
290 マサダ国立公園	160

パレスチナ
231 ベツレヘム	133

ヨルダン
217 アンマン	136
244 ジェラシュ	140
250 死海	144
239 ペトラ	138
271 マダバ	151
257 ワディ・ラム	147

アフガニスタン
241 バーミヤン渓谷	139

イラン
262 アブヤーネ	149
279 ヴァーンク教会	155
237 エスファハーン	137
220 エマーム・モスク	127
278 エラム庭園	155
267 カンドヴァン	151
274 ゴレスターン宮殿	154
273 シャー・チェラーグ廟	152
222 タブリーズのバザール	129
213 ナスィーロル・モルク・モスク	125
280 フィーン庭園	155
242 ペルセポリス	140
263 ヤズド	149

イラク
265 アルビール	150
217 マルウィヤ・ミナレット	126

ヨーロッパ

デンマーク
372 オーデンセ	202
340 クロンボー城	187
306 コペンハーゲン	174
382 世界サンタクロース会議	207
324 チボリ公園	182
313 デンマーク・デザイン博物館	178
335 フレデリクスボー城	185
315 ベルビュー・ビーチ	178
314 ラディソン・コレクション・ロイヤル・ホテル	178
389 ルイジアナ現代美術館	209

スウェーデン
296 アビスコ	169
373 ヴィスビー	202
317 グスタフスベリ陶磁器工場	179
378 夏至祭	204
388 スカンセン	209
316 スクーグシェルコゴーデン	179
307 ストックホルム	175
379 聖ルチア祭	206
334 ドロットニングホルム宮殿	184
292 ユッカスヤルヴィ	168
291 ラップランド	166

ノルウェー
386 ヴィーゲラン公園	209

デンマーク（続）
375 オーレスン	203
303 ガイランゲルフィヨルド	173
301 シューラーグボルテン	173
298 スヴァールバル諸島	170
294 トロムソ	169
304 トロルトゥンガ	173
371 ベルゲン	200
348 ボルグン・スターヴ教会	190
387 ムンク美術館	209
291 ラップランド	166
300 リーセフィヨルド	172
302 ロフォーテン諸島	173

フィンランド
319 アアルト自邸	179
318 イッタラ・ガラス工場	179
295 サーリセルカ	169
353 テンペリアウキオ教会	193
372 ナーンタリ	203
347 ミュールマキ教会	191
291 ラップランド	166
293 ロヴァニエミ	168
329 ロウリュ	183

アイスランド
297 ヴァトナヨークトル氷河	170
359 グトルフォス	197
362 ゲイシール地熱地帯	198
361 シルフラ	198
355 シンクヴェトリル国立公園	198
358 スコウガフォス	196
366 ナウシャフィヤットル地熱地帯	199
354 ハットルグリムス教会	193
320 ブルーラグーン	180
369 ミーヴァトン湖	199

グリーンランド
299 イルリサット・アイスフィヨルド	171

イギリス
345 ウエストミンスター寺院	190
309 エジンバラ	176
327 カラニッシュ立石	183
344 カンタベリー大聖堂	188
330 キングス・クロス駅	183
331 グレンフィナン陸橋	183
357 湖水地方	196
370 コッツウォルズ	200
364 ジャイアンツ・コーズウェー	199
321 ストーンヘンジ	180
356 セブン・シスターズ	194
351 セント・ポール大聖堂	193
385 大英博物館	208
333 バッキンガム宮殿	184
339 ハットフィールド・ハウス	187
343 ハンプトン・コート宮殿	187
367 フィンガルの洞窟	199
374 ボートリー	202
381 ホグマニー	207
326 マンセル要塞	182

506

[国別] INDEX

337	ロングリート庭園	186
308	ロンドン	176

アイルランド
341	アデア・マナー	187
360	セント・パトリック・デイ	206
322	トリニティー・カレッジ図書館	181
368	モハーの断崖	199

エストニア
383	歌と踊りの祭典	207
312	タリン	177
365	ルンム	199

ラトビア
383	歌と踊りの祭典	207
310	リガ	177

リトアニア
383	歌と踊りの祭典	207
325	十字架の丘	182

ロシア
352	ウスペンスキー大聖堂	193
376	ウラジーミル	203
354	エルミタージュ美術館	208
311	サンクトペテルブルク	177
332	シベリア鉄道	183
342	スーズダリのクレムリン	187
350	聖イサアク大聖堂	192
355	聖ワシリイ大聖堂	193
348	血の上の救世主教会	191
360	バイカル湖	197
349	プレオブラジェンスカヤ教会	192
336	ペテルゴフ	186
328	マリインスキー劇場	183
305	モスクワ	174
323	モスクワの地下鉄	182
291	ラップランド	166
338	ロストフのクレムリン	187

北極
390	北極点	210

ヨーロッパ 2

イタリア
435	アマルフィ海岸	232
431	アルベロベッロ	230
546	ヴィッラ・アドリアーナ	279
483	ヴィッラ・デステ	251
392	ヴェネツィア	218
451	ウフィツィ美術館	237
567	オリエント・エクスプレス	291
558	カプリ島の青の洞窟	286
541	コロッセオ	278
502	サンタ・マリア・デッレ・グラツィエ教会	261
509	サンタ・ロザリア教会	262
480	サンタンジェロ城	250

470	ジェンツァーノ	245
461	チヴィタ・ディ・バーニョレージョ	240
443	チンクエテッレ	233
512	ドゥオーモ	264
529	ドロミーティ	273
405	ナポリ	222
489	バルセノーヴァ	254
524	ピエモンテ州	270
398	フィレンツェ	220
542	フォロ・ロマーノ	279
437	ブラーノ島	232
554	プロチダ島	285
545	ポンペイ	279
549	ランペドゥーザ島	282
397	ローマ	220

バチカン
495	サン・ピエトロ大聖堂	258
393	バチカン	218
444	バチカン博物館	234

スペイン
479	アルカサル	250
462	アルバラシン	240
476	アルハンブラ宮殿	249
467	アンダルシア	244
550	イビサ島	283
520	カ・ミラ	268
521	グエル公園	268
465	クエンカ	241
518	サグラダ・ファミリア	266
411	サン・セバスティアン	223
507	サンティアゴ・デ・コンポステーラ大聖堂	262
540	セゴビアの水道橋	277
457	闘牛	239
564	ドラック洞窟	289
416	トレド	223
452	ピカソ美術館	237
450	プラド美術館	237
460	フラメンコ	239
544	マヨルカ島	285
506	モンセラート修道院	262
456	ラ・トマティーナ（トマト投げ祭り）	239
463	ロンダ	240

ポルトガル
420	アゲダの傘祭り	226
492	オビドス	255
429	コスタ・ノヴァ	230
427	ジョアニナ図書館	227
555	マデイラ諸島	285
409	モンサント	222
403	リスボン	221

マルタ
488	ヴァレッタ	254
503	聖ヨハネ準司教座聖堂	261
544	ハル・サフリエニの地下墳墓	279

スロベニア		
528	ブレッド湖	272
563	ポストイナ鍾乳洞	289
413	リュブリャナ	223

クロアチア
551	ガレシュニャク島	284
412	スプリット	223
487	ドゥブロヴニク	252
553	フヴァル島	285
527	プリトヴィツェ湖群国立公園	272

ボスニア・ヘルツェゴビナ
406	モスタル	222

セルビア
536	ウヴァツ自然保護区	275

モンテネグロ
493	コトル	255

北マケドニア
535	オフリド	275

アルバニア
410	ベラティ	222

コソボ
510	ペヤ総主教修道院	262

ギリシャ
538	アクロポリス	276
548	ザキントス島	282
547	サントリーニ島	280
543	ディロス	279
496	メテオラ	259
562	メリッサニ洞窟	289
556	ロードス島	285

キプロス
552	グレコ岬	284

ドイツ
517	アーヘン大聖堂	265
499	ヴィース教会	260
568	ヴッパータール空中鉄道	291
454	クリスマス・マーケット	238
498	ケルン大聖堂	260
514	ザンクト・シュテファン教会	265
478	サンスーシ宮殿	250
396	ドレスデン	219
473	ノイシュヴァンシュタイン城	248
414	ベルリン	223
484	ホーエンツォレルン城	251
428	ローテンブルク	228

オーストリア
486	アックシュタイン城	251
401	ウィーン	221
459	ウィーン少年合唱団	239

394	ザルツブルク	219
474	シェーンブルン宮殿	248
569	ゼメリング鉄道	291
400	ハルシュタット	221
446	美術史美術館	235
448	ベルヴェデーレ宮殿	236

スイス
441	シュタイン・アム・ライン	233
426	テルメ・ヴァルス	227
565	ベルニナ・エクスプレス	290
415	ベルン	223
530	マッターホルン	274
533	ユングフラウ	274
566	ユングフラウ鉄道	291
526	ラヴォー地区	271
424	ランダ吊り橋	227

フランス
475	ヴィランドリー城	249
472	ヴェルサイユ宮殿	246
455	オペラ座（オペラ・ガルニエ）	238
567	オリエント・エクスプレス	291
491	カルカッソンヌ	255
438	コルマール	233
522	サヴォア邸	269
500	サン・テティエンヌ大聖堂	260
513	サント・シャペル	264
465	シャルトル大聖堂	265
477	シャンボール城	249
515	ノートルダム大聖堂	265
519	ノートルダム・デュ・オー礼拝堂	267
395	パリ	219
531	ピック・デュ・ミディ	274
466	プロヴァンス	242
464	ボニファシオ	241
494	モン・サン・ミッシェル	256
537	モンブラン	275
523	ラ・トゥーレット修道院	269
430	リクヴィル	230
408	リヨン	222
445	ルーヴル美術館	235

ルクセンブルク
490	ルクセンブルク	255

ベルギー
402	アントワープ	221
468	ブリュッセル	244
442	ブルージュ	233

オランダ
469	キューケンホフ公園	245
453	ゴッホ美術館	237
449	国立美術館	236
432	ザーンセ・スカンス	231
421	ドミニカネン書店	226
418	パーテルスウォルトセ湖の氷の道	225
447	マウリッツハイス美術館	236

507

チェコ
- 422 ジョン・レノンの壁　227
- 511 聖ヴィート大聖堂　263
- 501 セドレツ納骨堂　261
- 433 チェスキー・クルムロフ　231
- 434 テルチ　231
- 391 プラハ　216
- 458 マリオネット　239
- 423 モラヴィア大草原　227

ポーランド
- 559 ヴィエリチカ岩塩坑　288
- 439 ヴロツワフ　233
- 404 クラクフ　221
- 436 ザリピエ　232
- 505 シフィドニツァの平和教会　262
- 481 マルボルク城　251

スロバキア
- 539 スピシュ城　276
- 561 ドブシンスカ氷穴　288

ハンガリー
- 425 セーチェニ温泉　227
- 525 トカイ　270
- 399 ブダペスト　220
- 534 ヘーヴィーズ温泉湖　275
- 440 ホッローケー　233
- 504 マーチャーシュ教会　261

ルーマニア
- 560 サリーナ・トゥルダ　288
- 532 ビガーの滝　274
- 485 ブラン城　251

ブルガリア
- 419 旧ブルガリア共産党本部　226
- 471 バラの谷　245
- 407 プロブディフ　222
- 497 リラの修道院　259

ウクライナ
- 417 愛のトンネル　224
- 482 スワローズ・ネスト城　251

ジョージア
- 570 ウシュグリ　292

アルメニア
- 508 ホル・ヴィラップ修道院　262

アフリカ

モロッコ
- 633 アイト・ベン・ハッドゥ　326
- 596 ヴォルビリス　309
- 637 エッサウィラ　327
- 621 サハラ砂漠　316
- 631 シャウエン　324
- 647 トドラ渓谷　315
- 648 ハッサン2世モスク　332
- 635 フェズ　326
- 650 マジョレル庭園　332
- 632 マラケシュ　325
- 640 リヤド　328

アルジェリア
- 600 タッシリ・ナジェール　309
- 639 ムザブの谷　327

チュニジア
- 598 エル・ジェム　309
- 599 カルタゴ　309
- 636 シディ・ブ・サイド　334
- 634 マトマタ　326

リビア
- 594 レプティス・マグナ　308

エジプト
- 591 アブ・シンベル神殿　307
- 651 アル・サハバ・モスク　333
- 590 エドフ神殿　306
- 636 カイロ　307
- 588 ギザの三大ピラミッド　304
- 609 シナイ山（ガバル・ムーサ）　314
- 623 白砂漠　318
- 592 スフィンクス　307
- 652 聖カタリーナ修道院　333
- 657 ダハブ　334
- 616 ナイル川　315
- 593 ハトシェプスト女王葬祭殿　307
- 589 ルクソール神殿　306

スーダン
- 597 ゲベル・バルカル　309

エチオピア
- 660 アブナ・イエマタ教会　336
- 581 シミエン国立公園　302
- 606 ダロール　313
- 630 ドルゼ族　323
- 627 ハマル族、バンナ族　321
- 653 ファジル・ゲビ　333
- 622 ムルシ族　322
- 595 ラリベラ　308

ウガンダ
- 586 クイーン・エリザベス国立公園　303
- 585 ブウィンディ原生国立公園　303

ケニア
- 573 アンボセリ国立公園　300
- 648 キベラ・スラム　331
- 582 グレート・リフト・バレーの湖群　303
- 642 ジラフ・マナー・ホテル　329
- 624 マサイ族　320
- 577 マサイ・マラ国立保護区　302

タンザニア
- 613 キリマンジャロ　314
- 656 ザンジバル島　335
- 638 ストーンタウン　327
- 571 セレンゲティ国立公園　298
- 625 マサイ族　320
- 641 ロック・レストラン　328
- 587 ンゴロンゴロ保全地域　303

セーシェル
- 659 ラ・ディーグ島　335

モーリシャス
- 605 海の滝　312
- 611 セブン・カラード・アース・オブ・シャマレル　314

マダガスカル
- 612 ツィンギー・ド・ベマラハ厳正自然保護区　314
- 603 バオバブの並木道　311
- 575 ベレンティ保護区　301

マラウイ
- 583 マラウイ湖国立公園　303

ザンビア
- 648 デビルズ・プール　331
- 602 ビクトリアの滝　310

ジンバブエ
- 601 グレート・ジンバブエ遺跡　309
- 602 ビクトリアの滝　310
- 614 マトボの丘　314
- 579 マナプールズ国立公園　302

マリ
- 629 トゥアレグ族　322
- 655 泥のモスク　333

ナイジェリア
- 654 アブジャ国立モスク　333

セネガル
- 580 ジュッジ国立鳥類保護区　302
- 607 ラック・ローズ　313

カメルーン
- 617 ルムシキ　315

コンゴ民主共和国
- 608 ニーラゴンゴ山　313

アンゴラ
- 619 ミラドーロ・ダ・ルーア　315

ナミビア
- 584 ケープ・クロス　303
- 622 デッドフレイ　318
- 624 ナミブ砂漠（ソッサスフレイ）　319
- 626 ヒンバ族　321

ボツワナ
- 574 オカバンゴ湿地帯　301
- 576 チョベ国立公園　301

南アフリカ
- 610 喜望峰　314
- 572 クルーガー国立公園　300
- 647 ケープタウン　331
- 604 ナマクワランド　312
- 618 フィンボス　315
- 620 ブライデ・リバー・キャニオン自然保護区　315
- 645 ボ・カープ　330
- 578 ボルダーズ海岸　302
- 644 ミューゼンバーグ・ビーチ　330
- 643 ワインランド　329

北中米

アメリカ
- 669 アーチーズ国立公園　347
- 752 アンテロープキャニオン　380
- 661 イエローストーン国立公園　342
- 707 インサニティ　357
- 699 ウォルト・ディズニー・コンサートホール　356
- 674 エバーグレーズ国立公園　348
- 670 オリンピック国立公園　348
- 672 カールズバッド洞穴群国立公園　348
- 797 カスケード・ループ　398
- 678 化石の森国立公園　349
- 667 グランドキャニオン国立公園　346
- 671 グランドティトン国立公園　348
- 679 クレーターレイク国立公園　349
- 805 ケネディ・スペース・センター　404
- 800 ゴールデンゲート・ブリッジ　400
- 677 ザイオン国立公園　349
- 682 サルベーション・マウンテン　350
- 716 シカゴ　362
- 749 スカジット・バレー・チューリップ・フェスティバル　379
- 804 スミソニアン博物館　402
- 798 セドナ　399
- 801 セブンマイル・ブリッジ　400
- 705 タオス・プエブロ　357
- 665 デスバレー国立公園　345
- 739 ナイアガラの滝　373
- 700 ナパバレー・ワイントレイン　356
- 772 ニュー・イヤーズ・イブ　390
- 721 ニューオーリンズ　365
- 717 ニューヨーク　364
- 806 ニューヨーク近代美術館　404
- 701 バージニア大学　356
- 668 バーミリオンクリフス国定公園　346
- 778 パウワウ　391
- 687 ハドソンヤード・ベッセル　353
- 675 バルースフォールズ州立公園　348
- 777 ハロウィン　391
- 697 ビンガムキャニオン鉱山　356

508

[国別] INDEX

765	プエクリフ	387
810	フライガイザー	406
754	ブライスキャニオン	382
685	フラットアイアン・ビル	352
688	ブルーボックス・カフェ	353
755	ホースシューベンド	382
666	ホワイトサンズ国定公園	345
759	マウントシャスタ	383
680	マウントレーニア国立公園	349
763	メサベルデ	386
808	メトロポリタン美術館	405
753	モニュメントバレー	381
662	ヨセミテ国立公園	344
718	ラスベガス	364
796	ルート66	398
681	レッドウッド国立・州立公園	349
803	ロイヤルゴージ・ブリッジ	401
720	ロサンゼルス	365
750	ワシントン大学	379

カナダ

756	アガワ渓谷	383
735	アブラハム湖	371
673	アルゴンキン州立公園	348
745	イエローナイフ	376
664	ウッド・バッファロー国立公園	345
802	キャピラノ吊り橋	401
722	ケベック・シティ	365
744	コロンビア大氷原	375
676	ダイナソー州立公園	349
723	チャーチル	366
739	ナイアガラの滝	373
693	ノートルダム大聖堂	355
706	ハイダ・グアイ	357
698	バランシング・ロック	356
719	バンクーバー	364
725	バンクーバー島	367
748	バンデューセン植物園	378
751	ブッチャート・ガーデン	379
695	プリンス・エドワード島	355
740	ペイトー湖	373
747	ホワイトホース	377
724	マドレーヌ島	366
799	メープル街道	399
737	モレイン湖	372
809	ロイヤル・ティレル古生物博物館	405

アラスカ

742	グレイシャー・ベイ	374
663	デナリ国立公園	344
746	フェアバンクス	376
743	メンデンホール氷河	375

メキシコ

736	イエルベ・エルアグア	372
686	ヴァスコンセロス図書館	353
780	グアナファト	393
732	グラン・セノーテ	370
689	クリスタル洞窟	354
774	ゲラゲッツァ	391
807	国立人類学博物館	405
779	サン・ミゲル・デ・アジェンデ	392
770	死者の日	388
691	水中美術館	354
733	セノーテ・イキル	371
730	セレストゥン自然保護区	369
788	ソチミルコ	396
761	チチェン・イツァ	384
764	テオティワカン	386
766	トゥルム	387
757	バランカ・デル・コブレ	383
768	バレンケ	387
690	ピンクレイク	354
786	プエブラ	395
709	プラヤ・エスコンディーダ	360
696	メキシコ国立自治大学	356
791	メキシコ・シティ	397
703	ルイス・バラガン邸	357

ベリーズ

728	キー・カーカー島	368
708	ブルーホール	358

グアテマラ

738	アティトラン湖	372
787	アンティグア	396
683	カラクル墓地	350
794	サン・アントニオ・パロポ	397
773	セマナ・サンタ	390
734	セムク・チャンペイ	371
702	チキンバス	357
782	チチカステナンゴ	394
762	ティカル	386

ホンジュラス

767	コパン	387
710	ロアタン島	360

エルサルバドル

760	サンタ・アナ火山	383
692	ロザリオ教会	355

コスタリカ

726	コスタリカ各地	368
729	ロス・ケツァーレス国立公園	369

パナマ

793	パナマ・シティ	397
769	パナマ・ビエホ	387

キューバ

792	カマグエイ	397
772	サンティアゴ・デ・クーバ	389
781	トリニダー	394
684	ハバナ	351
712	バラデロ	360
758	ビニャーレス渓谷	383

ジャマイカ

| 704 | バンブー・アベニュー | 357 |

バハマ

776	ジャンカヌー	391
715	ビッグ・ビーチ	361
711	ピンクサンド・ビーチ	360

ケイマン諸島

| 727 | スティングレイ・シティ | 368 |

アメリカ領ヴァージン諸島

| 713 | セント・ジョン | 361 |

イギリス領ヴァージン諸島

| 714 | ヴァージン・ゴルダ | 361 |

プエルトリコ

775	サン・セバスティアン通り祭り	391
784	サン・フアン	395

トリニダード・トバゴ

731	カロニー・スワンプ・バード・サンクチュアリ	369
771	トリニダード・カーニバル	390
741	ピッチ湖	373

キュラソー

| 785 | ウィレムスタット | 395 |

セント・マーティン

| 694 | プリンセス・ジュリアナ国際空港 | 355 |

ドミニカ共和国

| 795 | サント・ドミンゴ | 397 |

バミューダ諸島

| 789 | セント・ジョージ | 396 |

マルティニーク

| 790 | マルティニーク | 397 |

南米

アルゼンチン

854	アコンカグア	433
849	イグアスの滝	431
851	イスチグアラスト州立公園	432
845	イスラ・コラソン	429
840	ウマワカ渓谷	428
917	エル・アテネオ	457
814	クエバ・デ・ラス・マノス（手の洞窟）	415
880	雲の列車	443
916	コロン劇場	456
902	サルタ	450
882	世界の果て号	443
838	タランパヤ国立公園	428
879	タンゲリーノ	443
885	バルデス半島	444
837	フィッツ・ロイ	427
895	ブエノス・アイレス	448
834	ペリト・モレノ氷河	426

| 856 | ボスケ・ペトリフィカード（化石の森） | 433 |

チリ

812	イースター島	414
852	オソルノ火山	432
875	サン・アルフォンソ・デル・マル	442
843	タティオ間欠泉	429
897	チロエ島	449
847	月の谷	429
836	パイネ国立公園	427
871	バルパライソ	440
835	マーブル・カテドラル	426
893	マグダレナ島	447
868	マジック・マウンテン・ホテル	438

ウルグアイ

900	コロニア・デル・サクラメント	450
870	プンタ・デル・エステ	439

パラグアイ

| 823 | トリニダー遺跡 | 417 |

ボリビア

857	ウユニ塩湖	434
828	オルーロのカーニバル	420
831	グラン・ポデール	421
908	スクレ	451
862	ティティカカ湖	437
825	ティワナク遺跡	417
873	ミ・テレフェリコ	441
911	ミラドール・キリキリ	452
859	ラグナ・コロラダ	435
858	ラグナ・ベルデ	434

ペルー

905	アレキパ	451
827	インティ・ライミ	420
860	ウマンタイ湖	435
822	オリャンタイタンボ	417
817	カラヒアの棺	416
818	カラル遺跡	416
896	クスコ	448
861	コルカ渓谷	433
874	スカイロッジ・アドベンチャー・スイーツ	441
816	太陽のワカ・月のワカ	416
888	タンボパタ国立保護区	445
824	チャビン遺跡	417
819	チャンチャン遺跡	416
862	ティティカカ湖	437
813	ナスカの地上絵	415
842	ブランカ山群	429
911	マチュピチュ	452
886	マヌー国立公園	445
821	マラスの塩田	417
920	ミル・ターコイズ・プール	458
820	モライ	417
907	リマ	451

509

833	レインボー・マウンテン	424
872	ワカチナ	441
877	ワンチャコ海岸	442

コロンビア
904	カルタヘナ	450
863	キャノ・クリスタレス	437
876	グアタペ	442
869	シパキラの塩の教会	439
830	花祭り	421
918	ラス・ラハス教会	457
913	ラ・ピエドラ・デル・ペニョール	453

エクアドル
892	イサベラ島（ガラパゴス諸島）	447
901	キト	450
864	キロトア湖	437
883	サンタ・クルス島（ガラパゴス諸島）	444
919	ラ・コンパニーア・デ・ヘス教会	457

ベネズエラ
848	エンジェル・フォール	430
865	マラカイボ湖	437
850	ロライマ山	432

ブラジル
861	アマゾン川	436
849	イグアスの滝	431
841	エマス国立公園	428
903	オーロ・プレット	450
899	オリンダ	449
844	ギマランエス高原	429
914	幻想図書館	454
878	コパカバーナ	442
910	コルコバードの丘	452
898	サルヴァドール	449
866	サロプラ川	437
906	サン・ルイス	451
846	シャパーダ・ジアマンチーナ	429
815	セラ・ダ・カピバラ国立公園	415
881	セラロンの階段	443
915	ドン・ボスコ聖堂	456
884	パンタナール	444
855	フェルナンド・ヂ・ノローニャ諸島	433
867	ブラジリア	438
829	ボイ・ブンバ	421
912	ポン・ヂ・アスーカル	453
826	リオのカーニバル	418
832	レンソイス・マラニャンセス国立公園	422
850	ロライマ山	432

スリナム
909	パラマリボ	451

南極大陸
889	ウェッデル海	446
894	ダンコ島	447
887	南極大陸	445
891	ハーフ・ムーン島	447
839	パラダイス・ハーバー	428
890	フォークランド諸島	447

太平洋・オセアニア

オーストラリア
956	ウェーブ・ロック	481
953	エアーズ・ロック（ウルル）	478
969	エア湖	485
982	オペラハウス	488
979	カタ・ジュタ	487
949	カンガルー島	476
977	キュランダ	487
981	クレイドル・マウンテン国立公園	487
955	グレート・オーシャン・ロード	480
921	グレート・バリア・リーフ	462
931	ケーブル・ビーチ	467
995	ザ・ガン	493
928	サーファーズ・パラダイス・ビーチ	466
932	シェル・ビーチ	467
950	タスマニア	477
973	デインツリー国立公園	486
974	デビルズ・マーブル	486
946	ニンガルー・コースト	474
925	ハート・リーフ	466
958	パヌルル国立公園	481
970	ピナクルズ	486
966	ヒリアー湖	485
980	ブルー・マウンテンズ	487
922	ホワイトヘブン・ビーチ	464
971	ミッチェル滝	486
952	モンキー・マイア	477
937	ロード・ハウ島	470
948	ローン・パイン・コアラ・サンクチュアリ	476
947	ロットネスト島	475
972	ワイルドフラワー街道	486

ニュージーランド
967	アオラキ／マウント・クック国立公園	485
951	カイコウラ	477
975	カウリ・コースト	486
997	クライストチャーチ	493
999	ケープ・レインガ	493
994	スロープ・ポイント	493
978	トンガリロ国立公園	487
944	ハカ	473
965	フォックス氷河	484
983	マタマタ	488
968	ミルフォード・サウンド	485
986	レイク・テカポ	490
962	レディ・ノックス・ガイザー	483
960	ワイトモ洞窟	482

ハワイ
992	カカアコ	492
961	キラウエア火山	483
991	スカイ・ワイキキ	492
957	ダイヤモンド・ヘッド	481
976	チェーン・オブ・クレーターズ・ロード	487
930	ナ・パリ・コースト	467
987	ビルボックス	491
943	フラ	472
959	マウナケア	482
927	ラニカイ・ビーチ	466
984	ロイヤルハワイアンホテル	489
926	ワイキキ・ビーチ	466
954	ワイメア渓谷	480

グアム
996	パガット・ケーブ	493

北マリアナ諸島
939	マニャガハ島	471

パラオ
989	ジェリーフィッシュ・レイク	491
923	ロック・アイランド	464

パプアニューギニア
988	ゴロカ	491
1000	チンブー族	494

ニューカレドニア
998	ヴォーのハート	493
938	ウベア島	470
929	ニューカレドニア・バリア・リーフ	467
935	ノカンウィ島	469

フランス領ポリネシア
990	水上コテージ	492
942	タヒチアン・ダンス	472
940	ヒバオア島	471

フィジー
985	クラウド・ナイン	490
934	タバルア島	468
993	ナバラ村	492
945	メケ・ダンス	473

バヌアツ
964	ブルーホール	484
963	ヤスール火山	483

クック諸島
933	アイツタキ島	468

サモア
924	トスア・オーシャン・トレンチ	465

ミクロネシア連邦
936	ジープ島	470

ツバル
941	ツバル	471

PHOTO CREDITS

● カバー表：Getty Images

Shutterstock

PIXTA

istock

Alamy Stock Photo
（199 Imaginechina Limited／710 age fotostock／775 Michael Dwyer／841 BIOSPHOTO／875 Hemis／995 imageBROKER）

アフロ
（337 Alamy／418 Shutterstock／531 Photononstop／544 DeA Picture Library／646 Alamy／689 Science Photo Library）

グルーポ ピコ

● その他写真協力

069 Photographer (John Doe)-Korea Tourism／157 Wildlife Reserves Singapore／201 2019 Hilton／295 Kakslauttanen Arctic Resort／314 Radisson Hotel／381 Chris Watt／edinburghfestivalcity.com／447 Fotograaf: Ronald Tilleman, Credits: Mauritshuis, Den Haag／459 Lukas Beck／640 Riad Yasmine Marrakech／642 The Safari Collection／688 Tiffany & Co.／874 Natura Vive／985 Cloud 9／991 Sky Waikiki／992 shiho.ga8

● 参考文献（エリアダイジェスト部分）

『地理×文化×雑学で今が見える 世界の国々』（朝日新聞出版）

STAFF

編集制作　有限会社グルーポ　ピコ
　　　　　（田中健作／今福直子／武居台三／山花新菜）

執筆　　　田中健作
　　　　　今福直子
　　　　　武居台三
　　　　　山崎佳奈子
　　　　　武田ちょっこ
　　　　　志村月乃
　　　　　竹島絵美子

Special Thanks　世界一周倶楽部
　　　　　　　　（岩崎洋一、近藤好範、後田琢磨、大野真徳、服部宇起）

表紙デザイン　矢部あずさ（bitter design）

本文デザイン　bitter design

組版・印刷　大日本印刷株式会社

企画・編集　白方美樹（朝日新聞出版 生活・文化編集部）

今、行きたい！
世界の絶景大事典1000

2019年12月30日　第1刷発行

編　著　　朝日新聞出版

発行者　　橋田真琴

発行所　　朝日新聞出版
　　　　　〒104-8011　東京都中央区築地5-3-2
　　　　　電話　（03）5541-8996（編集）
　　　　　　　　（03）5540-7793（販売）

印刷所　　大日本印刷株式会社

©2019 Asahi Shimbun Publications Inc.
Published in Japan by Asahi Shimbun Publications Inc.
ISBN　978-4-02-333976-7

定価はカバーに表示してあります。
落丁・乱丁の場合は弊社業務部（電話03-5540-7800）へご連絡ください。
送料弊社負担にてお取り替えいたします。

本書および本書の付属物を無断で複写、複製（コピー）、引用することは
著作権法上での例外を除き禁じられています。
また代行業者等の第三者に依頼してスキャンやデジタル化することは、
たとえ個人や家庭内の利用であっても一切認められておりません。